Urs Aeschbacher

Unterrichtsziel: Verstehen

Über die psychischen Prozesse
beim Denken, Lernen und Verstehen

Mit einem Vorwort von Hans Aebli

Ernst Klett Verlag

Grundlagentexte Schulpädagogik

Herausgeber: Manfred Jung

CIP-Titelaufnahme der Deutschen Bibliothek

Aeschbacher, Urs:
Unterrichtsziel: Verstehen :
über die psychischen Prozesse beim Denken, Lernen und Verstehen /
Urs Aeschbacher. Mit e. Vorw. von Hans Aebli. –
2. Aufl. – Stuttgart : Klett, 1989
  (Grundlagentexte Schulpädagogik)
  ISBN 3-12-928054-5

2. Auflage 1989
Alle Rechte vorbehalten
Fotomechanische Wiedergabe nur mit Genehmigung des Verlages
© Ernst Klett Verlag GmbH u. Co. KG, Stuttgart 1986
Satz: Schreibsatz M. Jirschik, Schwieberdingen
Druck: Wilhelm Röck, Weinsberg
ISBN 3-12-928054-5

Inhaltsverzeichnis

Zur Einführung 5
Von Hans Aebli

Teil I: Das pädagogische Problem

Kapitel 1: Schüler lehren zu erkennen, was sie begriffen und was sie nicht begriffen haben 10
1.1 Statt einer Einführung: Beobachtungen eines Lehrers –
     Grundlagentext: John Holt, Chancen für unsere Schulversager . . 10
1.2 Ansätze zur Lösung des Problems – zugleich: Überblick über die
     Gliederung der Darstellung 12
1.3 Das „Bewußtsein" von sachlichen Unstimmigkeiten bei Grundschulkindern – eine experimentalpsychologische Untersuchung
     Grundlagentext: Ellen M. Markman, Feststellen, daß man etwas
     nicht versteht: Das Bewußtsein von sachlichen Unstimmigkeiten
     bei Grundschulkindern 15

Kapitel 2: Extrinsische versus intrinsische Motivation – und die Qualität des Lernens 22
2.1   Extrinsische Motivation und Antwortorientiertheit 23
2.1.1 Der Einfluß von „Verstärkung" 23
2.1.2 Der Einfluß von Angst 24
2.2   Lernaktivitäten unter extrinsischen und intrinsischen Kontextbedingungen 26
2.2.1 **Grundlagentext**: John Condry – James Chambers, Intrinsische
       Motivation und Lernen 26
2.2.2 **Grundlagentext**: Konrad Joerger, Lernanreize 33
2.3   Wie ziellos ist die intrinsische Motivation? 41
2.3.1 „Veranstaltete Eigendynamik" 41
2.3.2 Vergessene Funktionslust 44
2.3.3 Das Problem der Leistungsmotivation 47

Kapitel 3: Zielvorstellung „Verstehen" – und die Qualität des Lernens . . 50
3.1 **Grundlagentext**: Georg Kerschensteiner, Theorie der Bildung . . . 50
3.2 Kognitiver und „metakognitiver" Aspekt 53
3.3 Affektiv-motivationaler Aspekt 58
3.4 Pädagogischer Aspekt 60

Teil II: Denkpsychologie und Denkerfahrung: Das Verstehen kennenlernen

Kapitel 4: Verstehen als das Sehen von Zusammenhängen 66
4.1 **Grundlagentext**: Max Wertheimer, Produktives Denken 66
4.2 „Einsicht" in der Gestaltpsychologie 68
4.3 Sachzusammenhänge und Begriffe 72
4.4 **Grundlagentext**: Karl Duncker, Zur Psychologie des Produktiven Denkens 78
4.5 Der Ort von Teilen im Ganzen 83

Kapitel 5: Verstehen als operatorische Beweglichkeit 85
5.1 **Grundlagentext**: Hans Aebli, Psychologische Didaktik 85
5.2 „Operatorische Beweglichkeit" in der Psychologie Piagets . . . 89
5.3 Gegenseitige Ergänzung der operatorischen und der gestaltpsychologischen Konzeption des Verstehens 93
5.3.1 Theoretische Nähe 93
5.3.2 Illustration am Beispiel der Pendelausdehnung 95

Kapitel 6: Verstehen als Integration von Zusammengehörigem 97
6.1 Integration von intuitiver und fachlicher Auffassung eines Sachverhaltes 98
6.1.1 Das Anliegen 98
6.1.2 Illustration am Paradox mit dem Erdumfang 101
6.2 **Grundlagentext**: Dieter Lohmann, Dialektisches Lernen . . . 104
6.3 Integration strukturell verwandter Wissensbestände 106

Teil III: Lernziel „Verstehen"

Kapitel 7: Probleme der Formulierung von Zielvorstellungen des Lernens . 110
7.1 **Grundlagentext**: Benjamin S. Bloom, Taxonomie von Lernzielen im kognitiven Bereich 111
7.2 Verstehen lernen, oder das Verstehen kennenlernen? (Zum Ansatz von Bloom) 117
7.3 Verstehen als ein „Kennen von Regeln"? (Zum Ansatz von Robert M. Gagné) 122
7.4 Wider einen übertriebenen Anspruch des Verstehens 126

Literaturverzeichnis 128

Zur Einführung

Seit mindestens 400 Jahren steht die didaktische Forderung im Raum: Die Schule soll den jungen Menschen denken lehren. Er soll verstehen, was er sagen und tun lernt. Montaigne drückte es im Jahre 1580 lapidar aus: Lehrer und Schüler sollen „la tête bien faite", nicht „bien pleine" haben, wohlgeformte, nicht vollgefüllte Köpfe.
Das Postulat wird, wie viele andere, leichter ausgesprochen, als in der Praxis verwirklicht. Das ist nicht erstaunlich, muß es doch vom Lehrer und von den Schülern in jeder Unterrichtsstunde und mit jedem Unterrichtsgegenstand neu realisiert werden. Erlasse von Schulbehörden allein genügen da nicht. Was kann man tun? Urs Aeschbacher hat sich gesagt: Man kann zeigen, was die moderne Psychologie über den Prozeß des Denkens und des Verstehens zu sagen hat. Man kann den Leser aber auch erleben lassen, was in diesem Prozeß geschieht. Das ist der Grundgedanke des kleinen Bandes, den er heute vorlegt.
Aus der doppelten Zielsetzung ergeben sich die ersten beiden Teile des Buches. Der erste Teil setzt praxisnahe ein. *J. Holt* hat bei seinen Schülern zwei verschiedene Grundhaltungen beobachtet: Die einen suchen zu erraten, was der Lehrer wohl als Antwort auf seine Frage hören möchte. Die andern versuchen, das gestellte Problem zu lösen. „Antwortorientierung" und „Denkorientierung" nennt es Holt. Damit ist das Problem gestellt: Versucht der Schüler wirklich zu denken? Ist unser Unterricht so gestaltet, daß wir ihn willens und fähig machen, zu verstehen, worum es geht? Merkt es der Schüler, wenn er nicht drauskommt? Es ist wirklich eine Frage des Könnens und des Wollens. Beide setzen sie voraus, daß der Schüler überhaupt die Gelegenheit erhält, den Prozeß des Verstehens kennenzulernen, ihn selbst am eigenen Leib zu erfahren. Wie wollte man zum echten Nachdenken kommen, wenn man es nie erlebt hat? Und wie wollte man denken lernen, wenn man im Unterricht nie Gelegenheit zum echten Nachdenken gehabt hat, weil zum Beispiel nie ein echtes Problem gestellt worden ist oder weil man nie Zeit gehabt hat, ihm nachzugehen?
Wer nur zu erraten sucht, welche Antwort der Lehrer im Kopf hat, ist „extrinsisch motiviert", sagt Aeschbacher. Wissen wollen, wie es ist, heißt „intrinsisch motiviert sein". Was das bedeutet, wird aus einem schönen Text von *Condry* und *Chambers* sichtbar. *Konrad Joerger* zieht die didaktischen Schlußfolgerungen: Die Schule muß Situationen schaffen und den Schüler dahin führen, daß er in den Bann des Sachproblems gerät und daß er es in allen Richtungen ausloten möchte. Das ist nicht so einfach, wie es tönt. In seinem Kommentar zeigt Aeschbacher, daß es eine veranstaltete Intrinsität der Motivation gibt, die nicht weit trägt. Als Übersetzer von *Csikszentmihalyi*'s Buch über das Flow-Erlebnis ruft er uns den alten Bühlerschen Begriff der Funktionslust („Flow") in Erinnerung, und er plädiert für einen vertieften Begriff der Leistungsmotivation: Man soll sich nicht nur das Ziel setzen, Leistungen quantitativ zu steigern, man kann auch eine Sache besser und tiefer verstehen wollen. Indem wir in sie eindringen und

uns im Problemraum immer freier und sicherer bewegen, erleben wir die Lust des Denkens, eine kognitive Funktionslust.

Das hatte schon Georg *Kerschensteiner,* der Zeitgenosse Karl Bühlers, gewußt, wobei bei ihm allerdings eine neue Fazette des Problems sichtbar wird. Indem der Schüler ein Problem löst, entwickelt er auch eine innere Disziplin des Denkens, die ihn grundlegend formt („la tête bien faite"). Indem er sich dem Gegenstand stellt und indem er diesem begegnet, geschieht auch mehr als ein kühles Verstehen. Er lernt seinen Wert kennen, mehr als das: er realisiert diesen Wert in seinem eigenen Denken und Empfinden. Hier überschreiten wir die engen Grenzen der kognitiven Psychologie. Vermittelt durch Sprangers und Diltheys Philosophie werden die zwei Seiten der Idee, die intellektuelle und die werthafte, sichtbar. Kein Wunder, daß Aeschbacher hier auch auf die andere Linie der pädagogischen Theoriebildung, die zu *Klafki* führt, hinweisen kann.

Damit sind viele Seiten des Denk- und des Verstehensvorgangs sichtbar geworden. Es war aber alles ein (notwendiges!) Reden *über* das Phänomen. Nun ist Urs Aeschbacher Pädagoge genug, um zu wissen, daß das Reden über die Dinge nicht bedeuten muß, daß man sie auch wirklich erfahren habe. Das gilt für kognitive genauso wie für affektive Vorgänge. Auch hier ist *Selbsterfahrung* notwendig. Darum der zweite Teil des Buches. An einer Reihe von Beispielen möchte der Verfasser den Leser einige klassische Verstehensvorgänge nachvollziehen lassen. Auch sie stammen aus der psychologischen und der didaktischen Literatur.

Da sind einmal die wunderschönen Beispiele der Gestaltpsychologie. Einsicht gewinnen, lautet die Devise. *Wertheimer* und *Duncker* kommen zum Zuge. In einem klugen Kommentar zeigt Aeschbacher die Größe und die Problematik des gestaltpsychologischen Einsichtsbegriffs. *Piaget* hat eine Alternative anzubieten: Er definiert das Verstehen durch den Begriff der operatorischen Beweglichkeit: sich in einem Sachgebiet sicher bewegen, es als Gesamtsystem überblicken. Schließen sich die beiden Kennzeichnungen des Verstehens aus? Aeschbacher ist der Meinung, daß sie sich viel eher ergänzen. Ja, man muß sogar auf einen dritten Aspekt hinweisen: auf die integrative Leistung, die in jedem Verstehensvorgang enthalten ist. Dies wird in *Lohmanns* unterrichtsnahen Beispielen besonders sichtbar.

Aber wie gesagt: In diesem zweiten Teil des Buches geht es nur zum Teil um die Erweiterung der theoretischen Aussagen über das Verstehen. Ebenso wichtig oder wichtiger ist die Chance des Lesers, die gemeinten Verstehensvorgänge selber nachzuvollziehen.

Ein Text von *Benjamin Bloom* leitet den dritten und abschließenden Teil des Buches ein. In der kritischen Auseinandersetzung mit diesem Autor kommen noch einmal alle Facetten des Verstehensvorganges zur Sprache. Das Buch endet nicht mit einer einfachen Formel, schon gar nicht mit einem didaktischen Rezept. Es baut vielmehr seinerseits einen Problemraum auf, in dem sich der Leser immer besser zu Hause fühlt und in dem er sich daher immer sicherer bewegt, immer vielfältigere Integrationen und Beziehungen knüpfen kann und an dessen Brennpunkten Einsicht in die psychologischen Vorgänge des Verstehens aufleuchten kann.

Daß das in vielen Lesern geschehe, ist der Wunsch des Verfassers dieser Einführung. Wenn es geschieht, wird es in unseren Schulstuben nicht nur ein wenig heller, sondern auch ein wenig interessanter werden. Das Geben und Nehmen zwischen Lehrer und Schülern und zwischen Schülern und Schülern wird in einem Geist der Freiheit und der Lust am Suchen und Forschen, am Arbeiten, geschehen. Er wird dort erwachen, wo sich alle am gemeinsamen Lernvorgang beteiligen und wo sie sich der Sache, und dem in ihr beschlossenen Problem, ganz zuwenden.

Burgdorf/Bern, im März 1986 *Hans Aebli*

Teil I:
Das pädagogische Problem

Kapitel 1: Schüler lehren zu erkennen, was sie begriffen und was sie nicht begriffen haben

1.1 Statt einer Einführung: Beobachtungen eines Lehrers — Grundlagentext: John Holt, Chancen für unsere Schulversager

Schulkinder scheinen eine ziemlich konsequente Taktik anzuwenden. Sogar gute Schüler benutzen sie oft und die schlechten immer. Außerdem machen alle Gebrauch davon, sobald sie unter Druck stehen. Charakteristisch für ihre Taktik ist, daß sie mehr antwort- als denkorientiert ist. Der Unterschied dieser beiden Verhaltensweisen läßt sich am besten bei der Lösung einer Aufgabe erkennen.
Der Denker sieht die ihm gestellte Aufgabe als eine Aussage über etwas an, bei der ein Teil weggelassen ist. Mit anderen Worten: Es besteht hier eine Beziehung oder Schlußfolgerung, die nicht angegeben ist und die gefunden werden soll. Er geht an die Lösung der Aufgabe heran, indem er über die Situation nachdenkt und das Fehlende zu ergänzen sucht. Wenn er das Ganze vor sich sieht, weiß er sofort, welches Teilstück ausgelassen wurde, und die Antwort kommt fast von selbst. In jeder Schulaufgabe ist die Lösung schon enthalten und nur vorübergehend dem Blick entzogen. Sie zu finden gleicht der Suche nach einem fehlenden Stück beim Zusammenspiel. Wenn man die leere Stelle im Mosaik entdeckt hat, weiß man schon, wie das Stück aussehen muß, das hineingehört.
Aber meistens sind die Kinder in der Schule mehr antwort- als denkorientiert. Sie betrachten eine Aufgabe als Mitteilung darüber, daß es weit weg in einem geheimnisvollen Antwortland eine Lösung gibt, die sie nun suchen gehen sollen. Manche wenden sich sofort an den Lehrer, um ihm die Lösung zu entlocken. Kinder haben Talent dazu. Sie wissen, besonders wenn es hübsche Kinder sind, daß der Lehrer ihnen sagen wird, was sie wissen wollen, wenn sie nur verschüchtert und erschreckt genug aussehen. Das nennt man „ihnen helfen". Mutigere Kinder sind bereit, sich wie Schatzsucher ins Antwortland aufzumachen. Ihr Ziel ist, ein Beantwortungsrezept ausfindig zu machen, eine Reihe von Hinweisen und Tips, was man tun muß, ähnlich den Vorschriften zum Auffinden eines verborgenen Schatzes: Geh bis zur großen Eiche und dann hundert Schritte in Richtung auf die Kirchturmspitze. Solche Antwortproduzenten denken: „Mal sehen, was hab' ich denn das letzte Mal bei so einer Aufgabe gemacht?" Falls sie sich an ihr Rezept erinnern und es nicht verwechseln, mögen sie bei der Antwortjägerei gut abschneiden und die richtige Lösung heimbringen.
Nehmen wir die Aufgabe: „Anne ist drei Jahre alter als Mary, und beide zusammen sind 21 Jahre alt. Wie alt ist jede?" Der Denker versucht, sich diese Mädchen wirklich vorzustellen. Sind sie erwachsen? Nein, dann müßten sie zusammen viel mehr Jahre alt sein. Sie müssen ungefähr zehn sein. Von den möglichen Annen und Marien verschwinden alle bis auf wenige, und das richtige Paar zeichnet sich immer deutlicher ab, bis sie da sind: 9 und 12 Jahre alt. Der Denker findet vielleicht eine Formel. Er hat rasch heraus, daß das Alter von Anne und Mary zusammengerechnet zweimal Marys Alter plus drei ist. Vielleicht wird er sich etwas hinschreiben wie: $A + M = 21; M + M + 3 = 21, 2 M = 18$, also ist $M = 9$ und $A = 12$. Aber das entscheidende dabei ist: Er hat seine Formel, sein Verfahren,

---

Zeile 1: Aus: *John Holt* „Chancen für unsere Schulversager", Freiburg: *Lambertus,* 1969, S. 85 ff. (Original: How children fail, New York 1964)

die Aufgabe zu lösen, aus der Aufgabe selbst entwickelt und nicht seinem Gedächtnis entnommen.

Der Antwortgeber dagegen (und ich spreche hier vom geübten, nicht vom Schmeichler- oder Gedankenleser-Typ) wird überlegen: „Mal sehen, wie wir diese Art von Aufgabe lösen sollen. Wann kam so was Ähnliches vor? Ach ja, ich weiß es wieder. Man muß etwas über ihr Alter aufschreiben. Nehmen wir x für das Alter von Mary, dann muß Annes Alter irgend so etwas wie x + 3 sein. Was jetzt? Zusammenzählen vielleicht, doch, das ist richtig, x+x+3 = 21. Dann muß man die 3 auf die andere Seite bringen. Wie macht man das? Auf beiden Seiten abziehen. . .", und so geht es weiter, bis er zu einer Lösung kommt, die er dem Lehrer mit der Frage präsentiert: „Ist das richtig?" Aber diese Lösung war sonstwo, nur nicht in der Aufgabe, und das Lösungsverfahren mußte aus der blinden Erinnerung genommen werden.

Praktisch ist leider unser gesamter Unterricht darauf ausgerichtet, die Kinder zu Antwortgebern zu erziehen. Erstens nämlich zahlen sich richtige Antworten aus. Schulen sind eine Art Tempel der Verehrung „richtiger Antworten", und um vorwärtszukommen, muß man eine Menge davon auf den Altar legen. Zweitens ist die große Chance vorhanden, daß die Lehrer selbst antwortorientiert sind, ganz bestimmt sind sie es im Rechenunterricht, aber keineswegs nur dort. Sie verhalten sich so, weil sie es nicht anders gelernt haben oder weil es so in den Büchern steht oder weil sie daran gewöhnt sind. Drittens aber werden Lehrer, die selbst nicht antwortorientiert sind, wahrscheinlich den himmelweiten Unterschied zwischen dem Vorgehen des Denkers und des Antwortgebers weder sehen noch entsprechend bewerten. (. . .)

Nach meiner ersten Anstellung als Lehrer glaubte ich lange Zeit, meine Schüler wüßten, wann sie etwas verstanden hatten und wann nicht. Ich forderte sie immer wieder auf, sich zu melden, damit ich ihnen ihre Schwierigkeiten mit einer meiner klugen „Erklärungen" erläutern könnte. Aber es meldete sich nie jemand. Allmählich machte ich die peinliche Erfahrung, daß von hundert Kindern nicht eines weiß, ob es etwas begriffen hat oder nicht, und noch viel weniger den Grund dafür. Um ein Kind, das dies beurteilen kann, brauchen wir uns nicht zu sorgen. Es ist ein Schüler erster Klasse:

(. . .) Bruchstücke von Kenntnissen wie 7 x 8 = 56 sind keine isolierten Fakten. Sie sind Ausschnitte aus dem Reich der Zahlen, und wer am klarsten überschaut, wie sie sich zusammen mit anderen Fakten über Zahlen dort einfügen, kennt sie am besten. Der Mathematiker weiß unter vielen anderen Dingen, 7 x 8 = 56 stellt eine Erläuterung der Tatsache dar, daß Produkte gerader Zahlen wieder gerade Zahlen ergeben; daß 7 x 8 dasselbe ist wie 14 x 4 oder 28 x 2 oder 56 x 1; daß nur diese Paare positiver ganzer Zahlen das Produkt 56 ergeben; daß 7 x 8 = (8 x 8) −8 ist oder (7 x 7) + 7 usw. Er weiß außerdem, daß 7 x 8 = 56 in Zahlensymbolen eine Beziehung ausdrückt, die in der Welt der Objekte viele Formen annehmen kann. Er weiß also, daß ein Rechteck, das 8 Einheiten lang und 7 Einheiten breit ist, eine Fläche von 56 Einheiten aufweist. Das Kind aber, das wie ein Papagei aufsagen gelernt hat „Sieben mal acht ist sechsundfünfzig", weiß nichts von solchen Beziehungen, weder in der Dingwelt noch in der Welt der Zahlen. Es hat nichts als sein blindes Gedächtnis. Läßt das Gedächtnis es im Stich, dann ist es durchaus imstande zu behaupten, daß 7 x 8 = 23 oder daß 7 x 8 kleiner als 7 x 5 und größer als 7 x 10 ist. Sogar wenn es 7 x 8 kennt, weiß es vielleicht nicht, wieviel 8 x 7 ist, und kann sagen, das sei etwas ganz anderes. Falls es sich jedoch an 7 x 8 erinnert, so weiß es womöglich nichts damit anzufangen. Gäbe man ihm ein Rechteck von 7 cm x 8 cm und fragte, wieviel 1-qcm-Stücke es für diese Fläche brauchte, so würde es das Rechteck über und über mit Quadraten belegen und sie mühsam auszählen. Es würde gar nicht den Zusam-

menhang zwischen seinem Ergebnis und dem Einmaleins, das es auswendig gelernt hat, sehen.
Warum reden und schreiben wir über die Welt und unser Wissen darüber, als ob dies ein linearer Sachverhalt wäre? Lediglich, weil das die Natur der Sprache ist. Worte kommen nacheinander, einzeln heraus; anders kann man nicht reden oder schreiben. Um uns überhaupt äußern zu können, schneiden wir die wirkliche, ungeteilte Welt in kleine Stücke und reihen sie auf die Schnüre der Rede auf wie die Perlen von Ketten. Aber täuschen wir uns nicht! Diese Wortketten entsprechen nicht der wirklichen Welt. Unser Lernen ist nicht echt, nicht vollständig, nicht richtig und vor allem nutzlos, wenn wir solche Wortketten in unserem Verstand nicht irgendwie umwandeln und in Übereinstimmung mit der Wirklichkeit bringen können, so daß daraus ein brauchbares geistiges Modell der Welt, wie wir sie kennen, entsteht. Nur wenn wir ein solches Modell geformt haben und wenn dieses Modell der Wirklichkeit zumindest in groben Umrissen entspricht, dürfen wir behaupten, etwas gelernt zu haben.
In der Schule nun nehmen die meisten Kinder diese Wortketten auf und speichern sie unverdaut in ihrem Gedächtnis, so daß sie sie auf Verlangen wieder von sich geben können. Aber diese Worte besagen nicht viel, denn sie haben zu nichts Bezug: Sie sind ebenso bedeutungsleer wie die Papageiensprache für den Papagei.

1.2 Ansätze zur Lösung des Problems — zugleich: Überblick über die Gliederung der Darstellung

Die hier wiedergegebenen Beobachtungen und Gedanken notierte der engagierte Lehrer *John Holt* nach Unterrichtsbesuchen in einer fünften Klasse in sein Schultagebuch. Der vorliegende Band nimmt die erschütternde Diagnose *Holt*s ernst: Viele (zu viele) Schüler merken nicht, ob sie einen Sachverhalt verstanden haben oder nicht. Wir nehmen auch die anderen Gedanken *Holt*s auf und entwickeln sie weiter, so daß der Rückblick auf diesen Grundlagentext zugleich ein Vorblick auf die hier vorliegenden sieben Kapitel wird.
„Schulen sind eine Art Tempel der Verehrung „richtiger Antworten", und um vorwärtszukommen, muß man eine Menge davon auf den Altar legen" (S. 11, Zeilen 16/17). „Psychologisch" heißt das: Die Motivations- und Belohnungsstruktur der Schule erzeugt beim Schüler langfristig einen antwortorientierten Reaktionsstil, nämlich die Gewohnheit, mit einem Minimum an sachlicher Denkanstrengung, auf eher assoziativem Wege und im Sinne von Versuch und Irrtum schnelle Antworten zu produzieren. Damit sind wichtige Zusammenhänge zwischen Art der *Motivation* und Art der *Informationsverarbeitung* angesprochen. *Kapitel 2* legt dazu eine Reihe von psychologischen Befunden und Begriffen vor. Tatsächlich läßt sich zeigen und verstehen, daß eine Äußerlichkeit der Motivation auch eine Äußerlichkeit der Sachbearbeitung begünstigt. Liegt also die Lösung des Problems einfach in der vielbeschworenen *intrinsischen,* sachbezogenen *Motivation?* Gewiß ist dies nicht die ganze Antwort. Aus pädagogischer Sicht bliebe es unbefriedigend, wenn ein wirkliches reflektierendes Eingehen des Schülers auf den jeweiligen Denk- oder Lerngegenstand davon abhängen würde, daß der Lehrer intrinsisch motivierende Probleme stellt. Das übergreifende Erziehungsziel der Selbständigkeit auch im Lernen lenkt das Augenmerk auf den möglichen Aufbau

von entsprechenden Denk- und Lernhaltungen, von Gewohnheiten und Fähigkeiten des selbständigen Durchdenkens von Sachverhalten und Problemstellungen beim Schüler selbst.

Holt versucht denn auch, das Phänomen „von innen", d. h. von Haltungen oder „Taktiken" des Schülers aus anzugehen. Drastisch schildert er den Unterschied zwischen der gewünschten *Denkorientierung* und der häufiger vorgefundenen unkritischen *Antwortorientierung* (vgl. S. 10, Zeile 18 – S. 11, Zeile 24). Er betont dabei die subjektive Wahrnehmung der Aufgabe und des entsprechenden Zielzustandes und die selbstkritische Überprüfung des eigenen Verstehens. An anderer Stelle formuliert er auch mit Deutlichkeit die pädagogische Forderung, die er daraus ableitet:

Das Problem besteht also nicht so sehr darin, daß wir die Schüler dazu bringen, uns zu fragen, was sie nicht wissen. Das Problem ist, wie man sie lehrt, zu erkennen, was sie begriffen und nicht begriffen haben. (1969, 19)

Damit ist zum einen das „altehrwürdige" pädagogische *Anliegen und Problem der formalen Bildung* angesprochen. Zum andern sind Betrachtungsweisen von Denk- und Lerngewohnheiten vorweggenommen, für welche die empirische Psychologie erst seit Ende der 70er Jahre unter dem Stichwort *Metakognition* Begriffe und Forschungsmethoden entwickelt. Diesem alt-neuen Problem der Denk- und Lernhaltung oder des Verhältnisses zum eigenen Denken gilt das *Kapitel 3*. Als Konvergenzpunkt von Überlegungen zur formalen Denkschulung, zur metakognitiven Kontrolle des Denkens und zu einer handlungstheoretisch verstandenen Denkmotivation zeigt sich das *Problem innerer Kriterien des Verstandenhabens:* Mit einigermaßen komplexen Denk- und Lernproblemen selbständig umgehen kann nur, wer selber zu beurteilen vermag, wann ein Sachverhalt verstanden ist. Zu erkennen, ob man verstanden hat, verlangt aber schlicht, daß man diesen inneren Zustand „kennt". Der erste Teil (*Kapitel 1–3*) erweist also – in Übereinstimmung mit den Ideen *Holt*s und mit Blick auf eine Reihe psychologischer Erkenntnisse – „das Verstehen kennenlernen" als ein berechtigtes Postulat.

Der zweite Teil will eine Hilfe bieten, um dieses Postulat zu verwirklichen. Die *Kapitel 4–6* beschreiben *psychologische Merkmale des Verstehens* – nicht des Verstehensprozesses, sondern des erlebbaren inneren Zustandes des Verstandenhabens. Kommentierte Beispiele bieten ansatzweise Gelegenheit zu entsprechender Selbsterfahrung, d. h. zur Konfrontation des eigenen Denk-Erlebens mit psychologischen Zustandsbeschreibungen. Es sind gewissermaßen Gelegenheiten, die eigene Erfahrung des Verstehens „auf den Begriff zu bringen", entscheidende Merkmale dieser Erfahrung für sich und andere besser kenntlich zu machen. Denn wenn auch der eigentliche Adressat dieser Darstellung der Lernende ist – der Lehrende ist auch hierfür der wichtigste Vermittler und sollte daher selber Experte des selbständigen Denkens und Lernens sein: Er sollte die entsprechenden inneren Kriterien kennen und die Lernenden dafür sensibilisieren können. Auch hierin nimmt der vorliegende Band die Bemühungen *John Holt*s auf, wie sie in Kap. 1.1 zum Ausdruck kommen. Auch er versuchte, anhand von exemplarisch analysierten Beispielen die Leserschaft – und wohl in erster Linie die

Lehrerschaft – für Merkmale des Verstehens zu sensibilisieren. Während aber *Holt* dies unbelastet von psychologischer Theorie unternahm – oder höchstens in Abwehr gegen die assoziative Psychologie, die damals die amerikanische Lehrerbildung dominierte (1969, 90) – werden hier drei *theoretische Konzeptionen des Verstehens* verarbeitet.

Kapitel 4 knüpft an den alten gestaltpsychologischen Begriff der *Einsicht* an, dessen struktureller Aspekt in der modernen kognitiven Psychologie aufgenommen und präzisiert, dessen Erlebnisaspekt hingegen – zu Unrecht – vernachlässigt wird. Wo es, wie hier, nicht um eine theoretische Erklärung des Verstehensprozesses selber, sondern um die Beschreibung des mit dem Verstehen verbundenen Erlebens geht, sind die klassischen Verständnisanalysen eines *Wertheimer* (vgl. Kap. 4.1) und eines *Duncker* (vgl. Kap. 4.4) gerade wegen ihrer phänomenologischen Ausrichtung wertvoll und keineswegs überholt.

Kapitel 5 bringt *Piagets Konzept der operatorischen Beweglichkeit* ein. Interessanterweise findet sich auch aus dieser theoretischen Sicht eine exemplarische Analyse dessen, was es heißt, die Berechnung der Rechtecksfläche zu verstehen (vgl. Kap. 5.1), ein Beispiel, das bereits von *Holt* (vgl. S. 11, Zeile 33 – S. 12, Zeile 2) herangezogen und von *Wertheimer* (vgl. Kap. 4.1) aus gestaltpsychologischer Sicht analysiert wird.

In *Kapitel 6* schließlich kommt eine Grundkonzeption der modernen kognitiven Psychologie zum Tragen, indem der *Integrationsaspekt des Verstehens* hervorgehoben und illustriert wird, allerdings in speziellem, von didaktischer Literatur inspiriertem Zuschnitt. Auch hier geht es nicht um eine Prozeßtheorie: *Integration* steht als erlebbares Denkergebnis – nicht als Denkvorgang mit seinen inneren und äußeren auslösenden Bedingungen – im Vordergrund. In diesem Sinne haben – wie im ganzen zweiten Teil – globale oder „molare" Beschreibungskonzepte den Vorzug vor präzisierten Prozeßmodellen.

Im *Schlußkapitel 7* wird „Das Verstehen kennenlernen" als pädagogisches Ziel mit verwandten Lernzielvorstellungen und Lerntypen-Konzepten aus der pädagogisch-didaktischen Literatur in Beziehung gesetzt. Insbesondere erfolgt eine Auseinandersetzung mit den bekannten Formulierungen von *Bloom* zum Lernziel „Verstehen" und mit *Gagnés* Lerntypen-Hierarchie. Diese pädagogischen Erörterungen zeigen schließlich, inwiefern sich das Anliegen des vorliegenden Bandes der Leitvorstellung autonomen Lernens unterordnet: Wer „das Verstehen kennt", kann die entsprechenden inneren Kriterien im Sinne einer Selbstkontrolle und Selbststeuerung des Lernens beiziehen, wann und wo immer er dies für angebracht hält; er kann sie aber auch hintanstellen in Lernbereichen, wo stärker automatisierte Formen des Könnens genügen respektive notwendig sind. Das pädagogische Ziel ist hierbei wenigstens, daß ein allfälliger Verzicht auf Verstehen dem Lernenden als solcher bewußt und zur Entscheidung anheimgestellt sei.

1.3 Das „Bewußtsein" von sachlichen Unstimmigkeiten bei Grundschulkindern — eine experimentalpsychologische Untersuchung

Unser Anliegen entspricht also weitgehend demjenigen *John Holts*. Aber malte er nicht zu schwarz, als er in Bezug auf seine Fünftkläßler schrieb, daß von hundert nicht einer wisse, ob er begriffen habe oder nicht? Das mußten doch wohl ziemlich spezielle Klassen sein, in welchen er solche Erfahrungen machte! Nein. Es handelte sich um normale amerikanische Grundschulklassen sogar eher überdurchschnittlichen Niveaus (*Holt* 1969, 11). Und daß seine Diagnose nicht aus der Luft gegriffen ist, zeigt die nachfolgend wiedergegebene experimentalpsychologische Untersuchung, in welcher auch Sechstkläßler — trotz entsprechender Motivation und genügender logischer Fähigkeit — eine frappante Schwäche im Beurteilen eigenen Verstehens an den Tag legen.

Grundlagentext: Ellen M. Markman: Feststellen, daß man etwas nicht versteht: Das Bewußtsein von sachlichen Unstimmigkeiten bei Grundschulkindern

Experiment A:

Methode:

5 *Versuchspersonen:*
Je 20 Kinder der Klassenstufen 3, 5 und 6 einer öffentlichen Schule in Portola Valley im Staat Kalifornien nahmen an der Untersuchung teil. Das Durchschnittsalter der Kinder der jeweiligen Altersgruppen war 8;5, 10;6 bzw. 11;4 Jahre.

Versuchsablauf:
10 Vor Beginn des Experiments stellte sich die Versuchsleiterin den Klassen vor und erklärte, daß sie vorhabe, Kurzgeschichten und Essays für Kinder zu schreiben. Sie bat die Kinder, sie dabei zu beraten. Sie betonte, daß sie ihre Hilfe brauche, um die Verständlichkeit der Geschichten zu überprüfen. Den Kindern wurde gesagt, daß sie nach Veränderungsvorschlägen gefragt würden, von denen sie mei-
15 nen, die Geschichten würden dadurch verständlicher.
Jedes Kind wurde zufällig einer von zwei experimentellen Gruppen zugewiesen, die bezüglich der Klassenstufe und des Geschlechtes vergleichbar waren. Die beiden Bedingungen unterschieden sich lediglich dadurch, daß der problematische Abschnitt (d. h. die sachliche Unstimmigkeit) in der Geschichte entweder einen
20 expliziten oder einen impliziten Widerspruch enthielt. In beiden Gruppen erhielten die Kinder drei Geschichten in permutierter Reihenfolge. Bevor jede Geschichte vorgelesen wurde, wurden die Kinder daran erinnert, daß sie es dem Versuchsleiter sagen sollten, wenn irgendetwas in der Geschichte fehlte oder nicht vollkommen klar und leicht verständlich war. Jede Geschichte wurde vor
25 der Erhebung zweimal vorgelesen. Dieses Verfahren sollte den Kindern helfen, Informationen zu erinnern, und es sollte verhindern, daß sie keine Fragen stellen konnten, weil sie dachten, sie hätten eine Information nicht richtig gehört. Nachdem die Geschichte zweimal vorgelesen worden war, wurden der Reihe nach Anstöße und Fragen gegeben, die unten beschrieben sind. Die Kommentare der
30 Kinder wurden wörtlich aufgezeichnet. Sobald ein Kind zu erkennen gab, daß es

---

Zeile 1: Aus: Ellen M. Markman „Realizing that you don't understand: Elementary school children's awareness of inconsistencies. Child Development, 1979, 50, 643–655; Übersetzung Ursula Ruthemann.

die Unstimmigkeit in der Geschichte bemerkt hatte, wurde die Befragung abgebrochen. Gleichzeitig gestand die Versuchsleiterin ein, daß sie die Geschichte nicht klar genug geschrieben habe, dankte dem Kind für den Hinweis und klärte den Widerspruch.

Alle Geschichten mit dem impliziten Widerspruch wurden in einer Pilotstudie mit 14 Schülern der Oberstufe als Versuchspersonen getestet. Die Schüler erhielten die identische „Berater"-Instruktion wie die Kinder, jedoch wurden die Geschichten nur einmal vorgelesen. Alle Erwachsenen machten die Unstimmigkeiten sofort ausfindig, noch bevor die Befragung einsetzen konnte.

Die Geschichten und Fragen sind unten beschrieben. Die kursiv gesetzten Teile machten den Unterschied zwischen den beiden Bedingungen aus. Die anderen Teile waren unter den beiden Bedingungen identisch und werden deshalb nicht wiederholt.

Fisch: Bedingung mit explizitem Widerspruch:
Viele verschiedene Fischarten leben im Ozean. Einige Fischarten haben Köpfe, die denen von Alligatoren ähneln, während andere Fische Köpfe wie Katzen haben. Die Fischarten leben in unterschiedlichen Teilen des Ozeans. Einige Fischarten leben nicht weit unter der Oberfläche des Wassers, während andere tief unten am Grund des Ozeans leben. *Fische müssen Licht haben, um sehen zu können. Es gibt absolut kein Licht am Grund des Ozeans. Es ist stockdunkel dort unten. Wenn es so dunkel ist, können die Fische nichts sehen. Sie können nicht einmal Farben sehen. Einige Fische, die am Grund des Ozeans leben, können die Farbe ihres Futters sehen; auf diese Art erkennen sie ihr Futter.*

Fisch: Bedingung mit implizitem Widerspruch:
Fische, die am Grund des Ozeans leben, erkennen ihr Futter an der Farbe. Sie fressen nur rote, schwammartige Gewächse.

Die Fragen und Anstöße für die Fischgeschichte waren:
(1) Vorlesen der Geschichte
(2) Vorlesen der Geschichte
(3) „Das ist die Geschichte. Das ist die Geschichte über die Fische."
(4) „Was hältst du davon?"
(5) „Hast du irgendwelche Fragen?"
(6) „Habe ich irgendetwas zu sagen vergessen?"
(7) „Erscheint das alles sinnvoll?"
(8) „Kannst du mir alles sagen, was du über Fische erfahren hast? Erzähl mir, wovon die Geschichte gehandelt hat."

An dieser Stelle wurde die spontane Wiedergabe des Kindes aufgezeichnet. Falls das Kind jedoch einige Hauptteile des Textes vergaß, wurde ziemlich allgemein nachgefragt:
(9) „Wie ist das am Grund des Meeres?" „Woher wissen die Fische, was sie fressen können?"
(10) „Gibt es irgendwelches Licht am Grund des Ozeans?"
(11) „Können Fische ohne Licht etwas sehen? Woher wissen Fische, was sie fressen können?"
(12) „Wie können sie die Farbe des Futters im Dunkeln sehen?"

Eis: Bedingung mit explizitem Widerspruch: Eis ist etwas, was Kinder überall auf der Welt gerne essen. Manche Eisdielen verkaufen sehr verschiedene Aromen von Eis, aber die beliebtesten sind Schokolade und Vanille. Sehr verschiedene Nachspeisen können mit Eis hergestellt werden. Einige außergewöhnliche Restaurants bieten eine besondere Nachspeise aus Eis an, die „Überbackenes Alaska" heißt. *Dazu gibt man das Eis in einen sehr heißen Ofen. Das Eis im „Überbackenen Alaska" schmilzt, sobald es so erhitzt wird.*

Dann nimmt man das Eis aus dem Ofen und serviert es sofort. Wenn man das „Überbackene Alaska" herstellt, bleibt das Eis fest und schmilzt nicht.

Eis: Bedingung mit implizitem Widerspruch:
... Man macht es, indem man das Eis bäckt. Sobald das Eis fertig gebacken ist, wird es mit einem Messer in Stücke geteilt und sofort serviert.

Die ersten 9 Fragen und Anstöße waren bei dieser Geschichte identisch mit denen bei der Fischgeschichte. Die restlichen drei waren spezifische Fragen über die problematischen Stellen, z. B. „Was passiert, wenn man Eis bäckt?"

Ameisen: Bedingung mit explizitem Widerspruch:
Es gibt einige Merkmale, die fast alle Ameisen gemeinsam haben. Sie sind z. B. alle außerordentlich stark und schleppen Gegenstände, die ein Vielfaches ihres eigenen Körpergewichtes wiegen. Manchmal gehen sie sehr weit weg von ihrem Nest, um Futter zu finden. Sie gehen so weit weg, daß sie den Heimweg nicht mehr finden würden. Deshalb helfen sie sich, den Heimweg zu finden, indem sie eine unsichtbare Spur hinterlassen. *Wo sie gehen und stehen, scheiden sie einen bestimmten Stoff aus ihrem Körper aus. Sie können diesen Stoff nicht sehen, aber er hat einen bestimmten Geruch. Eine Ameise muß eine Nase haben, um den Geruch dieses Stoffes riechen zu können. Ein anderes Merkmal von Ameisen ist, daß sie keine Nase haben. Ameisen können diesen Geruch nicht riechen. Ameisen finden immer ihren Heimweg, indem sie diesen Geruch riechen und der Spur folgen.*

Ameisen: Bedingung mit implizitem Widerspruch: *... wo sie gehen und stehen, scheiden sie einen unsichtbaren Stoff aus ihrem Körper aus. Dieser Stoff hat einen bestimmten Geruch. Ein anderes Merkmal von Ameisen ist, daß sie keine Nase haben. Ameisen verirren sich niemals.*

Die drei letzten Fragen für die Ameisengeschichte bezogen sich auf die problematischen Informationen, z. B. „Was braucht man, um riechen zu können?"

Ergebnisse und Diskussion:

Kodierung:
Sobald ein Kind zu irgendeinem Zeitpunkt im Versuchsablauf eine Frage stellte, die ein klarer Indikator dafür war, daß das Kind das Problem in der Geschichte bemerkte, wurde der Versuch abgebrochen. Ein Kind erhielt diejenige Nummer der Frage als Punktwert, bei der der Versuch aufgrund der Frage des Kindes abgebrochen wurde. Jedem Kind wurde somit für jede Geschichte ein Punktwert zwischen 1 und 13 zugeordnet. Der Punktwert gibt diejenige Stelle in der Frageprozedur wieder, an der ein Kind zum ersten Mal eine eindeutig adäquate Frage stellte. Der Wert 13 wurde vergeben, wenn die Versuchsperson erst dann eine Frage stellte, wenn sie mit dem Widerspruch konfrontiert wurde.
Die Punktwerte wurden zwei Hauptkategorien zugeordnet, wobei die Grenze zwischen Punktwert 7 und 8 lag. Ein Kind, das auf einen der ersten sieben Anstöße reagierte, tat dies mehr oder weniger spontan, d. h., es reagierte, bevor es die Geschichte wiedergeben sollte und bevor ihm spezifische Fragen über die problematischen Punkte gestellt wurden.
Erste Analysen zeigten keine Geschlechtsunterschiede und keine Positionseffekte, so daß diese Variablen aus der weiteren Analyse eliminiert wurden. Tabelle A zeigt für jede Bedingung und jede Klassenstufe die Anzahl der Kinder, die entweder keinen bis einen oder aber zwei bis drei der Widersprüche relativ spontan bemerkten, bevor sie die Geschichte wiedergeben und auf spezifische Fragen reagieren sollten. Die Bedingung mit implizitem Widerspruch war signifikant schwieriger als die mit explizitem Widerspruch ($p < .001$ im Fisher-Test). Insge-

samt gelang es 96% der Kinder nicht, bis zur Frage 7 den impliziten Widerspruch bei mehr als einer der drei Geschichten zu entdecken.

Tabelle A Anzahl der Kinder, die bei 0 bis 1 oder bei 2 bis 3 Geschichten das Problem vor der 8. Frage entdeckten.

	Kinder, die den Widerspruch vor der Frage 8 entdeckten			
	Explizite Bedingung		Implizite Bedingung	
Stufe	0–1 Gesch.	2–3 Gesch.	0–1 Gesch.	2–3 Gesch.
3...	5	5	10	0
5...	4	6	9	1
6...	4	6	10	0

Wenn ein Kind das Problem innerhalb der ersten 7 allgemeinen Fragen nicht benennen konnte, so waren meist auch noch die spezifischen Anstöße (10 bis 12) über die problematischen Punkte erforderlich, nicht nur die Gedächtnisfragen (8 und 9). Von denjenigen Punktwerten, die größer oder gleich 8 waren, waren 84% Punktwerte von 10 und mehr. Zwischen 40% und 50% der Kinder schafften es unter der expliziten Bedingung nicht, mehr als einen der drei Widersprüche zu entdecken. Von denjenigen Punktwerten, die mindestens bei 8 lagen, waren beinahe die Hälfte (44%) größer oder gleich 10. Die Klassenstufen unterschieden sich nicht. Auch Sechstkläßler, die die explizit widersprüchlichen Informationen zweimal gehört hatten, lassen mit relativ hoher Wahrscheinlichkeit die Gelegenheiten verstreichen, eine relevante Frage zu stellen. Bevor man jedoch den Schluß ziehen kann, daß Kinder daran scheitern, solche Widersprüche zu entdecken, sollten einige alternative Erklärungen überprüft werden.

Mögliche Erklärungen für die schwachen Leistungen der Kinder:
Mangelnde Gedächtnisleistung
Möglicherweise konnten die Kinder die Informationen nicht erinnern. Das wäre eine Erklärung dafür, daß sie die Widersprüche nicht entdeckten.
Eine Analyse der Antworten auf Frage 8, bei der die Kinder die Geschichten wiedergeben sollten, unterstützt diese Hypothese nicht. Die Daten bestanden aus den Antworten derjenigen Kinder, die bis dahin das Problem offensichtlich noch nicht entdeckt hatten. Die Antworten wurden danach eingestuft, ob alle zum Widerspruch gehörigen Informationen – zumindest sinngemäß – berichtet wurden. Mehrheitlich wurden die Geschichten ohne Fehler und Auslassung wiedergegeben, obwohl den Kindern das Problematische an der Information keineswegs bewußt war. Weiterhin können unterschiedliche Gedächtnisleistungen nicht für den Bedingungsunterschied verantwortlich gemacht werden, zumal die Gedächtnisleistung bei den impliziten Geschichten mindestens so gut war wie bei den expliziten. Bei der expliziten Bedingung lag der Anteil der perfekt wiedergegebenen Geschichten für die Klassenstufen 3, 5 und 6 bei 75%, 84,6% bzw. 80%. Bei den impliziten Geschichten waren die entsprechenden Prozentwerte 92,5%, 86,4% und 90%. Kinder, die bis zur Frage 7 das Problem bemerkt hatten, wären höchstwahrscheinlich in der Lage gewesen, mehr Informationen wiederzugeben. Weil aber nur die anderen aufgefordert wurden, die Geschichte wiederzugeben, kann dieser Vergleich nicht gezogen werden. Trotzdem erlauben die vorliegenden Resultate den Schluß, daß Kinder, die den Widerspruch nicht gefunden haben, die notwendige Information zu seiner Entdeckung gespeichert hatten.

Eingeschränkte logische Kapazität
Eine andere mögliche Erklärung für die schlechte Leistung der Kinder unter der impliziten Bedingung ist die, daß ihnen die logische Kapazität fehlte, um den relevanten Schluß zu ziehen, obwohl die Schlüsse so ausgewählt wurden, daß die Kinder mit großer Wahrscheinlichkeit über das nötige Wissen und die schlußfolgernden Fähigkeiten verfügten. Diese Hypothese kann jedoch nicht zutreffen, denn die Fragen zu den Inferenzen (Fragen 10–12) zeigten, daß die Kinder im allgemeinen recht fähig zu solchen Inferenzen waren, wenn diese vom Versuchsleiter einzeln vorgegeben wurden. Insgesamt zeigten die Kinder bei diesen Fragen sehr gute Leistungen. Der durchschnittliche Prozentwert richtiger Antworten lag bei den Kindern, denen die Fragen gestellt wurden, bei 84,6%. Die mittleren Prozentwerte für die Klassenstufen 3, 5 und 6 betrugen 88,4%, 82,3% bzw. 83,1%. Obwohl sie zu den relevanten Schlüssen fähig sind, ziehen sie sie nicht spontan. Untenstehend findet sich ein Protokoll, das das Verfahren zur Ermittlung der Inferenzen illustriert; die Kommentare des Versuchsleiters stehen in Klammern.

Drittkläßler, zum Ameisen-Text: „Sie haben keine Nase. Sie verirren sich nicht. Sie gehen weit weg von ihrem Nest." („Wie kommen sie zurück?") „Sie hinterlassen eine unsichtbare Spur." („Was für eine Spur?") „Sie hat einen Geruch". („Macht das alles Sinn?") „Ja." („Was braucht man, um zu riechen?") „Eine Nase." („Haben Ameisen denn eine Nase?") „Nein" („Können Ameisen riechen?") „Ja." („Wie riechen Ameisen ohne Nase?") „Das ist eine schwierige Frage".

Annahmen
Eine andere mögliche Annahme ist, daß Kinder das Problem bemerkt haben könnten, aber eine Zusatzannahme gemacht haben, um den Widerspruch zu lösen. Falls dies der Fall wäre, sollte von diesen Annahmen irgendetwas in die Wiedergabedaten unter Frage 8 („Erzähle mir alles, was du gehört hast.") einfließen. In der Stichprobe von 150 Protokollen fanden sich jedoch nur 8 Schlußfolgerungen, die spontan angeboten wurden. Die verbleibenden 25 solchen Antworten kamen erst bei der letzten Frage und nur dann, wenn der Versuchsleiter die Kinder mit dem Widerspruch konfrontierte.

Aufforderungscharakter
Eine letzte Erklärungsmöglichkeit der Befunde ist, daß der Aufforderungscharakter der Situation die Kinder davon abhielt, Fragen zu stellen. Vielleicht waren die Kinder nicht bereit, einen Erwachsenen zu kritisieren oder zuzugeben, daß sie etwas nicht verstanden hatten. Obwohl die Berater-Instruktionen so gestaltet waren, dieses Problem zu minimieren, rechtfertigt es sorgfältiges Nachdenken.

Die Daten legen nahe, daß die Aufforderungscharakteristiken nicht durchschlagskräftig genug waren, um die vorliegenden Daten zu begründen. Der schlagendste Befund gegen diese Hypothese ist, daß die Kinder durchaus Kommentare zu den Geschichten abgaben und Kritik übten. Sie stellten die Vollständigkeit, die Interessantheit oder den Wahrheitsgehalt in Frage, während sie jedoch die Stimmigkeit nicht bezweifelten. Insgesamt traten vor der Frage 8 irgendeine Form der Kritik oder das Eingeständnis der Unkenntnis bei 71% der expliziten Geschichten und bei 56% der impliziten Geschichten auf. Bei den expliziten Geschichten betrug der Prozentsatz für die Klassenstufen 3, 5 und 6 60%, 66% bzw. 87%. Bei den impliziten Geschichten waren die entsprechenden Prozente 53%, 50% und 66%. Diese Prozentzahlen sprechen gegen die Hypothese, daß die Kinder allgemein nur sehr ungerne einen Erwachsenen kritisieren oder zugeben, daß sie etwas nicht wissen oder nicht verstanden haben.

Beispiele für die Art der Kommentare der Kinder sind: „Sie hätten etwas darüber berichten sollen, wie sie gegen Feinde kämpfen." „Es ist durchaus sinnvoll, aber ich verstehe nicht, wie sie die Spur hinterlassen. Wo kommt der Geruch heraus?" „Ich glaube nicht, daß die meisten Kinder diese Geschichte mögen." „Woher wissen Sie, daß Schokolade und Vanille die beliebtesten Aromen sind?" „Bleiben Sie dabei, vom Eis im allgemeinen zu reden, erzählen Sie nichts über bestimmte Rezepte."
Ein Teil des Lobes der Geschichten durch die Kinder legt es ebenso nahe, daß sie ihre Beraterrolle ernst genommen haben und versucht haben, die Geschichten zu beurteilen: „Interessant und informationshaltig." „Gut, besonders das Ende." „Ich verstehe sie und denke, daß die Kinder sie mögen werden."
Zusammenfassend läßt sich sagen, daß dort, wo Inferenzschlüsse notwendig waren, um die Unstimmigkeit zu entdecken, Grundschulkinder die Probleme nicht bemerkt haben. Wenn die Widersprüche explizit im Text waren, war die Leistung der Kinder besser, aber bei weitem nicht perfekt. Sogar junge Teenager haben diese Geschichten häufig falsch eingeschätzt. Diese Ergebnisse schließen eine Reihe alternativer Erklärungen aus. Die Kinder hatten ausgezeichnete Ergebnisse bei den Wiedergaben der Informationen, die die Widersprüche konstituieren. Sie besitzen die logischen Fähigkeiten, die notwendigen Schlußfolgerungen zu ziehen, und sie sind im allgemeinen nicht verlegen beim Stellen von Fragen und zögern nicht, die Geschichten zu kritisieren. Trotz der Wiedergabe der Informationen, ihrer Fähigkeiten zum Schlußfolgern und ihre Bereitschaft zum Üben von Kritik ist es den Kindern nicht gelungen, die Unstimmigkeiten in Frage zu stellen. D. h., daß die Kinder sich offensichtlich der Tatsache wirklich nicht bewußt waren, daß sie nicht verstanden hatten.

Experiment B

Eine Bedingung dieser zweiten Studie war identisch mit derjenigen in Studie A. Unter der anderen Bedingung wurden die Kinder darauf hingewiesen, daß es bei jeder der Geschichten ein Problem gebe. Wenn die Kinder dazu herausgefordert wurden, ein Problem zu finden, sollten sie das Material einer nachhaltigen Prüfung unterziehen. Folglich sollte ihre Fähigkeit, Widersprüche zu entdecken, mehr zum Tragen kommen.

Methode

Versuchspersonen:
32 Kinder der 3. und 32 der 6. Klasse einer öffentlichen Schule in Cupertino in Californien nahmen als Versuchspersonen teil. Das Durchschnittsalter der zwei Klassenstufen war 8;8 bzw. 12;0 Jahre. Auf jeder Stufe war die gleiche Anzahl Jungen und Mädchen.

Verfahren:
Die Kinder wurden zufällig einer der vier Gruppen zugeordnet, wobei die Klassenzugehörigkeit und das Geschlecht kontrolliert wurden. Wie in der Studie A unterschieden sich die Gruppen darin, daß die problematischen Stellen in den vorgelesenen Geschichten entweder explizit oder implizit waren. Eine weitere Dimension war, ob die Gruppen nur die Standardinstruktion zur Beratung erhielten wie in Studie A, oder ob sie zusätzlich instruiert wurden, das Problem in der Geschichte zu finden. Mit der Ausnahme der Variation der Instruktion war das restliche Verfahren hinsichtlich des Lesens der Geschichten, Fragen stellen etc. identisch mit dem der Studie A. Die zusätzliche Instruktion in der „Hinweis"-Bedingung war: „In jeder der Geschichten gibt es eine verzwickte Stelle, die keinen rechten Sinn ergibt. Ich würde mich freuen, wenn du das Problem in jeder Geschichte benennen könntest und sagen, was daran nicht sinnvoll ist."

Ergebnisse und Diskussion

Zwei Kodierer stuften alle Daten nach den Kriterien der Studie A ein. Die Kodierer hatten eine Übereinstimmung von 96% bei der Beurteilung, ob ein Kommentar eindeutig richtig war oder nicht.
Tabelle B zeigt die Anzahl derjenigen Kinder, die bei keiner bis einer bzw. zwei bis drei der Geschichten das Problem entdeckten, getrennt für die Klassenstufen, die Instruktionsbedingung, und die beiden Stufen der Explizität.

Tabelle B Anzahl der Kinder, die bei 0 bis 1 oder bei 2 bis 3 der Geschichten das Problem entdeckten, getrennt für die Instruktionsbedingungen

	Instruktionen							
	Standardversion				Hinweisversion			
	explizite Bedingung		implizite Bedingung		explizite Bedingung		implizite Bedingung	
Stufe	0–1	2–3	0–1	2–3	0–1	2–3	0–1	2–3
3...	4	4	8	0	4	4	6	2
6...	3	5	5	3	1	7	1	7

Die Leistungen der Kinder in der Standardinstruktionsbedingung waren vergleichbar mit denen in der Studie A: 81% der Kinder unter der impliziten Bedingung übersahen alle oder alle Probleme bis auf eines. Der Wert bei der expliziten Bedingung lag bei 50%. Die Ergebnisse der Standardbedingung replizieren die der Studie A. Insgesamt gesehen war die implizite Bedingung schwieriger als die explizite, d. h. es konnten signifikant weniger Kinder mehr als ein Problem benennen, bevor sie die Geschichte wiedergaben und sich der spezifischen Befragung unterzogen hatten ($p < .05$ bei Anwendung des Fisher-Tests). Wenn ein Kind bei der impliziten Bedingung das Problem innerhalb der ersten sieben allgemeinen Fragen nicht entdeckte, dann waren meistens die spezifischen Fragen über das problematische Material erforderlich. Bei den Punktwerten von mindestens 8 (Anzahl der Fragen bis zum Entdecken des Problems) waren 62% Punktwerte von mindestens 10. Der entsprechende Prozentwert bei der expliziten Bedingung lag bei 48%.
Kinder mit der Hinweis-Instruktion schnitten besser ab als die Kinder mit der Standard-Berater-Instruktion, $\chi^2 (1) = 4.00, p < .05$. Zu beachten ist, daß der Unterschied zwischen der expliziten und impliziten Bedingung bei Sechstkläßlern dann nicht auftrat, wenn sie über die Existenz des Problems informiert worden waren. Wenn Sechstkläßler überzeugt sind, daß es ein Problem gibt, dann sind sie dazu fähig, die zum Auffinden notwendigen Schlußfolgerungen zu ziehen.

Kapitel 2: Extrinsische versus intrinsische Motivation – und die Qualität des Lernens

Die Beobachtungen von *Holt* (Kap. 1.1) und die Ergebnisse von *Markman* (Kap. 1.3) belegen eindringlich: Wer sich auf ein Denk- oder Lernproblem vorwiegend mit der Absicht einläßt, einen für die Antwort ausgesetzten Preis (z. B. auch in Form von Lob oder guter Note) zu erringen, neigt zu relativ pragmatischer und oft oberflächlicher Verarbeitung des Problems (im Sinne einer Optimierung kurzfristiger Nutzeffekte).

Diese wichtige Unterscheidung, welche dem Praktiker kaum fremd ist, wird mancherorts ausgerechnet durch die Anwendung psychologischer Konzepte verdeckt. Gemeint ist die vereinfachte Anwendung des Modells der operanten Konditionierung auf Fragen schulischer Motivation. So z. B. in einem weitverbreiteten Lehrbuch der Pädagogischen Psychologie:

„Dem Leser sollte klar sein, daß genau genommen der Begriff *Motivation* für Psychologen, die sich eng an die Konzepte des operanten Konditionierens anlehnen, überflüssig ist, da er über solche Operationen wie Deprivieren, Beunruhigen, einen Anreiz geben oder Verstärken hinaus keine Bedeutung hat. Alle diese Bedingungen führen unmittelbar zu Verhalten.

Im Modell des operanten Konditionierens ist ein motivierter Schüler nicht notwendigerweise ein Schüler, der starke Motive zum Lernen hat, oder der von machtvollen biologischen oder sozialen Bedürfnissen und Trieben angetrieben wird. Ein motivierter Schüler ist vielmehr ein Schüler, der richtig verstärkt worden ist. Seine Verstärker sind in den richtigen Quoten, mit adäquater Häufigkeit und zur richtigen Zeit (d. h. schnell genug) nach seiner Reaktion vorhanden gewesen.

Welches Kind wird ein wirklich motivierter Schüler? Welches zeigt das einmal gelernte Verhalten noch lange, nachdem die Schulzeit vorbei ist? Welches wird völlig in der aktiven oder passiven Beschäftigung mit der Kunst aufgehen? Es ist der Mensch, der gelernt hat, lange Zeit ohne erkennbare Verstärkung auszukommen. Er hat diese Art der Beständigkeit in einem schrittweisen Prozeß erworben, in dem über einen langen Zeitraum hinweg das Verhältnis von Verstärkern zu Reaktionen immer kleiner wurde. Wissenschaftler und Künstler, die in ihrem Gebiet ganz aufgehen, können sich mit langwierigen Projekten beschäftigen, ohne daß sie Erfolg oder Anerkennung erfahren. Diese Menschen haben aus den Erfahrungen im Laufe ihres Lebens gelernt, trotz stark verzögerter Verstärkungspläne ihre Arbeit fortzusetzen. Der Pädagoge, der bei seinen Schülern eine derartige Hingabe erreichen will, wird dafür sorgen, daß in den frühen Lernstadien das Verhältnis von Verstärkern zu Reaktionen groß ist. Danach wird er mit den künstlerischen, wissenschaftlichen oder anderen Fortschritten eines Schülers dazu übergehen, die Verstärkungsquote nach und nach einzuschränken oder zu senken. Im Versuch, die Motivation vom Standpunkt des operanten Konditionierens aus zu erfassen, wird die Entwicklung einer solchen Hingabe oder starken Motivation auf dieselbe Weise beschrieben, wie das Erlernen irgendwelcher anderer Reaktionen." (*Gage & Berliner* 1979, 307)

2.1 Extrinsische Motivation und Antwortorientiertheit

2.1.1 Der Einfluß von „Verstärkung"

Motivation mit der Wirkung eines Verstärkungsprogramms gleichzusetzen, erscheint im Lichte der Beobachtungen von *Holt* (vgl. Kap. 1.1) und *Condry-Chambers* (vgl. Kap. 2.2) als allzu schlicht. Diese Sichtweise vernachlässigt die Komplexität des fraglichen Verhaltens, indem sie elementare Konzepte, die bei der Analyse einfacher tierischer Lernprozesse entwickelt wurden, auf das menschliche Denken überträgt. Damit soll nicht bestritten werden, daß auch der Mensch viele Verhaltens- und Erlebnisweisen über die Mechanismen der operanten Konditionierung erwirbt und daß diese Mechanismen auch Denkprozesse beeinflussen. Doch wer wie *Gage* und *Berliner* meint, mit diesem elementaren Konzept auch schon den Schlüssel zur ganzen Lern- und Denkmotivation in der Hand zu haben, läuft Gefahr zu übersehen, daß sich je nach Motivationslage auch die Binnenstruktur des motivierten Verhaltens verändern kann. Und beim Denken ist diese Binnenstruktur für die Qualität des Ergebnisses entscheidend.

Lassen *Gage* und *Berliner* im obigen Zitat schon das *Lernen* und *Denken* als *verstärktes Verhalten* unanalysiert, so bleiben sie auch in der theoretischen Fassung des Verstärkungsprozesses hinter entscheidenden Differenzierungen zurück, wie sie heute in der Lerntheorie möglich sind. Längst behandelt man menschliches Lernen durch Belohnung nicht mehr als elementaren Prozeß. Verschiedene Forschungen belegen, daß der Mensch erhaltene Belohnungen interpretiert, d. h. ihnen Informationen entnimmt hinsichtlich dessen, was unter gegebenen Umständen richtig ist (vgl. neuere Erkenntnisse über das Konditionierungslernen bei *Bower-Hilgard* 1983, 64–76 und 399–405). Systematische Verstärkung bewirkt mehr als das äußerlich beobachtbare Ansteigen der Häufigkeit des verstärkten Verhaltens, welches *Skinner* allein in Betracht ziehen wollte; sie vermittelt auch die im Verstärkungssystem implizierten Kriterien und Normen: Ob diese vom dermaßen „Verstärkten" in freier Entscheidung und Selbstregulation befolgt werden oder ob ihnen schließlich unfreiwillig entsprochen wird – nämlich dem Mechanismus der nun ihrerseits automatisierten „Selbstverstärkung" unterworfen (siehe z. B. *Bandura* 1977) – ist eine theoretische und anthropologische Streitfrage zwischen Kognitivisten und Neo-Behavioristen (siehe dazu auch *Groeben-Scheele* 1977); im vorliegenden Zusammenhang genügt die Erkenntnis, daß mit den Verstärkungen zusammen häufig auch die Kriterien, nach denen sie erfolgen, implizit mit vermittelt werden. Es ist also durchaus möglich, daß Schüler den im Schulsystem erfahrenen Verstärkungen mehr Informationen entnehmen, als von den verstärkenden Personen beabsichtigt wurde! Insbesondere mag auf diese Weise die von *Holt* beklagte Antwortorientierung zustande kommen.

Dies zeigt, wie wichtig es ist, daß auch der Lehrer „das Verstehen" kennt. Je besser er seinerseits diesen Zielzustand den Schülern kenntlich machen kann, desto geringer ist die Gefahr, daß jene die schulische Belohnung des Antwortgebens mißverstehen.

2.1.2 Der Einfluß von Angst

Liegt das eigentliche Ziel außerhalb einer unmittelbar anstehenden Aufgabe, d. h. ist diese nur Mittel zu einem Zweck, so bleibt auch die gedankliche Auseinandersetzung mit der Aufgabe oft äußerlich. Man dringt nur so weit in die Materie ein, als es zur Erledigung der Aufgabe in einem (kurzfristigen) pragmatischen Sinne unumgänglich erscheint. Das meint das Wort *extrinsisch*, das ja in seiner lateinischen Wurzel „draußen bleibend" bedeutet. Die Untersuchungen von *Condry-Chambers* u. a. (vgl. Kap. 2.2) machen deutlich, wie *Außenorientierung* durch eine mit der Aufgabenerledigung verbundene („kontingente", wie es in der Sprache der Behavioristen heißt) Belohnung erreicht wird. Nun gibt es neben diesen Fällen positiver Verstärkung gerade in der Schule auch diejenigen sogenannt negativer Verstärkung, in welchen das Ziel oder die Belohnung einfach darin liegt, einen unangenehmen Zustand zu beenden. Man merkt, daß die Grenze im schulischen Kontext fließend ist: Normalschüler, die vor eine Aufgabe gestellt werden, erleben ja oft genug auch verschiedene Grade von Bedrohung, Ungewißheit und Hilflosigkeit, insbesondere natürlich in Prüfungen und prüfungsähnlichen Situationen (siehe z. B. *Krohne* 1977). Das sind Erlebnismerkmale, die mit der „gedanklichen Vorwegnahme der Nicht-Bewältigung der gestellten Anforderung" und der entsprechenden negativen Folge einhergehen und den unangenehmen Zustand der Angst definieren (*Weidenmann* 1978, *Ulich* 1982). Tatsächlich läßt sich starke *Angst als ein Extremfall extrinsischer Motivation* auffassen. Ob nun äußere (z. B. Tadel, Verlust an Ansehen, schlechte Note) oder innere Folgen (z. B. sinkende Selbstachtung) eines Versagens befürchtet werden – vor dem alles überragenden Ziel der Abwendung dieser Folgen (und kurzfristig der Beendigung des höchst unangenehmen Angstzustandes) erhält die Auseinandersetzung mit der inhaltlichen Seite der Aufgabe nur noch instrumentellen Charakter.

Entsprechend steht zu erwarten, daß auch unter dem Einfluß starker Angst die Komplexität einer anstehenden Sache nicht voll ausgeschöpft wird. Wie oft das der Fall ist, zeigt nicht nur die Alltagserfahrung, sondern auch die experimentelle Angstforschung (wenn auch die Befundlage im einzelnen uneinheitlich ist und nur vorsichtige Verallgemeinerungen erlaubt; siehe z. B. *Walter* 1977). So wurde beispielsweise immer wieder gefunden, daß Angst das Abschneiden bei komplexen Aufgaben – bei denen eine oberflächliche Verarbeitung nicht ausreicht – meist stärker beeinträchtigt als bei leichten (*Walter* 1977, 154–160, 164). Es wird von einer Primitivisierung des Umgangs mit der Sache berichtet (*Levitt* 1977, 110) und davon, daß Angst den Bereich der beachteten Informationen einschränke (*Krohne* 1975, 48). Teilweise werden solche Effekte auf physiologische Angstwirkungen oder auf gedankliche Kapazitätsüberlastung durch das intensive Abwägen möglicher Versagensfolgen zurückgeführt. Sicher gehört aber zu den Angstwirkungen eine gesteigerte Antwortorientierung in dem Sinne, daß der innere Druck groß wird, etwas zu „tun". Primitivisierung heißt dann, daß sich der Geängstigte in etwa sagt: Irgendetwas Effektvolles muß jetzt geschehen, wenn es nur wenigstens ungefähr in die gewünschte Richtung zielt! Häufig gelangt dann das Erstbeste zur Ausführung, was sich in der Situation oder im Gedächtnis anbietet, ohne genauere sachliche Abklärung und massiver als tunlich.

Eindrücklich dokumentierten *Dörner* und Mitarbeiter (1983) in ihrem großangelegten „Lohhausen-Experiment", wie zunehmender Angstdruck und der Wunsch, einfach noch „über die Runden zu kommen", auch bei Studenten die Neigung zu gedanklichen Abkürzungen und zu oberflächlichen Radikalmethoden im Umgang mit einer komplexen Aufgabe wachsen ließen.
Wenn oben (Kap. 2.1.1) ins Feld geführt werden konnte, daß der Empfänger positiver Verstärkungen die Gesamtsituation interpretiere und daraus gewisse — letztlich nicht immer sachadäquate — Hinweise auf „nützliches" Verhalten beziehe, warum sollte dies in Situationen der negativen Verstärkung nicht auch der Fall sein? *Lehtinen* und *Baer* nehmen diese Sichtweise ernst. Mit ihrer Deutung „von innen" machen sie plausibel, daß der beobachtbare *Zusammenhang von Angst und Primitivisierung des Aufgabenverhaltens* nicht einfach als Leistungszerfall gedeutet werden kann, sondern tatsächlich mit einer Umorientierung von der Sache weg zu tun hat:

„In der als Bewertungssituation erlebten Problemsituation spielen wichtige Bezugspersonen des Schülers (significant others wie Lehrer, Schulkameraden, Eltern) natürlich eine entscheidende Rolle. Ihnen sieht sich der Schüler ausgesetzt, sie will er nicht enttäuschen. Deshalb nimmt er in der Problemsituation der zu lösenden Aufgabe nicht primär die Sachstruktur der Aufgabe, das objektive, sachliche Problem, wahr, das es zu lösen gilt, sondern faßt die Problemsituation primär unter sozialen Gesichtspunkten auf (Lehrer nicht enttäuschen, Elternerwartungen erfüllen, sich gegenüber den Mitschülern als kompetent erweisen etc.). Das bedeutet, daß der Schüler die Aufmerksamkeit nicht mehr auf die Bewältigung des objektiven, sachlichen Problems, sondern auf die Bewältigung der wegen der schwierigen Aufgabe problematisch gewordenen sozialen Situation richtet. Der Wechsel der Aufmerksamkeitsrichtung, und miteinhergehend das ganze Potential an Problemlösestrategien, dient also der Abwehr der negativen Folgen für die sozialen Beziehungen und für das Selbstkonzept des Schülers, die das Nicht-Lösen-Können der Aufgabe mit sich bringen könnte. Der Perspektivenwechsel, den der Schüler vollzogen hat, läßt Handlungen des Schülers sinnvoll erscheinen, die bezüglich der sachlichen Lösung der gestellten Aufgabe völlig sinnlos, irrelevant oder primitiv sind (*Holzkamp* 1963). So erklärt sich z. B., warum der Schüler darauf verfällt, bei seinen Banknachbarn zu „spikken". Auch die Manipulation der Aufgabe, mit dem Ziel, sie leichter lösbar zu machen, hat unter diesem Blickwinkel ihren Sinn. Eine dritte Möglichkeit, die ein Schüler als sinnvoll erachten kann, besteht darin, daß er in irgendeiner (bezüglich der Lösung der Aufgabe unadäquaten) Weise seine Kompetenz auf einem Gebiet zeigt, das für ihn unproblematisch ist. Dazu gehört das Zurückgreifen auf elementarere Kenntnisse und Verhaltensweisen. Statt z. B. die Textrechnung zu lösen, weist sich ein Schüler über seine Fähigkeit aus, mit mathematischen Grundoperationen umgehen zu können; statt einen Text zu verfassen, schreibt er einige Sätze mit viel Zeitaufwand und mit dekorativer Schönschrift auf das Blatt; statt beim Korbballspiel mit dem Ball sorgfältig auf den Korb zu zielen, wirft er den Ball mit so viel Kraft, daß er sicher das Ziel verfehlt etc."

2.2 Lernaktivitäten unter extrinsischen und intrinsischen Kontextbedingungen

Condry und *Chambers* haben aufgabenbezogene Aktivitäten im Lernprozeß dahingehend untersucht, wie die beiden motivationalen Randbedingungen – extrinsisch und intrinsisch – die einzelnen Phasen des Lernens beeinflussen. Ihre Analysen stützen *Holts* Unterscheidung zwischen Denk- und Antwortorientiertheit (vgl. Kap. 1.1) und bestätigen auch, daß die bei vielen Schülern vorherrschende Antwortorientiertheit im Zusammenhang zu sehen ist mit der Art ihrer Motivation.

2.2.1 Grundlagentext: John Condry – James Chambers, Intrinsische Motivation und Lernen

Aufgabenbezogene Aktivität und Lernen können so verstanden werden, als bestünden sie aus einer Folge von einzelnen Schritten. Die Aufgabe wird auf irgend-
5 eine Art *begonnen* oder in Angriff genommen; sie wird durch den einen oder anderen *Prozeß* aktiv exploriert und bearbeitet; sie wird möglicherweise *zur Seite gelegt* und später wieder *aufgegriffen,* indem der Zyklus von neuem durchlaufen wird. Jeder von diesen Schritten steht im Zusammenhang mit untereinander verbundenen Elementen – einschließlich Ich-Beteiligung, Motivation, Aufmerksam-
10 keit, Erwartung etc. In diesem Abschnitt untersuchen wir jeden dieser Schritte im Lernprozeß unter den beiden motivationalen Randbedingungen, die wir *intrinsisch* und *extrinsisch* genannt haben. Das allgemeinere Ziel ist es, uns ein Bild davon zu machen, wie diese Aktivität/Lernsequenz unter den beiden unterschiedlichen zu untersuchenden motivationalen Kontextbedingungen aussieht.

15 Das erste In-Angriff-Nehmen der Aufgabe

Zuerst soll das In-Angriff-Nehmen analysiert werden. In wissenschaftlichen Studien sind zwei Bedingungen realisiert worden: eine Aufgabe wird in Angriff genommen, wenn entweder kein deutlicher externaler Anreiz gesetzt wird (intrinsisch) oder wenn von Anfang an Belohnungen antizipiert werden konnten (ex-
20 trinsisch). Die extrinsischen Belohnungsbedingungen sind meist dadurch charakterisiert, daß man nicht wählen kann, ob man überhaupt eine Aufgabe in Angriff nehmen möchte, und – falls ja – welchen Schwierigkeitsgrad sie hat. Das typische Paradigma dieses Forschungsstranges ist es, die Wirkungen von unterschiedlichen Randbedingungen beim In-Angriff-Nehmen einer Aufgabe auf spätere
25 Schritte zu untersuchen, üblicherweise auf das Wiederaufnehmen der Aufgabenbearbeitung. Bis heute sind die typischen Befunde, daß späteres Engagement weniger wahrscheinlich ist, wenn die Aufgabenbearbeitung unter extrinsischer Bedingung begonnen wurde.

Wenig wissenschaftliche Aufmerksamkeit wurde auf Fragen der Art verwendet,
30 ob Versuchspersonen andere Aufgaben wählen würden, wenn sie könnten, obwohl es in der Literatur einige Hinweise in diese Richtung gibt. *Maehr* und *Stallings* (1972) beispielsweise fanden heraus, daß diejenigen Versuchspersonen

---

Zeile 1: Aus: John Condry – James Chambers „Intrinsic Motivation and Learning" in M. R. Lepper – D. Greene (eds.): The hidden costs of reward. New York: Wiley, 1978, 65–74. (Übersetzung Ursula Ruthemann.)
Zeile 31: M. L. Maehr – W. M. Stallings: Freedom from external evaluation. Child Development, 1972, 43, 177–185

ein einfacheres Problem wählten, die Fremdbeurteilung erwarteten (eine unserem Begriff von *extrinsisch* vergleichbare Bedingung), verglichen mit Versuchspersonen unter einer *intrinsischen* Bewertungsbedingung. Dies traf besonders für hoch leistungsmotivierte Versuchspersonen zu. In unseren Studien fanden wir ein ähnliches Phänomen (*Condry & Chambers* 1976). Wir untersuchten den Einfluß unterschiedlicher motivationaler Rahmenbedingungen auf die Wahl des Schwierigkeitsgrades von Aufgaben. Heranwachsende männliche Versuchspersonen konnten eine Reihe von unterschiedlich schwierigen Begriffsfindungsaufgaben frei erkunden und sich mit ihnen vertraut machen. Es zeigte sich, daß diejenigen, die für die Aufgabenbearbeitung bezahlt worden waren, signifikant einfachere wählten als Versuchspersonen ohne Belohnungsantizipation. Dies läßt vermuten, daß der Wunsch nach der Belohnung in der extrinsischen Bedingung das dominante Motiv war, weil einfachere Probleme mit höherer Wahrscheinlichkeit zu einem schnellen Erfolg führen... Das erscheint uns nicht als förderlichste Atmosphäre des Lernens.

Damit kehren wir zu unserer früheren Unterscheidung zwischen Lernen und Leisten zurück, zwischen gut und schlecht erlernten Fertigkeiten. Wir gehen davon aus, daß man die Aufmerksamkeit dann, wenn sie auf einen oberflächlichen Aspekt der Situation gelenkt wird (z. B. darauf, etwas Bestimmtes zu produzieren, um eine Belohnung zu erhalten), nicht mehr den subtilen Aspekten der Aufgabe zuwendet, vielleicht sogar nicht zuwenden kann. Weiter vermuten wir, daß die Effekte der Verflachung der Aufmerksamkeit dann problematischer sind, wenn die Fertigkeit noch unentwickelt ist. So muß jemand, der das Treffen eines Tennisballes lernen will, sich ausschließlich auf das Schlagen konzentrieren. Wenn man sich darauf konzentriert, wohin der Ball fliegen könnte, so verliert man die Kontrolle über die grundlegendere Fertigkeit, den Ball einfach nur zu treffen. Später natürlich, wenn man den Ballschlag hinreichend geübt hat, kann man andere Möglichkeiten beachten. (...)

Wir gehen davon aus, daß Belohnungen die Aufmerksamkeit vom Prozeß der Aufgabenbearbeitung ablenken auf das Ziel, eine Belohnung zu erhalten, und dadurch die Entwicklung von grundlegenden Fertigkeiten untergraben.

Um eine neue Fertigkeit zu entwickeln, müssen Risiken eingegangen und Neues ausprobiert werden. Die fortgesetzte Anwendung erprobter Fertigkeiten kann zwar überlegene Leistungsresultate erbringen, aber sie wird nicht zu Entwicklung und Lernen führen. Es ist davon auszugehen, daß externale Anreize eine *Leistungsorientierung* schaffen, wobei die Aufmerksamkeit auf spezifische „Resultate" eingeengt wird. Das führt dazu, daß eher Leistungen auf dem bereits erreichten Niveau gezeigt werden als daß zu höheren „Anspruchniveaus" fortgeschritten wird. Die Gegenwart von Belohnungen impliziert ein Tauschgeschäft. Die Tauscheinheit beim Angebot des Zahlungsempfängers ist das Arbeitsprodukt. Weil die Aufmerksamkeit auf die Lieferung eines Produktes konzentriert ist, wird man eine Aufgabe so anpacken, daß man die Produktionsfähigkeit maximiert. Die Aufmerksamkeit ist auf den Weg des geringsten Widerstandes konzentriert, dieses „Ziel" zu erreichen. Dies ist angebracht, wenn die Leistungsäußerung oder ihr Produkt das angestrebte Ziel ist; aber es ist eine Tatsache, daß Belohnungen viel zu oft als vorrangige Methode benützt werden, um Lernen zu motivieren, und das ist fragwürdig. Die Aufmerksamkeit abzulenken oder auf bestimmte Aspekte des Informationsraumes zu begrenzen, verzögert den Lernprozeß, und das wird sicherlich dazu führen, daß der einfachste Lösungsweg gewählt wird mit dem Ziel, die Belohnung zu erhalten. (...)

Zeile 5: J. C. Condry – J. C. Chambers: How rewards change the problem solving process. 1976

Zusammenfassend läßt sich unsere allgemeine These wie folgt formulieren: In der Phase des ersten In-Angriff-Nehmens einer Aufgabe wirkt ein Kontext extrinsischer Motivierung so, daß relativ einfachere Handlungen vorgezogen werden und daß man stärker darauf orientiert ist, die vorhandene Leistungsfähigkeit zu zeigen als sie zu verbessern. Die Wahlfreiheit ist in der extrinsischen Bedingung drastisch eingeschränkt. Das heißt, daß das *Ausmaß der aktiven Ich-Beteiligung* unter der Bedingung *extrinsischer* Motivierung bedeutend geringer ist, also bei versprochener Belohnung oder bei Überwachung. Dagegen führt *intrinsische* Motivierung dazu, daß man sich an schwierigeren Problemen versucht, mehr Ich-Beteiligung zeigt und von Anfang an das Lernen und die Weiterentwicklung von grundlegenderen Fertigkeiten im Mittelpunkt stehen.

Der Prozeß der Aufgabenbearbeitung

Weil wir an Entwicklung interessiert sind, ist die zweite Stufe, der *Prozeß,* am interessantesten. In den meisten Studien wurden lediglich die Leistungsprodukte unter den beiden Motivationsbedingungen thematisiert. Eine solche Forschung tendiert dazu, unter Lernen die Ausführung von schlecht gelernten Fertigkeiten zu verstehen und Lernen so zu konzeptualisieren, ohne den eigentlichen Leistungsprozeß zu beachten, der zu dem Produkt führt. Neuere Forschungen zur Entwicklung mathematischer Fähigkeiten bei Kindern machen das Problem deutlich. *Herbert Ginsburg* (1977) hat Kinder interviewt, um den Prozeß zu untersuchen, durch den sie Mathematik lernen. Er fand heraus, daß Kinder auch dann, wenn sie nicht sehr gute *Leistungen* erbringen, dennoch häufig Regeln und Strategien anwenden und nicht einfach mit zufälligen Schritten durch das Problem stolpern. Diese Versuche, die Welt zu organisieren und zu strukturieren, sind typisch für den kindlichen Aufbau von Weltwissen, und sie sollten sorgfältiger untersucht werden, wenn wir Entwicklung wirklich verstehen wollen. Was halten wir von einem Kind, das eine falsche Regel anwendet, aber die richtige Antwort finden kann? Was ist so gelernt worden? An irgendeinem Punkt wird die Schwäche der Regel sichtbar werden, und ihre Anwendung wird nicht mehr zum Erfolg führen. Erfolgreiche Leistungen alleine sind im Studium menschlichen Lernens von begrenzter Nützlichkeit. Von größerem Nutzen ist es zu untersuchen, worauf die Aufmerksamkeit gelenkt wird, welche Informationen verwendet und welche ignoriert werden, und welche Regeln vom Individuum generiert werden.

Wir haben die ersten Schritte in diese Richtung sowohl hinsichtlich des kognitiven Problemlösens als auch hinsichtlich der interpersonellen Beziehungen unternommen. Die Untersuchungen von *Condry – Chambers* (1976) zielten auf eine Erklärung des Problemlöseprozesses. Dabei wurde eine veränderte Form einer

---

Zeile 20: H. Ginsburg: Children's arithmetic. The Learning process. New York: Van Nostrand Co., 1977.
Zeile 36: J. C. Condry – J. C. Chambers: How rewards change the problem solving process, 1976.

Begriffsfindungsaufgabe (*Bruner – Goodnow – Austin* 1956) angewendet. Die Versuchspersonen wurden zuerst in diese Aufgabenform eingewiesen und arbeiteten dann auf sich selber gestellt ein Problem durch. Darauf folgte eine Zeitspanne, in der sie aus einer Auswahl von Problemen unterschiedlicher Schwierigkeit Aufgaben wählten und daran arbeiteten. Die Probleme waren so konstruiert, daß die Versuchspersonen vollkommen in ihrem eigenen Tempo Informationen bekommen, die Antwort erraten und Rückmeldung erhalten konnten. Während dieser Zeit freier Exploration erhielt eine Gruppe für jedes gelöste Problem eine Bezahlung, die andere nicht. Ohne Wissen der Versuchspersonen wurde jede Wahl einer Information und jedes Raten eines Begriffes aufgezeichnet und später analysiert, um so den Entwicklungsfortschritt und die Veränderung ihres Problemlösens und ihrer Lernstrategien zu untersuchen.

Es zeigten sich eine Reihe von Unterschieden zwischen den Gruppen. Diejenigen, die bezahlt wurden, packten die Probleme in einer eher *antwortorientierten* Art an. Das bedeutete im einzelnen, daß sie mit dem Erraten der Antwort früher begannen, d. h. nachdem sie weniger Informationen gesammelt hatten als die Gruppe ohne Belohnung. Weiter brauchten sie zum Finden einer Lösung verhältnismäßig mehr Rateversuche. Das größere Interesse am Produkt als am Prozeß spiegelte sich in der belohnten Gruppe auch im relativ ineffizienten Gebrauch der Informationen wider. Sie trafen mehr redundante Entscheidungen und benötigten letztlich genau so viel oder mehr Informationen, bevor sie die richtige Lösung erreichen konnten. Daß die Informationen nicht ausgeschöpft wurden, wird auch durch das Verhalten beim Raten nahegelegt. Einige Entscheidungen führten zu negativer Rückmeldung, andere zu positiver. Das Verhältnis der positiven zu den negativen war für alle Probleme deutlich zugunsten der negativen; trotzdem riet die belohnte Gruppe am meisten nach einer positiven Rückmeldung. Das legt nahe, daß die Informationen wenig gebraucht worden sind und daß der Informationswert von negativen Rückmeldungen wenig verstanden wurde. Stattdessen verlegte man sich darauf, positive Beispiele zu finden, um „die Antwort" zu finden.

Zeile 1: J. Bruner – J. J. Goodnow – G. A. Austin: A study of thinking. New York: J. Wiley & Sons, Inc., 1956. Die Autoren erläutern ihre Begriffsfindungsaufgabe wie folgt (S. 83): „Wir legen der Versuchsperson eine systematische Anordnung von 81 Karten vor, die sich in der Form der darauf gezeichneten Figuren (Kreuz, Kreis oder Quadrat), in der Anzahl dieser Figuren (eine, zwei oder drei gleiche Figuren pro Karte), in der Farbe dieser Figuren (alle Figuren pro Karte grün, rot oder schwarz) sowie in der Anzahl der Umrandungslinien (eine, zwei oder drei) unterscheiden. Wir erklären der Versuchsperson, was ein konjunktiver Begriff ist – nämlich eine Teilmenge von Karten, die in einer oder mehreren Eigenschaften übereinstimmen – wie z. B. „alle roten Karten" oder „alle Karten mit roten Quadraten und zwei Umrandungslinien" – und fordern sie übungshalber auf, uns zu einem solchen Begriff alle Karten zu zeigen. Dann erklären wir der Versuchsperson, daß wir einen bestimmten Begriff ausgesucht haben, zu welchem einige der vorliegenden Karten gehören, andere aber nicht, und daß es ihre Aufgabe sei, diesen Begriff herauszufinden. Wir beginnen immer damit, daß wir eine Karte zeigen, die zum Begriff gehört, also einen „positiven Fall". Die Versuchsperson muß nun einzelne Karten auswählen, um jedesmal von uns zu erfahren, ob es sich dabei um einen positiven oder negativen Fall handelt. Nach jeder solchen Wahl kann die Versuchsperson (muß aber nicht) eine Hypothese hinsichtlich des Begriffes äußern, und zwar nicht mehr als eine Hypothese pro Wahldurchgang. Es gehört zur Aufgabe, den Begriff so effizient wie möglich zu finden. Die Karten können in beliebiger Reihenfolge gewählt werden. Das ist in wesentlichen Zügen unser experimentelles Vorgehen."

Es zeigten sich auch Unterschiede im Gebrauch der verfügbaren Hilfen. Die Versuchspersonen durften sich Notizen machen, die abgegebenen Entscheidungen aufzeichnen, und es konnten Begriffe eliminiert werden, wenn man den Lernschritt absolviert hatte. Es zeigte sich, daß die Versuchspersonen in der belohnten Gruppe dazu tendierten, diese Möglichkeiten weniger ausgiebig zu gebrauchen und sie signifikant häufiger völlig ungenutzt zu lassen.

Aus diesen wenigen Beispielen läßt sich erschließen, daß es über das bloße Produzieren eines Resultates hinausgeht, wenn man ein Problem löst oder sich in einer Handlung engagiert. Die oben erwähnten Studien legen die Vermutung nahe, daß bei extrinsischer Motivationsbedingung der Prozeß dem Produkt geopfert wird. „Die Antwort zu finden" ist befriedigend, wenn „Erfolg" das zentrale Ziel ist, aber „das Rätsel zu lösen" könnte für die Entwicklung wichtiger sein. Lernen erfordert, daß man einige Fähigkeiten und Gewohnheiten entwickelt, so zum Beispiel, spezifische Aspekte des Informationsraumes zu beachten, sinnvolle Fragen zu formulieren, Verknüpfungen wahrzunehmen und Informationen zu integrieren. Unsere Untersuchungen lassen vermuten, daß diese Fertigkeiten, die wir lieber *Lernstrategien* nennen würden, unter den beiden beschriebenen Motivationsbedingungen unterschiedlich sind. Intrinsisch motivierte Versuchspersonen beachten und benützen ein breiteres Spektrum an Informationen; die *Art* des Problemlösens steht im Mittelpunkt und weniger die Lösung. Allgemein sind sie vorsichtiger, logischer und folgerichtiger in ihren Problemlösestrategien als die Versuchspersonen, denen man für die Lösung der gleichen Probleme Belohnungen anbietet.

Die entsprechenden Unterschiede im Prozeß sind unter den gleichen *motivationalen Bedingungen* bei sozialen Interaktionen gefunden worden. *Garbarino* (1975) thematisierte die Wirkung von Anreizen auf das Tutorenverhalten zwischen Kindern unterschiedlichen Alters. Sein Interesse galt nicht nur der Frage, wie gut das jüngere Kind die Aufgabe lernen würde, sondern vor allem der, wie das ältere Kind das jüngere Kind behandelt, während es die Aufgabe lehrt, wie also z. B. der schrittweise Prozeß der sozialen Interaktion aussah. Er fand heraus, daß die Kinder, die für das Lehren bezahlt wurden, dadurch charakterisiert werden können, daß sie gegenüber ihren „Schülern" *instrumental* orientiert sind. Im Zentrum stand mehr das Ziel, die Belohnung zu bekommen, und weniger das Lehren selbst. Die Bewertung der „Schüler" war eine Funktion ihrer Nützlichkeit bei der Zielerreichung, und die Schüler wurden schlechter bewertet, wenn sie das Erreichen des Zieles des „Lehrers" vereitelten. Das *emotionale Klima* der Interaktion war bei der bezahlten Gruppe (der „Lehrer") negativer. Diese negative Bewertung der Aufgabenleistung übertrug sich auf die zwischenmenschliche Ebene und führte zu einer negativen Bewertung der Person. Im Gegensatz dazu hatten die Tutoren ohne Belohnung einen weniger aufdringlichen Stil und begünstigten ein „positiveres emotionales Klima" in der Interaktion. Ihre „Schüler" reagierten darauf, indem sie ein signifikant höheres Ausmaß aufgabenbezogenen Könnens entwickelten und weniger Fehler beim Lernen der Aufgaben machten.

Diese Befunde sind wichtig, weil viele soziale und emotionale Faktoren (z. B. das Selbstbild) eng mit Aktivität und Lernen verbunden sind. Wie man sich in seiner Haut fühlt, wenn man in einer Lern- oder Leistungssituation steckt, ist unserer Meinung nach entscheidend für die weitere Entwicklung. Die Angst vor negativen Bewertungen und davor, Fehler zu machen, kann die Bereitschaft

---

Zeile 25: J. Garbarino: The impact of anticipated rewards on cross-age tutoring. Journal of Personality and Social Psychology, 1975, 32, 421–428.

hemmen, Neues auszuprobieren, und das ist wesentlich für den Lernfortschritt. Sogar die Affen von *Harlow* (1950) brauchten das Gefühl der Sicherheit, um ihre Welt frei zu explorieren und mit ihr umzugehen. Die Wirkungen von verschiedenen Motivationsbedingungen auf die emotionalen Komponenten des Lernens sollten stärker in die Überlegungen mit einbezogen werden, als beim Lernen und Zeigen von Leistungen ausschließlich die kognitiven Prozesse in den Mittelpunkt zu stellen und damit dann ausschließlich nach kognitiven Erklärungen von Leistungsunterschieden zu suchen.

Und diese Unterschiede gibt es. Unsere Studie zur Abfolge der Handlungsschritte beim Problemlösen wiesen darauf hin, daß das Angebot einer Belohnung nicht einfach das intrinsisch motivierte Verhalten „untergräbt", sondern zu einer vollständig anderen Handlungssequenz führt. Die Aufmerksamkeit wird auf andere Aspekte des Informationsraumes gelenkt, die Informationen werden von den Personen unter den unterschiedlichen Bedingungen unterschiedlich genützt. (...)

Abbruch der Aufgabenbearbeitung

Der dritte Schritt in der Abfolge ist der des Abbruchs. An einem bestimmten Punkt wird die Aktivität beendet, und man geht zu etwas anderem über. Auch hier ist es von Interesse, wie die Bereitschaft, eine Aufgabe zu *verlassen,* die Bearbeitung abzubrechen, unter verschiedenem Motivationskontext unterschiedlich ausfällt. Forschungen zu diesem Problem gibt es schlichtweg nicht, aber wir können darüber spekulieren und einige Fragen aufwerfen.

Wenn Belohnungen im Spiele sind, wird eine Tätigkeit typischerweise dann abgeschlossen, wenn das angestrebte Produkt erreicht ist, üblicherweise nach Erhalt der versprochenen Belohnung. Wenn das Engagement intrinsische Ursachen hat, so wird der Punkt des Abbruchs normalerweise vom Individuum entschieden. Die Ursache dafür könnte sein, daß die „Fragen", die zur anfänglichen Aktivität geführt haben, beantwortet werden konnten, ein Gefühl der Bemeisterung (für den Augenblick) erreicht werden konnte, der Neuheitswert verflogen ist oder andere Interessen und Forderungen dringlicher geworden sind. Typischerweise ist die Situation in wissenschaftlichen Untersuchungen so strukturiert, daß keine der Gruppen die Wahlmöglichkeit des Abbruchs hat. So ist es schwierig, aus den bisherigen Studien abzuleiten, welche Tatsachen und Überlegungen unter der intrinsischen Motivationsbedingung zum Abbruch führen. Eine Annahme wäre, daß mindestens unter natürlichen Lebensumständen eine Fertigkeit bis zur Ebene „normativer" Forderungen entwickelt wird. Das bedeutet, man lernt fahren, eine „richtige" Grammatik gebrauchen oder was auch immer bis zu dem Anspruchsniveau, das die anderen Menschen der unmittelbaren Umbegung setzen. Nach welchem Mechanismus diese sozialen Faktoren wirken und welche zusätzlichen Faktoren berücksichtigt werden müssen, darüber wissen wir noch sehr wenig. (...)

Die Ereignisse während des Handlungsprozesses können (...) den Abbruch beeinflussen. Das Ausmaß an Verstehen, das man während der Auseinandersetzung mit der Aufgabe erreicht, könnte mit der Fähigkeit zusammenhängen, genau einzuschätzen, wann der Abschluß angebracht ist (d. h. wann die Frage beantwortet worden ist, wann die Neuheit erschöpft ist, wann die Beherrschung erreicht ist etc.). Wichtige Daten hierzu können in der Studie von *Chambers* (1976) gefunden werden, die bereits diskutiert wurde. Während des Bearbeitungsprozesses von

---

Zeile 2: H. F. Harlow: Learning and satiation of response in intrinsically motivated complex puzzle performance by monkeys. Journal of Comparative Physiological Psychology, 1950, 43, 289–294.

Zeile 45: J. C. Chambers: The effects of intrinsic and extrinsic motivational Contexts on problem solving and the process of Learning. Doctoral dissertation, 1976.

Problemen führte die *Antwortorientierung* der belohnten Versuchspersonen zu signifikant weniger Fällen, in denen ein Problem in allen Richtungen durchgearbeitet wurde. Mit anderen Worten heißt das, daß die *extrinsische* Gruppe kein Sammeln und Integrieren der relevanten Informationen während der Problemlösung kannte. Stattdessen kürzten sie den Prozeß ab, indem sie die Antwort rieten, und so gingen sie wiederholt vor. Diese Strategie ist insofern wichtig, als sie dasjenige reduziert, was man über seine eigenen Problemlösefähigkeiten lernen kann. In diesem Falle bedeutet das, daß man weniger Erfahrung mit dem Wissen darüber hat, wann man genügend Informationen hat, um sich seiner Antwort sicher sein zu können. Die Befunde von *Chambers* (1976) deuten ebenso in diese Richtung: Wurden die Versuchspersonen aufgefordert, an einem Problem so lange zu arbeiten und keine Antworten anzubieten, bis sie *sicher* seien, rieten signifikant mehr aus der Gruppe mit extrinsischer Motivationsbedingung, bevor sie vom logischen Standpunkt aus gesehen genügend Informationen hatten. (...)

Wiederaufnahme der Tätigkeit

(...) Einige wichtige Punkte sind (...) noch nicht untersucht. Vor allem liegen ja zwischen den Phasen der In-Angriff-Nahme und der Wiederaufnahme einer Tätigkeit diejenigen des *Verarbeitungsprozesses* und des *Abbruchs*. Weil die Untersuchung der Wirkung der Umstände bei der ersten In-Angriff-Nahme (intrinsisch versus extrinsisch) auf diese beiden Stufen sehr begrenzt ist, sehen wir im einzelnen noch nicht klar, warum in den Belohnungsgruppen weniger Tätigkeiten wieder aufgenommen wurden. (...)

Wenn die Prozesse der Auseinandersetzung mit der Aufgabe zu unterschiedlichen Erfahrungen und Gefühlen der Bemeisterung, des Verstehens, der Ich-Beteiligung und Zufriedenheit führen, dann überrascht es nicht, unterschiedlichen Enthusiasmus bei der Rückkehr zur Aufgabe zu finden. Wenn man etwas wegen eines externalen Anreizes wegen tut, so sind vermutlich die Erfahrungsmöglichkeiten begrenzt. Man muß zu erkennen versuchen, welches Verhalten angemessen ist und den Erwartungen des anderen genügen wird. In dem Ausmaß, in dem solche Erwartungen mit den Bedürfnissen des eigenen Selbst konfligieren, kann die Aufgabe zu einer unangenehmen Bürde werden. Das führt zu einer Abnahme der Bedeutungshaltigkeit, des Genießens und des Bedürfnisses, zu der Aufgabe zurückzukehren. Die Aufgabe selber kann negativ bewertet und als Mittel der Selbstverwirklichung unattraktiv werden. (...)

Wir gehen davon aus, daß der Gebrauch eines Belohnungssystems und der damit verbundenen „anderen Orientierung" das folgende impliziert:
1. Es beeinflußt die Wahl des in Angriff genommenen Problemtyps.
2. Es führt zu einer Aufmerksamkeitsselektion auf solche Aspekte der Aufgabenbearbeitung hin, die den Belohnenden zufriedenstellen.
3. Es führt zu einer inadäquaten Entwicklung von Grundfertigkeiten, entsprechend der Tatsache, daß der Prozeß der Fähigkeitsentwicklung (z. B. der In-Angriff-Nahme, der Ausrichtung und des Abschlusses einer Handlung) unter der Kontrolle von Einflußfaktoren außerhalb des Handelnden steht.
4. Es führt zu einem geringeren Gefühl des persönlichen Genügens und Leistungsvermögens in bezug auf die Aufgabe.
5. Und als Folge von einigem oder allem oben Genannten führt es zu einem geringeren Interesse, zur Aufgabe zurückzukehren. (...)

Fragen wie diese weiten das Blickfeld über das hinaus, was man unter unterschiedlichen motivationalen Kontextbedingungen *tut,* auf die Frage aus, wie man sich bezüglich der Aufgabe und seiner selbst *fühlt*. Es könnte sein, daß mit dem Fortschreiten von der Erwerbs- zur Leistungsphase andere Motivationsbedingungen bevorzugt werden, wie wir sie schon früher angesprochen haben. Wir könnten es zum Beispiel einfach genießen, unsere Fähigkeiten zu entfalten, und Belohnungen verschiedenster Art sollten lediglich als „Zuckerguß auf dem Kuchen" angesehen werden, wenn die Fähigkeiten bereits gut ausgebildet sind. Weitere Forschungen werden nötig sein, um diese Fragen zu überprüfen. Zum derzeitigen Zeitpunkt genügt es anzumerken, daß der Lernprozeß grundlegend verschieden ist unter den unterschiedlichen motivationalen Bedingungen, und zwar ist er unterschiedlich in jeder der analysierten Phasen.

Die experimentalpsychologisch gewonnenen Einsichten von *Condry* und *Chambers* lassen sich auch durch die Analyse unterrichtlicher Lernprozesse verdeutlichen und bekräftigen. *Konrad Joerger* betrachtet im folgenden Grundlagentext Lernaktivitäten von Schülern unter zwei Aspekten:
— Muß man lernen wollen, um zu lernen?
— Was lernt der Schüler unter Leistungsdruck?

Seine Schlußfolgerungen richten sich gegen den Versuch, die Entwicklung von Lernmotiven beim Schüler mit Begriffen wie *Lernmotivation* und *Leistungsmotivation* zu erklären. In deren verhaltenspsychologischer Definition liegt aus kognitionspsychologischer Sicht ein innerer Widerspruch, den er so charakterisiert:

Ein Lernen, das auf einen wie auch immer vorgestellten Zielzustand gerichtet ist, verläßt im selben Augenblick die ... Selbstregulation. Es verzichtet dann weitgehend auf Assimilation und Akkommodation, also auf ‚Verstehen'..." (vgl. S. 38, Zeilen 44/47).

Im Lichte der Joergerschen Befunde werden wir uns der Frage zuwenden müssen: Wie ziellos ist die intrinsische Motivation? (vgl. Kap. 2.3).

2.2.2 Grundlagentext: Konrad Joerger, Lernanreize

A Man muß nicht lernen wollen, um zu lernen — Lernen ereignet sich im Tun

Es dürfte einer der ärgerlichsten Irrwege in der Theoriebildung der jüngsten Vergangenheit sein, daß man den Begriff „Lernmotivation" geprägt und ihm dann
5 theoretisches Interesse zugewendet hat. In den meisten Fällen analysierte man dabei sehr sorgfältig den Motivationsbegriff, behandelte aber das Phänomen Lernen nur stiefmütterlich und am Rande. Für Lernen nahm man stillschweigend und ohne allzu tiefe Reflexion jenes Verhalten, das man beim Schüler während des Unterrichts und bei der häuslichen Nacharbeit voraussetzte oder erwartete,
10 und das dem Anschein nach die Voraussetzung für gute Zensuren darstellte. So wird die Lernhaltung eines Schülers sogar als „Fleiß" und „Mitarbeit" als Quasinote im Zeugnis festgehalten geradeso, als ob aus dem beobachtbaren Verhalten abzuleiten sei, in welchem Ausmaß der Schüler die Tugend der „Lernbereitschaft" besitze. Man stelle sich das Gebaren des Schülers bei dieser Form des Ler-
15 nens recht plastisch vor: er sitzt über einem Buch, stützt den Kopf in beide Hände und spricht das Gelesene leise oder gar laut vor sich hin. Er sagt Gedichte, Geschichtsdaten oder Vokabeln mehrmals und schließlich fehlerfrei auf und füllt gewissenhaft und mit Sinn für geschmackvolle Gestaltung und Ausschmückung

---

Zeile 1: Aus: Konrad Joerger „Lernanreize", Königstein: Scriptor, 1980, S. 19–24 und S. 27–30.

sein Biologieheft. Er bereitet sich auf jede Klassenarbeit mit Engagement vor und kennt sogar die nächste Lektion schon, bevor sie in der Schule behandelt wird. Er hängt mit den Augen gespannt an den Lippen des Lehrers, begierig, keines der goldenen Worte zu verlieren, denn man kann nie wissen, ob es nicht in der nächsten Klausur von Bedeutung ist usw.

Wir wollen uns hier und jetzt nicht den Kopf darüber zerbrechen, worin ein solch absonderliches Schülerverhalten seine Ursachen hat. Aber man darf doch wohl annehmen, daß es vom Lehrer in der Regel nicht als negativ interpretiert wird und daß es meist auch zu guten Zensuren führt. Mit Lernen im psychologischen Sinn hat es allerdings herzlich wenig gemeinsam. *Was hier beispielhaft skizziert wurde, sind Allüren eines Schülers, der sensibel auf die Erwartungen der Institution Schule oder der Eltern reagiert, Allüren, die man auch willentlich einsetzen und zur Gewohnheit werden lassen kann, die aber durch nichts signalisieren, ob ein relevanter Lernprozeß stattgefunden hat oder nicht.*

Aber täuschen wir uns nicht! Auch ein Lehrer, der solches Gebaren als Streberhaftigkeit ablehnt, kann kaum umhin, es tagtäglich beim Schüler zu honorieren und Abweichungen davon mehr oder weniger zu sanktionieren. Er ist gezwungen, ein Verhalten zu bekräftigen, das kaum zum „echten" Lernen führt, nur weil diese andere Form des Lernens schwer zu beobachten und eigentlich überhaupt nicht zu belohnen ist.

Lernen ist eben kein „Verhalten", sondern ein Prozeß oder ein Vorgang, der sich — unkontrollierbar von außen und sogar vom Schüler selbst oft unbemerkt — schlicht vollzieht oder eben auch nicht vollzieht. Nicht etwa, daß die Rolle der Aktivität des Schülers beim Lernen geleugnet würde: im Gegenteil! Aber das, was sich hier vollzieht, verstehen meist weder der Schüler noch der Lehrer als Lernen, weil es nicht als solches beabsichtigt und bewußt eingesetzt wird. Der Schüler tut etwas — irgend etwas — und dieses Tun korrigiert sich selbsttätig (automatisch!) überall dort, wo es inneren Gesetzen der Folgerichtigkeit nicht enspricht. Diese automatische Korrektur des Tuns anhand der inneren Folgerichtigkeit nennen wir Lernen. Jeder äußere Eingriff in dieses Geschehen, etwa eine Bekräftigung oder Erläuterung des Lehrers, kann unter Umständen diesen Prozeß stören, weil er den Bezug zur inneren Folgerichtigkeit nicht aufnimmt.

Ja mehr noch: das, was wir hier als den „eigentlichen" Lernprozeß bezeichnen, wird oft vom Schüler als eine Störung dessen empfunden, was er subjektiv als Lernen versteht.

Beispiel

Im Mathematikunterricht wird den Schülern folgende Aufgabe gestellt: „Zeichne die Punktmenge K (M_1; r_1 = 1,5 cm) vereinigt mit der Punktmenge K (M_2; r_2 = 2,5 cm), wenn M_1 (2;3) und M_2 (5;4). Markiere mit Rotstift alle Punkte, die wenigstens zu einer der beiden Punktmengen gehören." (Vgl. *Hermann Maier*, Kompendium Didaktik Mathematik, Ehrenwirth Verlag München 1977, S. 83).

Ein Schüler habe bei dieser Aufgabe zunächst Schwierigkeiten. Nach einigem Nachdenken wird ihm klar: das sind zwei Kreislinien, die rot anzumalen sind. Empört über die verklausulierte Ausdrucksweise meint er: Das hätte man auch einfacher sagen können!

Hätte der Lehrer aber die Aufgabe so gestellt: „Zeichne einen Kreis mit dem Mittelpunkt M_1 (2;3) und dem Radius 1,5 cm sowie einen zweiten Kreis mit M_2 (5;4) und dem Radius 2,5 cm; male die beiden Kreislinien rot an!", so wäre das eine Anforderung aus dem letzten Schuljahr geworden, und das, was eigentlich gelernt werden sollte, wäre übersprungen worden; nämlich die Übersetzung eines bestimmten Fachjargons in die Umgangssprache oder in die eigene Vorstellungsebene.

Ein anderes Beispiel
Ein Schüler habe beim „Auswendiglernen" von Vokabeln bei einem bestimmten Wort immer wieder Schwierigkeiten, dieses sich zu merken. Deshalb fragt er Eltern oder Lehrer (oder das Lexikon) nach dem etymologischen Zusammenhang. Die sich dadurch anbahnende Einsicht ist wertvoller, als wenn er das Wort von Anfang an sich hätte merken können, denn jetzt wird es sicher besser behalten.
Ein Wort noch zu dem, was oben „innere Folgerichtigkeit" genannt wurde. Es ist identisch mit dem, was im theoretischen Abriß als kognitives Schema vorgestellt wurde, also eine Denkgewohnheit, die entsprechende Erwartungen mobilisiert. Entspricht eine Information, ein Lernstoff oder eine Einzelheit daraus nicht den vorhandenen Erwartungen, so wird sie als nicht folgerichtig empfunden und löst den kognitiven Konflikt aus.
So wertvoll das Explorationsverhalten ist, das vielleicht durch den kognitiven Konflikt ausgelöst wird, so ist es doch noch nicht selbst Lernen, wenn es auch häufig dazu führen kann. Gelernt wird in dem Augenblick, in dem die Gesetze der inneren Folgerichtigkeit, also die Erwartungen oder die kognitiven Schemata, eine Veränderung erfahren.
Aber eine solche Veränderung der kognitiven Struktur kann man als Schüler kaum anstreben oder wollen. Es gibt tatsächlich so etwas wie ein Gesetz der „geistigen Trägheit"; solange es irgend geht, wird man mit den vorhandenen Denkschemata auszukommen versuchen, und jeder Veränderung von Denkgewohnheiten wird ein gewisser Widerstand entgegengesetzt. Wäre dies nicht so, dann könnte man eigentlich gar nicht von „Gewohnheiten" sprechen; im Wort Gewohnheit ist eine entsprechende Beharrungstendenz mitgedacht. Deshalb ist es theoretisch schwer vorstellbar, wie ein Mensch von sich aus ohne äußere Notwendigkeit „Lernbereitschaft" zeigen sollte. Man muß ja auch bedenken, daß jede Veränderung einer liebgewordenen Denkgewohnheit das Verlassen von eingeschliffenen Bahnen und damit eine innere Verunsicherung darstellt, die man eher vermeiden möchte. Besonders bei etwas ängstlichen Kindern ist diese Beharrungstendenz deutlich zu beobachten. Der Anreiz, doch etwas zu lernen, muß also in der Regel von außen kommen, und er richtet sich immer gegen die psychische Trägheit. Für das Auswendiglernen, das mechanische Einprägen, gilt das natürlich nicht, denn hier wird die kognitive Struktur ja nicht verändert. Deswegen ziehen es viele Schüler unter sonst gleichen Bedingungen vor, einen Lernstoff mechanisch zu lernen, als darüber auch noch nachzudenken. So werden Formeln lieber auswendig gelernt als abgeleitet. Lektionen aus dem Geschichtsbuch werden lieber wörtlich als mit eigenen Worten dem Sinn nach wiedergegeben. Beispiele des Lehrers für irgendeinen Sachverhalt werden konkretistisch mißverstanden und nicht als Sonderfall eines allgemeinen Gesetzes interpretiert usw.
Solche Beobachtungen kann man zwar häufig machen, aber es gibt hier auch Ausnahmen oder Gegenbeispiele. Anders ausgedrückt: Es gibt ein Gegenprinzip, das diesem ersten zuwiderläuft. Kinder – alle Menschen – lernen ohne jeden äußeren Druck erstaunlich vieles, und das nicht etwa mechanisch. Situationen und Gelegenheiten, in denen es Neues zu lernen gibt, ziehen sie magisch an. Vielfältige Interessen, die Neugier, der Forschungsdrang, führen zu einer bemerkenswerten Fülle an gespeicherten Informationen, zu einem immensen Repertoire an Können, was nicht zu erklären wäre, bliebe es beim Gesetz der geistigen Trägheit. Im Eingangskapitel wurde schon angedeutet, wie sich dieser Widerspruch aufklärt. Das Trägheitsgesetz existiert in einer Form, in der es paradoxerweise zum Motor des Handelns wird. *Das Streben nach Ordnung, Einfachheit und Gleichgewicht im Verständnis der Umgebung drängt den Menschen immer wieder, die von außen kommenden Störungen zu beseitigen, und im Dienste dieses Bestrebens ist er bereit, auch größere Anstrengungen zu übernehmen.*

Es würde uns zu sehr in die Theorie oder gar in die Philosophie führen, wenn man im einzelnen nun begründen wollte, warum für den denkenden Menschen ein Zustand totalen Gleichgewichts weder vorstellbar noch erstrebenswert ist. Gerade sein Denken, das heißt seine innere, seine kognitive Aktivität, wird ihn stets dazu führen, einen scheinbaren Gleichgewichtszustand nicht als solchen oder allenfalls als vorläufigen anzuerkennen. Aber wir wollen sehen, wie diese primäre Aktivität im täglichen Leben in Erscheinung tritt und wie sie dann zu einem Lernen führt, das vom Individuum eigentlich gar nicht beabsichtigt wurde.

Beobachten wir ein Kind (über hinreichend lange Zeit hinweg) bei seinen spielerischen Betätigungen beispielsweise im Wasser. Ist es nicht zu kalt, dann fühlt sich das Kind sichtlich wohl: es planscht und spritzt, es neckt die Spielgefährten und läßt sich necken. Nehmen wir an, es sei bereits so weit, daß es vom Beckenrand ins Wasser springt. Es scheint die Gelegenheiten zum Springen regelrecht zu suchen. Ohne daß es eines Anreizes von außen bedarf, wiederholt es diese Tätigkeit mit einer Ausdauer, die den Beobachter meist überrascht. Bald wird dieses Wasserspringen zum Selbstzweck: Es springt mit angehockten Knien, mit angewinkelten oder ausgestreckten Armen; wenn es schon schwimmen kann, wird es in tieferes Wasser springen, und es springt bald aus größerer Höhe, etwa vom Startblock oder vom Sprungbrett. In einem Scheinboxkampf läßt es sich seitlich ins Wasser fallen, springt rückwärts und bald auch mit dem Kopf voraus. Nicht mehr lange, dann folgt der sogenannte „Seemannsköpfer" (Kopfsprung mit angelegten Armen), und bis zu den ersten Purzelbäumen oder Salti ist es nicht mehr weit. Mag sich diese Entwicklung auch über einige Jahre erstrecken, in unserem Zusammenhang ist von Bedeutung, daß sie offensichtlich ohne jeden Anstoß von außen, also ohne beabsichtigte erzieherische Beeinflussung durch die Eltern, in Gang kommt und sich in Gang hält. Der gegenseitige Ansporn durch die Spielkameraden ist zwar wichtig, aber kein Gegenargument.

Als primäre Kreisreaktion bezeichnet *Piaget* ein Verhalten des Kindes (er beobachtete es allerdings nur im Säuglingsalter), in dem es eine Tätigkeit immer wiederholt, scheinbar ohne jede Veränderung, in der das Kind sich also gewissermaßen selbst nachahmt und diese Selbstnachahmung offensichtlich als lustvoll erlebt. Nun wissen wir aus der Beobachtung natürlich nie genau, inwieweit das Kind bei dieser Selbstnachahmung kleine Veränderungen einbaut, aber man kann feststellen, daß nach einer gewissen Zeit die Handbewegungen flüssiger, die Lallmonologe akkurater und das Plappern artikulierter geworden ist. Die Tätigkeit scheint weniger Aufwand und Mühe zu erfordern und in irgendeiner Weise perfekter zu sein. Das Kind empfindet Freude an der zunehmenden Beherrschung des Tuns. Das Erlebnis der eigenen, spontanen Aktivität scheint dem Kind eine lustvolle Vitalempfindung zu vermitteln, es erlebt sich als „lebendig".

Die Übergänge zur sekundären Kreisreaktion sind fließend. Der Einbau zunächst kleinerer dann größerer Variationen scheint die Freude an der Tätigkeit deutlich zu steigern. Das Erlebnis, auch die so variierten Bewegungen zu beherrschen, führt bald auch zu dem Bedürfnis, eben diese Kompetenz noch weiter zu steigern. Das Kind erlebt sich als Verursacher („*Origin*") einer Veränderung und damit erstmals als Subjekt, womit die reine Selbstnachahmung deutlich überstiegen wird.

Man könnte die weitere Entwicklung, in der die Variationen der Tätigkeit immer größer werden und auch künstliche Erschwerungen und Barrieren mit einbeziehen, als tertiäre Kreisreaktion bezeichnen. Jedenfalls ist die Richtung der Entwicklung vorgezeichnet, in der die Freude an der Überwindung von Schwierigkeiten dazu führt, daß sogar Grenzsituationen mit dem prickelnden Gefühl, sich Gefahren auszusetzen und sie zu bestehen, aktiv aufgesucht werden.

Der Leser wird bemerkt haben, daß sich diese Ausführungen, vor allem im letzten Teil, nicht mehr nur auf das Säuglingsalter beziehen können. Ich denke sogar, daß auch die primären Kreisreaktionen noch beim älteren Kind, ja beim Erwachsenen beobachtbar sind. Das Kind im zweiten oder dritten Schuljahr, das die Schwierigkeiten der Schreibbewegungen überwunden hat, überrascht bisweilen dadurch, daß es spontan ganze Geschichten aus dem Lesebuch abschreibt – in Schönschrift, versteht sich! – aber nicht etwa für den Lehrer oder die Eltern, sondern ganz l'art pour l'art, für sich selbst. Beim Zeichnen und Malen wird das noch augenfälliger: ein einmal gefundenes Männchen-Schema wird immer und immer wiederholt. Aber auch der im Badezimmer mit besonders sonorer Stimme singende Vater möchte wohl kaum damit seine Lieben erquicken.

Wenn auch *Piaget* die primären und sekundären Kreisreaktionen nur im Kleinkindalter beobachtet und beschrieben hat, so ist für ihn das Prinzip der *„Autoregulation"* doch ein Axiom für die Erklärung der gesamten Entwicklung bis hin zum Erwachsenenalter.

Was hat dies alles aber nun mit schulischem Lernen oder gar mit Lernanreizen zu tun? Anstelle langatmiger Erläuterungen eine Beobachtung aus einer Turnstunde im zweiten Schuljahr:

Der Lehrer läßt zu Beginn der Stunde eine große Zahl Gymnastikbälle in die Halle rollen. Nach kurzer Zeit hat jedes Kind sich einen geschnappt und läuft – den Ball werfend, prellend, rollend – durch den Raum. Dann die kurze und sicher nicht für alle Kinder hörbare Aufforderung durch den Lehrer: „Werft euren Ball so an die Wand, daß ihr ihn wieder auffangen könnt!" Einige übernehmen die Aufgabe gleich, aber es dauert eine Weile, ca. zwei Minuten, bis allmählich alle Schüler gemerkt haben, was gespielt wird. Nun wird es interessant, genauer zu beobachten. Zunächst sind die Unterschiede zwischen den Kindern sehr auffallend. Während einige nur einen Schritt von der Wand entfernt mit beiden Händen noch recht zaghaft werfen, stehen andere schon drei Schritte von der Wand und werfen mit einer Hand über die Schulter sehr sicher und gewandt. Aber bei keinem der Kinder hat man den Eindruck, daß es sich die Sache absichtlich leicht macht. Betrachten wir ein Kind genauer. Nachdem es, etwa zwei Schritte von der Wand, vier Würfe sicher aufgefangen hat, tritt es einen Schritt zurück, wirft zu niedrig, der Ball springt am Boden auf; es wiederholt aus derselben Entfernung, wirft aber höher, der Ball trifft zwar in die Hand, wird aber nicht gegriffen. Ohne nach rechts und links zu sehen, übt das Kind weiter. Nach etwa fünf bis sechs Würfen scheint es recht sicher zu fangen, es bleibt weiterhin bei seiner Entfernung und seiner Wurfhöhe, die Blicke gehen aber immer häufiger zu den Nachbarn nach rechts und links. Es sieht, daß andere Kinder höher werfen, probiert es auch, hat zunächst Mißerfolge, dann Erfolg. Um die Mitschüler, die bereits mit einer Hand werfen oder gar fangen, kümmert es sich nicht. Der Lehrer spielt übrigens auch mit und gibt so stillschweigend für die Besseren kleine Anregungen. Aber auch für ihn zeigt das Kind kaum Interesse. Es ist erstaunlich, wie lange die Schüler ohne Ermüdungserscheinungen bei diesem doch sehr schlichten Spiel mit „arbeiten". Ein Blick auf die anderen Kinder zeigt, wie kreativ sie im Erfinden neuer Variationen sein können. Sie werfen rückwärts über den Kopf, zwischen den Beinen hindurch, von unten an der Wand entlang hoch, so daß der Ball von oben zurückkommt usw. Keines der Kinder warf die ganze Zeit über nur so einfach, daß es den Ball jedesmal glatt fing. Jedes ging, soweit man das beobachten konnte, bis an die Grenze seiner eigenen Wurf- und Fangfähigkeit und versuchte, diese Grenze hinauszuschieben.

Ein Leser, der etwas Schulerfahrung hat, wird mir nun vorwerfen, dieses Beispiel hinke auf allen verfügbaren Beinen. So etwas sei vielleicht in einem zweiten Schuljahr und vielleicht im Turnunterricht möglich, nicht aber in Physik oder

Deutsch und im neunten Schuljahr. Und wo bliebe weiterhin bei einem Unterricht, der solches „Spiel ohne Grenzen" zum Prinzip erhebe, die Erfüllung eines Lehrplans oder gar eine Lernzielkontrolle?

Nun, ich habe ganz analoge Situationen auch in der Oberstufe erlebt, etwa bei der Ballschule zum Volleyballspiel, und ich könnte auch Beispiele bringen aus den Bereichen des bildhaften Gestaltens, des technischen Werkens und der Musikerziehung. In anderen Fächern wie etwa Mathematik oder in Fremdsprachen hätte ich – zugegebenermaßen – Schwierigkeiten, wenn die Beispiele nicht an den Haaren herbeigezogen, gekünstelt und konstruiert wirken sollen.

Aber darum ging es mir auch nicht, und es wäre eines jener typischen Mißverständnisse einer Theorie, wenn man aus dem Versuch einer kausalen Erklärung eine Handlungsanweisung ableiten wollte. Die primären und sekundären Kreisreaktionen und die dabei wirksam werdende Kompetenzmotivation führen zum Lernen und zur Kompetenzsteigerung überall dort, wo das Kind irgend etwas tut, ob es der Lehrer nun beabsichtigt und einplant oder nicht. Denn überall dort, wo effektiver Unterricht stattfindet, lernt der Schüler im Mikrobereich auf diese Weise – oder gar nicht. Allerdings kann der Lehrer dieses Tun stören oder auf eine Ebene verlagern, wo der Lerngewinn eher mager ist und den Anstrengungsaufwand der Schüler kaum noch recht lohnt. Ist der Schüler in einer Sache (versteht sich: die zum Unterricht gehört!) einmal aktiv geworden, dann müßte sich seine Aktivität über eine gewisse Strecke selbst tragen und das Beste, was der Lehrer dann tun kann, ist, sich zurückzuhalten, gar nichts mehr zu tun und bestenfalls zu beobachten. Wie wir den Schüler zu dieser ersten Aktivität bewegen können, wollen wir später besprechen.

B Unter Leistungsdruck lernt man auch etwas – aber etwas anderes!

Wie bereits erwähnt, wurde in den Veröffentlichungen über *Lernmotivation* das Phänomen Lernen meist nicht hinreichend reflektiert oder aber nur in behavioristisch verkürzter Bedeutung eingebracht. Noch problematischer für unseren Zusammenhang aber ist die Tatsache, daß häufig Lernmotivation in sehr großer Nähe zur Leistungsmotivation gesehen wird. Bei vielen Autoren gehen die Begriffe ohnehin wirr durcheinander. In der so bekannten Formel von *Heckhausen* tritt die Lernmotivation als Oberbegriff auf, während die Leistungsmotivation als eine unter neun Komponenten zu ihrer Definition herangezogen wird. Als Leistungsmotivation wollen wir hier – etwas verkürzt – das Bedürfnis verstehen, eine definierbare Leistung zu erbringen, was auch immer dabei unter Leistung verstanden werden mag. Ausführlichere Definitionen (etwa *Heckhausen* 1974) sind im Moment nicht von Interesse. Schlimm ist diese Nähe zwischen Lern- und Leistungsmotivation vor allem deshalb, weil implizit dann stets mitgedacht wird, jedes Lernen müsse stets auch zu einer (wohl gar noch meßbaren) Leistung führen, wie es im Gedankengut des Behaviorismus ganz selbstverständlich ist.

Wer allerdings den modernen bzw. den kognitionspsychologischen Lernbegriff, wie er diesem Buch zugrunde liegt, auch nur im Ansatz übernommen hat, wird hier einen inneren Widerspruch entdecken. *Ein Lernen, das auf einen wie auch immer vorgestellten Zielzustand gerichtet ist, verläßt im selben Augenblick die oben beschriebene Selbstregulation. Es verzichtet dann weitgehend auf Assimilation und Akkommodation, also auf „Verstehen", und erschöpft sich, wenigstens zu einem wesentlichen Teil, im Training von äußeren Verhaltenselementen.*

Es wurde in den letzten Jahren viel Kritisches gegen das herrschende Konzept der Leistungsmotivation, vor allem Heckhausenscher Prägung, geschrieben (vgl. etwa *Krieger* 1976, *Offe* 1977 und vor allem *Harten-Flitner* 1978). Daß das als Leistungsmotivation beschriebene Phänomen in unseren Schulen eine große

Rolle spielt, sei nicht bestritten. Daß man es als Lehrer im Unterricht einsetzen oder sogar noch fördern sollte (etwa im Sinn von *De Charms* 1979), dem sei aber entschieden widersprochen. Es sei sogar dann widersprochen, wenn sich herausstellen sollte, was bisher trotz einiger Bemühungen nicht bewiesen werden konnte, daß eine höhere Leistungsmotivation zu besseren Schulleistungen führt. Die allgemein üblichen Zensuren allerdings können dabei kaum als verbindliche Gradmesser angesehen werden.

In der Überschrift zu diesem Kapitel war von *Leistungsdruck* die Rede, und das ist ja nun noch etwas anderes als Leistungsmotivation. Wir wissen, daß der Leistungsdruck in unseren Schulen bisweilen groß ist und sogar nicht selten für *Schülerkatastrophen* verantwortlich gemacht wird. Vermutlich trägt die Schule den geringeren Anteil der Schuld an dieser Entwicklung. Das Gewicht, das die Eltern schon in der Grundschule den Einzelnoten und den Jahreszensuren und natürlich dem ganzen schulischen Ausleseverfahren beimessen, wirkt sicher verheerender als das Ausleseprinzip selbst. Es wirkt vor allem auch deshalb so störend auf den Lernprozeß selbst zurück, weil die Schüler diesen Bedeutungsakzent so deckungsgleich übernehmen – was könnten sie auch anderes tun?

Durch die starke Verinnerlichung der Normen des Elternhauses, der Institution Schule und der Gesellschaft wird jedoch der Leistungsdruck zu einem Leistungsmotiv im Schüler. Und dieses Leistungsmotiv wirkt nun – mehr oder weniger autonom geworden – innerhalb des Lernprozesses in ganz ähnlicher Weise wie der Leistungsdruck von außen. Der Schüler verlangt sich selbst Leistung ab oder eben das, was er unter dem Einfluß dieser Normen für Leistung hält und halten muß. Der hochleistungsmotivierte Schüler steht unter demselben Druck wie jener andere, der für die Schule nur aus anderen extrinsischen Motiven heraus arbeitet. Die Frage, inwiefern die Leistungsmotivation den extrinsischen Motivationsbereichen zuzuordnen ist, wird bei *Krieger* 1976 ausführlich diskutiert; ich will darauf nicht eingehen. Statt dessen will ich etwas genauer analysieren, wie und was ein Schüler lernt, der den Akt des „Lernens" bewußt und absichtlich einleitet, der sich „Leistung" abverlangt, sich anstrengt und abmüht, um ein bestimmtes Leistungsziel zu erreichen, um „Erfolg" zu haben oder „Mißerfolg" zu meiden.

Im Zusammenhang mit der Darstellung seines „Prozeßmodells der Motivation" bringt *Heckhausen* das Beispiel eines Schülers, der als Hausaufgabe einen Aufsatz zu schreiben hat. Er beschreibt nun die Motive, die ihn zu dieser Arbeit bewegen. Am Anfang stehe der Anreiz des vorweggenommenen Handlungsausgangs, dessen erwartete Folgen motivierend wirken.

„Die unmittelbare Folge ist die erwartete Selbstbekräftigung: Er wird mit sich zufrieden sein. Die weiteren Folgen sind Fremdbekräftigung: Erhält eine gute Note, die künftige Abiturnote wird vielleicht günstig beeinflußt. Anerkennung von seiten des Lehrers. Eindruck auf die Mitschüler. Die erwarteten Folgen haben instrumentellen Wert für die Erreichung weitergehender Ziele, ja sie können sogar im Dienst anderer Motive stehen..." (*Heckhausen* 1974, S. 152 ff.).

Über das Thema des Aufsatzes, über die Schwierigkeiten bei der Abfassung, über Strategien zu ihrer Überwindung, über den relativen oder absoluten Erfolg der Bemühungen, über den inhaltlichen Bereich dessen, was der Schüler dabei vielleicht gelernt haben könnte, erfährt der Leser bezeichnenderweise nichts, weil dieses Konzept von Motivation darüber keine Aussagen machen kann. Man vermutet nur (weil der Schüler als erfolgsmotiviert beschrieben wird), daß der Aufsatz schließlich gut wurde, denn der Schüler hat sich ja maximal angestrengt. Das bedeutet aber konkret, daß hier eine schulische Leistung erbracht wurde, die den Schüler in nichts kognitiv gefördert hat. Die Fähigkeiten, die zur Erbringung der Leistung erforderlich waren, mußten ja vorhanden sein, wenn sie durch schlichte

Anstrengung auch gleich zum Einsatz gebracht werden konnten. Diese Bemühungen könnten im Detail etwa folgendermaßen ausgesehen haben: Was habe ich über das Schreiben von Aufsätzen bereits gelernt? (Einleitung, Hauptteil, Schluß). Was hat der Lehrer bei der Vorbereitung auf diesen Aufsatz gesagt? Das will er vermutlich auch wieder hören. Wird der Lehrer wohl – gemäß meiner bisherigen Erfahrung mit ihm – diese oder jene Formulierung bemängeln? – Dann muß ich sie umformen, bis sie ihm gefallen wird. Was meint der Lehrer überhaupt zu dem zu schildernden Sachverhalt? Vertrete ich dieselbe Meinung, dann kann nichts schiefgehen.

Wie man sieht, ist es auch dann, wenn man ins Detail geht, noch immer nicht nötig, Näheres über das Thema des Aufsatzes zu erfahren. Es ist auch gleichgültig, ob es sich um eine Nacherzählung, eine Erlebnisschilderung, eine Bildbeschreibung, um ein Essay, eine Charakterskizze oder einen Problemaufsatz handelt. Die Mechanismen oder das, was der Schüler dabei lernt und sich aneignet, bleiben dieselben: Er lernt, sehr sensibel auf das zu achten, was der Lehrer hören will. Er lernt – und hat in allen früheren Aufsätzen gelernt – durch das feed back der Rotstiftkorrekturen und der Zensur die Worte und die Hinweise des Lehrers sehr genau zu registrieren und zu speichern, Regeln, die gegeben wurden, stets im Kopf zu behalten und bei jeder Gelegenheit wieder einzusetzen. Er hat gelernt, daß es von Vorteil ist, stets die Anordnungen und Hinweise dessen, der die Chancen vergibt, zu befolgen, seine Meinung als absolut und stets richtig zu verstehen und möglichst nie wider den Stachel zu löcken.

Man kann nicht umhin zuzugeben, daß der Schüler etwas gelernt hat. Aber seine kognitive Struktur in bezug auf das Schreiben eines Aufsatzes oder in bezug auf das, was als Thema des Aufsatzes gegeben worden ist, hat sich in nichts geändert. Die Gedanken über das „Pro und Contra der Bürgerinitiativen", über „den Charakter des Kaufmanns von Venedig" sind in nichts klarer geworden; der Schüler hat nicht gerungen mit der Schwierigkeit, das, was man auf einem Spaziergang erlebt hat, so in Sprache zu fassen, daß der andere diese Erlebnisse nachvollziehen kann, oder mit dem Problem, bei einem zu beschreibenden Bild Wichtiges von Unwichtigem zu unterscheiden, oder die Absicht des Malers zu interpretieren.

Wenn ich auch – der Deutlichkeit zuliebe – bei dieser Schilderung etwas überpointiert habe, so läßt sich doch der Tendenz nach in allen Unterrichtsfächern und in allen Altersstufen Ähnliches feststellen: Überall dort, wo der Schüler seine Bemühungen auf einen unmittelbaren und kurzfristig nachweisbaren Erfolg ausrichtet oder auf das, was die Schule im allgemeinen so definiert, dort wird sein Interesse notwendigerweise abgelenkt von dem Bedeutungsgehalt der Sache selbst, um die es im Unterricht geht. Bestenfalls bleiben noch Formeln, Regeln, Merksätze, einzelne Daten und Fakten im Gedächtnis hängen, denn das wird in erster Linie durch die Zensuren belohnt. Aber eine wirkliche Veränderung kognitiver Strukturen unterbleibt weitgehend oder erfolgt allenfalls als Neben- oder Abfallprodukt, von keinem so richtig bemerkt und in der Richtung undefiniert und unkontrolliert.

Um aus dem bisher Gesagten eine Konsequenz zu ziehen, möchte ich die Überschrift zum zweiten Kapitel ein wenig variieren. Es ist offensichtlich zu schwach zu sagen, man müsse nicht lernen wollen um zu lernen. Der Satz müßte eigentlich heißen: *Um richtig zu lernen, darf man gar nicht lernen wollen.*

2.3 Wie ziellos ist die intrinsische Motivation?

2.3.1 „Veranstaltete Eigendynamik"

Die Reinheit der intrinsischen Motivation läßt sich kaum engagierter verteidigen, als es durch *Konrad Joerger* (Kap. 2.2.2) geschieht. Er schält idealtypisch eine kognitive Eigendynamik aus ihren extrinsischen (schulischen) Verstrickungen heraus: Das aktive Wechselspiel zwischen eigenem Können und äußeren Gegebenheiten, in dessen Verlauf beide bis zur gegenseitigen Passung strukturiert werden. Es ist die natürliche Dynamik von *Assimilation* (Bewältigung resp. Strukturierung der äußeren Gegebenheiten vom verfügbaren Können her) und *Akkommodation* (Anpassung resp. Differenzierung der Könnensstruktur von den Gegebenheiten her bis zu einem Zustand dynamischen Gleichgewichtes), wie *Piaget* sie beschrieb.

Offenbar tut Verteidigung not, denn dieser intrinsische Prozeß scheint bei aller Natürlichkeit so zart, daß er im Schulszenario nicht ungeschützt überlebt. *Joerger* warnt eindringlich vor motivationalen Lernbedingungen, welche den intrinsischen Prozeß „kurzschließen", indem sie den schnellen (nicht interaktiv verstandenen) Rückgriff auf „fertiges" Können begünstigen und den Freiraum für Entdeckungen verbauen. Insbesondere macht er zwei Gefahren namhaft. Die Auffassung, „Lernen" sei ein mit Fleiß (durchaus im süddeutschen Doppelsinn) zu erledigendes Geschäft wie jedes andere, kann zu einem zwar angestrengten, aber stumpfen Lernverhalten führen (vgl. Kap. 2.2.2, Text A), und auch die Vorgabe und Verinnerlichung von Leistungszielen unterdrücken das freie Wechselspiel von Können und Gegebenheit (vgl. Kap. 2.2.2, Text B).

Theoretisch gesehen weist *Joerger* damit für die intrinsische Motivation die klassischen Motivationsmodelle zurück. Die Feststellung, Lernen sei kein motivierbares Verhalten (S. 34, Zeilen 21/35) macht Front gegen das alte behavioristische Drive x Habit(Trieb x Gewohnheit-)Modell, welches die Motivation als eine Art Energetisierung bereits gelernter Verhaltensweisen behandelte (*Hull* 1943). In den Ausführungen auf S. 38, Zeile 25 – S. 39, Zeile 43 wird auch das neuere Erwartungs x Wert-Modell zurückgewiesen, welches auf kognitive und affektive Zielvornahmen abhebt (*Weiner* 1972; *Heckhausen* 1974, 1977; eine kurze Beschreibung beider Modelle befindet sich bei *Schiefele-Krapp* 1981, 261–263). Was bleibt? Das Beispiel aus der Turnstunde (S. 37, Zeilen 19/50) zeigt es: *Joergers* idealtypische intrinsische Motivation meint im Kern die Spontanaktivität des Wissens und Könnens selber. Diese *Idee der natürlichen Eigenaktivität des kognitiven Apparates und Repertoires* ist in *Piagets* Theorie enthalten – wenn auch wenig explizit (z. B. *Piaget* 1959, 55, 411, 416); siehe dazu auch *Mischel* 1971) – und wird auch von anderen Kognitivisten (z. B. *Kelly* 1955; *Eckblad* 1981) vertreten. Aus einem solchen, dem Wissen und Können selber innewohnenden Betätigungsdrang läßt sich eine Eigendynamik von Assimilation und Akkommodation erklären, wie sie *Joerger* in seinem Ball-Beispiel bestechend schildert. Dabei kann und muß niemand und nichts besonders „motiviert" werden. Jede intentionale Anstrengung muß mit diesem freien, sich selbst steuernden Wechselspiel interferieren – es sei denn, die Anstrengung richte sich eben darauf, die Qualität dieses autonomen Prozesses gegen extrinsische Abkürzungszwänge zu verteidigen!

Es ist nun theoretisch gesehen paradox – aber von den schulischen Rahmenbedingungen her zu verstehen –, daß gerade die beredtesten Anwälte einer so verstandenen intrinsischen Motivation ein didkatisches Prinzip propagieren, nach welchem diese kognitive Eigendynamik gewissermaßen „portionenweise veranstaltet" wird. Gemeint ist die *Methode des kognitiven Konfliktes*. Im klassischen Fall wird dabei eine Situation arrangiert, welche eine bisherige Auffassung des Schülers mit ihm bisher unbekannten Tatsachen in Widerspruch geraten läßt. Das Paradox zeigt sich bereits darin, daß dieses Vorgehen in der Praxis nicht von der „Technologie intrinsisch motivierten Lernens" (sic!) zu unterscheiden ist, wie sie in Anlehnung an die Reiz-Reaktions-Theorie *Berlynes* (1960) etwa von *Lehmann* u. a. (1973) propagiert wird. Die schulische Praxis erzwingt hier gewissermaßen eine äußere Analogie diametral entgegengesetzter theoretischer Ansätze. Die paradoxe Nachbarschaft mit dem Behaviorismus, welcher den Menschen ja nur zur Beseitigung zu hoher (oder nach *Berlyne* auch zu niedriger) Triebniveaus aktiv werden sieht, wird allerdings von verschiedenen Kognitivisten auch auf theoretischer Ebene bekräftigt; so z. B. auch von *Joerger* noch in einer früheren Veröffentlichung (1975, 76):

„In der Aktivationstheorie von *Berlyne* und ganz ähnlich in der Dissonanztheorie von *Festinger* wird behauptet und auch empirisch nachgewiesen, daß ein vom Individuum erlebter Widerspruch zwischen Erkenntnissen (= kognitiven Elementen) einen eigenständigen und höchst wirkungsvollen Motivationsfaktor darstellt zur Auflösung dieses Widerspruchs. Es wäre ganz im Einklang mit dem Gleichgewichtstheorem *Piagets* (Äquilibrations-Theorem) und mit den kybernetischen Lernmodellen, wenn man dieses Bedürfnis nach Dissonanzreduktion als das eigentliche „Agens", das Vorwärtstreibende allen kognitiven Lernens verstünde. All diesen Konzepten ist folgendes Prinzip gemeinsam:
Zur erfolgreichen Bewältigung jeder Umweltsituation ist das Individuum auf Informationen aus dieser Umwelt angewiesen. Das Fehlen benötigter Informationen erzeugt Ungewißheit, Unsicherheit und damit „Angst" (psychologischer Terminus; nicht mit Furcht zu verwechseln!). In der Lerngeschichte eines Individuums hat der Aufbau einer mehr oder minder differenzierten kognitiven Matrix einen entsprechenden Anteil an Ungewißheit reduziert; es haben „Einsichten" stattgefunden, die einen gewissen Grad an Sicherheit der Zukunft und der Umwelt gegenüber garantieren. Die Summe der „sicheren" Erkenntnisse eines Individuums ist das Fundament, von dem aus die Bewältigung neuer Umweltsituationen erfolgen kann. Erhält das Individuum nun aus der Umwelt eine Information, die nach seiner subjektiven Meinung (also innerhalb des eigenen Kodierungssystems) einen Widerspruch darstellt und damit wesentliche Teile dieses Fundaments in Frage stellt, so fühlt es sich gedrängt, *aktiv* zu werden, um die Geschlossenheit des bestehenden Systems wieder herzustellen, um entstehende Ungewißheit und „Angst" zu vermeiden oder zu reduzieren."

Damit wird die zuvor in Reinheit herauspräparierte, ursprüngliche kognitive Motivation doch wieder in bedenkliche Nähe zu einer extrinsischen Vermeidungsmotivation gebracht (vgl. Kap. 2.1.2). Also doch ein „Verrat" an der Idee einer von äußeren Anstößen und Absichten freien Eigendynamik? Wer dazu neigt, diese Frage als theoretische Spitzfindigkeit zur Seite zu schieben, ist eingeladen, sich auf das folgende Beispiel kognitiver Motivation einzulassen:

Warum kriegt der Specht keine Kopfschmerzen?
Er hämmert stundenlang gegen Holz und wird doch nicht bewußtlos – ein Wunder der Natur, das die Forscher erst mit Spezial-Kameras gelöst haben

Auffahr-Unfall in der Stadt: Ein Auto stoppt, ein anderes fährt mit knapp 30 hinten drauf. Folge: Beulen im Auto, Schmerzen im Kopf. „Schleudertrauma" nennen Mediziner das, wenn unser Schädel ruckartig vor- oder zurückbewegt wird und dann „dröhnt". Bei Tempo 30 kann das sogar eine schwere Gehirnerschütterung geben – bei einem Menschen. Einem Specht könnte das nicht passieren.
Spechte nämlich (220 Arten gibt's), die als einzige Lebewesen die meiste Zeit damit verbringen, den Kopf auf Holz zu hämmern, haben eine Art „Anti-Gehirnerschütterungs-Technik" entwickelt. Zwangsläufig. Denn wer mit über 100 Schlägen in der Minute seinen Schnabel gegen Bäume und gelegentlich auch gegen Telegrafenmasten krachen läßt und dabei „Klopf-Geschwindigkeiten" von sieben Metern pro Sekunde (25,2 km/h) erreicht, der muß besondere Fähigkeiten haben.
Bis vor wenigen Jahren war es selbst für Vogelkundler rätselhaft, wie die Spechte ihre Holzhackerei überstehen und nicht schon nach wenigen Schlägen betäubt von den Bäumen fallen. Natur-Beobachtungen, auch mit technisch komplizierten Geräten, waren kaum möglich.
Der Zufall half Dr. Philip May und seinen Forschern von der Universität von Kalifornien in Los Angeles: Sie fanden einen flügellahmen Specht und brachten ihn sogar in Gefangenschaft zum Hämmern. Mit Spezialkameras (bis zu 2000 Aufnahmen pro Minute) zerlegten sie die schnellen Pick-Bewegungen in Einzelbilder. Dabei entdeckte Dr. May neben der Hack-Frequenz und -Geschwindigkeit verblüffende Einzelheiten:
- Der Specht bremst kurz vor dem Holz seinen Kopf innerhalb einer tausendstel Sekunde ab und unterliegt damit Bremskräften, die tausendmal höher als die Erdanziehung und rund hundertmal höher als die Beschleunigungskräfte in einem Raumschiff sind.
- Das kann der Specht nur überleben, weil sein Gehirn nur zwei bis vier Gramm wiegt und besonders gut in den Schädelknochen eingebettet ist. Hinzu kommen extrem kräftige Hals- und Kopfmuskeln.

Mit einer weiteren Entdeckung sind wir wieder bei den Autofahrern: Der Specht bewegt seinen Kopf beim Schlag in gerader Linie – übertragen auf den Menschen im Falle eines Auffahr-Unfalls bedeutet das: Kinn auf die Brust, dann schleudert der Kopf nicht hin und her.
(aus der Fernseh-Zeitschrift „Bild und Funk", Juli 1983)

Interessant, nicht wahr? Wenn man sich die Frage so stellt, ist das schon erstaunlich. Deshalb also hält das Spechten-Hirn diese unwahrscheinliche Hämmerei aus: Erstens ist es winzig klein und gut eingebettet, und zweitens bremst der Vogel mit seiner kräftigen Halsmuskulatur den Kopf kurz vor dem Aufprall aufs Holz entscheidend ab! (Daß ein Abbremsen innerhalb einer tausendstel Sekunde mit 2000 Aufnahmen pro Minute nicht festzustellen ist, wird ja wohl nur ein pedantischer Leser bemängeln – irgendwie wird das sinngemäß seine Richtigkeit haben).

Alles klar? Auch, warum der Specht seinen Kopf dermaßen beschleunigt, wenn er ihn dann doch wieder kurz vor dem Aufprall abbremst?! Nur wenige Leser stellen diese Frage, wie wir anhand informeller Versuche feststellen konnten, und doch wirft die im Text gegebene Erklärung dieses neue Paradox auf. Warum wundert sich der Großteil der Leser nicht über einen „Hau-den-Lukas mit Bremse"? Könnte es sein, daß das Denken durch die Vorgabe eines bestimmten kognitiven Konfliktes im Text so gesteuert und „portioniert" wurde, daß es sich mit dessen vordergründiger Lösung auch gleich beruhigte und blind wurde für den massiveren Konflikt, der sich dabei öffnete?

2.3.2 Vergessene Funktionslust

Die eigentümliche Verschiebung der Akzente, welche zuvor dargestellt wurde, ist bereits bei *Piaget* vorgezeichnet. Wie später die didaktisch orientierten Kognitivisten, die sich auf ihn berufen, richtete *Piaget* auch als Entwicklungspsychologe sein Hauptinteresse auf die „Emporentwicklung" der Denkstrukturen. Diese entwicklungspsychologische Perspektive brachte gewissermaßen eine Verschiebung der Interpunktion bei der Beschreibung kognitiv-motivationaler Abläufe mit sich (*Aeschbacher* 1983). Dies sei an Zitaten zu den sogenannten *Zirkulärreaktionen* erläutert (S. 36, Zeile 29 – S. 37, Zeile 15).

Zunächst eine Beschreibung einfacher wiederholender Aktivitäten des Säuglings Laurent im dritten Lebensmonat (*Piaget* 1959, 102):

„Mit 0; 2 (8) knautscht Laurent ständig in seinem Gesicht herum, und zwar vor, während und nach dem Fingerlutschen. Diese Verhaltensweise erwirbt allmählich ein Interesse um ihrer selbst willen und führt so zu zwei deutlich unterscheidbaren Gewohnheiten. Die erste besteht darin, die Nase zu halten. So quietscht Laurent mit 0; 2 (17) vor Vergnügen und lächelt still vor sich hin, ohne jedes Verlangen zu lutschen, wobei er mit der rechten Hand die Nase hält. Er wiederholt dieses Verhalten mit 0; 2 (18) während des Lutschens (er hält die Nase mit vier Fingern und lutscht dabei am Daumen). Mit 0; 2 (19) ergreift er die Nase bald mit der Rechten, bald mit der Linken, nebenher reibt er sich das Auge, kehrt aber ständig zur Nase zurück. Am Abend desselben Tages hält er die Nase mit beiden Händen. Mit 0; 2 (22) scheint er seine rechte Hand zur Nase zu führen, als ich ihn daran zwicke. Mit 0; 2 (24) und an den folgenden Tagen berührt er seine Nase immer wieder von neuem.

Die zweite Gewohnheit, die sich Laurent während derselben Epoche angeeignet hat, bestand darin, sich die Augen bald mit dem Handrücken, bald mit allen Fingern zu reiben. Dieses Verhalten wird vor allem beim Erwachen während des Sich-Streckens beobachtet. Es dürfte sich aber nicht um einen speziellen Reflex handeln. Wenn das Sich-Strecken auch schon seit der Geburt beobachtet wird, so scheint das Reiben der Augen doch erst jetzt aufzutreten und auch nur sporadisch. Darüber hinaus reibt sich Laurent die Augen zu jeder Zeit, und zwar unabhängig vom Schlaf, wie wenn sein Tastgefühl die Augen entdeckt hätte und in einer Art von Zirkulärreaktion unaufhörlich zu ihnen zurückkehrte. Mit 0; 2 (16) notiere ich sogar, daß sich sein Auge schließt, bevor die rechte Hand zu ihm gelangt, und daß er sie gar nicht mehr anschaut. Mit 0; 2 (18) zeigt er das gleiche Verhalten: Beide Augen schließen sich im voraus, während er aber nur das rechte reibt. Mit 0; 2 (19) dreht er in dem Moment den Kopf nach links, als die linke Hand auf sein Auge zusteuert. Darauf reibt er sich beide Augen mit beiden Händen gleichzeitig. Mit 0; 2 (20) macht er eine Faust, um sich die Augen zu reiben.

Er schließt dabei schon vorher die Augen und lächelt vor Vergnügen. Es besteht also gar keine Beziehung zum Sich-Recken. An den folgenden Tagen beobachte ich die gleichen Reaktionen."

Nirgendwo sonst im Werk *Piagets* finden sich m.W. so viele Hinweise auf die Freude, welche die spielerische Anwendung eines (wenn auch noch so elementaren) Könnens mit sich bringt, wie in seinen Schilderungen dieser einfachen Handlungen überwiegend wiederholenden Charakters. Auch *Joerger* (vgl. S. 36) weist darauf hin, daß „das Kind sich also gewissermaßen selbst nachahmt und diese Selbstnachahmung offensichtlich als lustvoll erlebt", daß „das Erlebnis der eigenen spontanen Aktivität ... dem Kind eine lustvolle Vitalempfindung zu vermitteln" scheint. *Bühler* (1927) hat eine solche Freude an der problemlosen wiederholenden Anwendung eigenen Könnens treffend *Funktionslust* genannt.

Nun bemerkt aber *Piaget* im selben Werk, daß den überwiegend repetitiven primären und sekundären Zirkulärreaktionen auch ein Aspekt der Stagnation anhafte, welcher erst bei den tertiären Zirkulärreaktionen entfalle (1959, 269–271):

„Von den ersten Anfängen des geistigen Lebens an zwingt die Außenwelt den Reaktionen des Subjektes eine ständige Erweiterung auf, und seine neuen Erfahrungen sprengen unaufhörlich die bestehenden Verhaltensstrukturen. Daher stülpen sich über die reflexen Verhaltensschemata früher oder später erworbene Gewohnheiten, und aus ihnen entstehen die intelligenten Handlungsschemata. Diese Entwicklung wird vom Subjekt nicht als Last, sondern als Vergnügen empfunden, denn die ‚Zirkulärreaktion' stellt auf allen Ebenen geradezu das Bemühen dar, das Neue zu erhalten und es durch reproduzierende Assimilation zu fixieren. Überdies könnte man in gewissem Sinne die These vertreten, daß das Neue aus der Assimilationstätigkeit entsteht, da die ersten, zwar nicht sehr zahlreichen, aber heterogenen Verhaltensschemata danach streben, sich gegenseitig zu assimilieren, und so zu den vielfältigen intersensorischen Koordinationen und intelligenten Kombinationen führen.

Die gleichen Tatsachen können allerdings auch unter einem anderen Gesichtswinkel betrachtet werden und offenbaren dann den Widerstand des geistigen Lebens gegen das Neue und den momentanen Sieg der Erhaltungstendenz über die Akkommodation.

In dieser Betrachtungsweise stellt die Assimilation eine Vernachlässigung des Neuen in den Dingen und Ereignissen dar, denn sie degradiert diese Dinge und Ereignisse zu einer reinen Nahrung für die bestehenden Handlungsschemata.

Ganz anderer Art ist die tertiäre Zirkulärreaktion. Sie entsteht zwar aufgrund einer Differenzierung sekundärer Zirkulärschemata. Diese Differenzierung wird aber nicht mehr durch die Umwelt aufgezwungen, sondern gleichsam um ihrer selbst willen akzeptiert und ist sogar erwünscht. Wenn es nämlich dem Kind nicht gelingt, bestimmte Gegenstände oder Situationen an die bis jetzt ausprobierten Handlungsschemata zu assimilieren, präsentiert es nun ein überraschendes Verhalten. Es versucht, durch eine Art von Experimentieren herauszubringen, in welcher Beziehung dieser Gegenstand oder dieses Ereignis neu ist. Mit anderen Worten, es erleidet die neuen Resultate nicht nur, sondern provoziert sie selbst. Es begnügt sich also nicht mehr mit einer einfachen Reproduktion, wenn sie zufälligerweise aufgetreten sind. So entdeckt das Kind die Vorgehensweise, die man in der alltäglichen Praxis der Wissenschaft das ‚Experiment, um zu sehen', genannt hat. Selbstverständlich steckt im neuentstandenen Effekt, obwohl er um seiner selbst willen gesucht worden ist, die Tendenz, sich zu reproduzieren. Darum folgt dem anfänglichen Experiment sogleich eine Zirkulärreaktion nach. Aber

auch in dieser Beziehung hebt sich die ‚tertiäre' von der ‚sekundären' Reaktion ab. Wenn das Kind die Bewegungen, die zu diesem interessanten Ergebnis führten, wiederholt, tut es das nicht in haargenau derselben Weise, sondern stuft sie ab und variiert sie, um auf diese Weise die Variationen des Ergebnisses selbst zu entdecken. Im ‚Experiment, um zu sehen', steckt also von je die Tendenz, sich auszuweiten und die Umwelt zu erobern.
Diese tertiären Zirkulärreaktionen ermöglichen nun erst die vollständigen Intelligenzhandlungen, die wir ‚Entdeckung neuer Mittel durch aktives Ausprobieren' nennen."

In diesem Zitat läßt sich beinahe Zeile für Zeile mitverfolgen, wie der motivationale Aspekt (derjenige der Funktionslust) hinter den epistemischen zurücktritt: Als naturwüchsiges Grundverlangen des Menschen erscheint hinfort (und praktisch im ganzen Werk *Piagets*) die zielbewußte Ausdehnung der Erkenntnis nach dem Muster der experimentellen Wissenschaft. Den primären und sekundären Zirkulärreaktionen und der damit verbundenen Funktionslust fällt in dieser Sicht allenfalls noch die Rolle zu, den Organismus im Zuge der wahllosen Wiederholung von Verhaltensschemata in immer neue Problemsituationen zu führen, in welchen sich dann das experimentierende Verhalten entwickeln und bewähren kann. Dies ist die erwähnte Verschiebung der Interpunktion. Während unter der ersten Perspektive das Können instrumentell für den wiederholenden Lustgewinn ist, wird unter der zweiten die lustvolle Wiederholung instrumentell für den Erkenntnisgewinn. Genau dieselbe Verschiebung vollzieht auch *Joerger* in seiner Besprechung der Zirkulärreaktionen. Allerdings führt er parallel dazu unversehens eine neue Art von Lust ein: Die „Freude an der Überwindung von Schwierigkeiten" (vgl. S. 36, Zeile 51). Dabei handelt es sich nämlich keineswegs mehr um die unmittelbare Funktionslust der primären und sekundären Zirkulärreaktionen, bei denen die einzelnen Handlungsschemata spontan und autonom zum „Funktionieren" drängten. Vielmehr ist diese neue Freude diejenige eines bewußten Subjektes, welches ein Ziel erreicht und daraus Selbstbestätigung bezieht. Motivationspsychologisch betrachtet ist dies ein gewaltiger Sprung. Die einfache Funktionslust bleibt dabei auf der Strecke. Wo erscheinen denn in didaktischen Szenarios der Begriffsentwicklung via kognitiven Konflikt – nach *Piaget* eigentlich die Fortsetzung der geschilderten „Griffs-Entwicklung" beim Säugling – noch Phasen der Funktionslust, sei es bezogen auf den alten oder auf den neuen Könnensstand? (Hier mögen allerdings außer und hinter psychologisch-theoretischen und didaktisch-pragmatischen Gesichtspunkten auch grundsätzliche Unterscheidungen und Wertungen von Spiel vs. Arbeit beteiligt sein; siehe dazu *Scheuerl* 1975; *Csikszentmihalyi* 1975.)

Ist es zu verwegen, die briefliche Äußerung Einsteins, daß es „zum Schönsten im Leben gehöre, Zusammenhänge klar zu überschauen" (Einstein, nach *Wagenschein* 1968, 123), u. a. als Votum für eine vergessene gedankliche Funktionslust aufzufassen?

Vielleicht müßte in diesem Sinne die *affektive Bedeutung des Gleichgewichtes* besser herausgearbeitet werden, also des von *Piaget* so genannten Endzustandes eines Lernprozesses, in welchem das Können einem Realitätsausschnitt gewachsen ist und daher in diesem Umkreis zur Anwendung gelangen kann, ohne erneut zu kognitiven Konflikten zu führen. Es handelt sich dabei nicht um ein statisches Gleichgewicht, in welchem die gedankliche Bewegung zur Ruhe kommen müßte. Vielmehr bedeutet das *Verstehen* eines Realitätsbereiches, daß man mit den eigenen gedanklichen Mitteln in diesem Bereich beliebig „greifen" und „sich herumbewegen" kann. Dem „Kenntlichmachen" dieses Erlebens ist der zweite Teil dieses Bandes gewidmet.

2.3.3 Das Problem der Leistungsmotivation
Nach *Joerger* verträgt sich intrinsische Motivation nicht mit Leistungsmotivation. Auch die Verinnerlichung der Zielvorstellungen macht also nach diesem Begriffsverständnis die Motivation nicht intrinsisch. „Ein Lernen, das auf einen wie auch immer vorgestellten Zielzustand gerichtet ist, verläßt im selben Augenblick die oben beschriebene Selbstregulation. Es verzichtet dann ... auf ‚Verstehen' ...", heißt eine Kernaussage bei *Joerger* (vgl. S. 38, Zeilen 44/48). Insbesondere das Streben nach Leistung und/oder Erfolg lenke das Interesse notwendigerweise vom *Bedeutungsgehalt der Sache selbst* ab (vgl. S. 40, Zeile 38).
Trifft diese Kritik wirklich für jede denkbare Art von Leistungsmotivation zu, oder hat *Joerger* bei seiner Warnung möglicherweise eine spezifische Form im Auge? Der „Vater der Leistungsmotivationsforschung", *McClelland,* definierte Leistungsmotivation kurz und bündig als „competition with a standard of excellence" (1953, 181), und auch *Heckhausen,* der Hauptvertreter dieser Forschungsrichtung im deutschen Sprachgebiet, stellt die Orientierung an einem „Gütemaßstab" ins Zentrum seiner Definition (1965, 604). Die Art des als verbindlich übernommenen Gütestandards wird in diesen Definitionen nicht näher beschrieben. Entsprechende Konkretisierungen und Präzisierungen müssen allerdings notwendig in jedem Experiment vorgenommen werden. Vielleicht lohnt sich die Frage, ob und wieweit *Joergers* Feindbild sich von den gängigen experimentellen Festlegungen der Gütestandards herleitet.
Es läßt sich wohl sagen, daß die seit Jahrzehnten intensiv betriebene Forschung zur Leistungsmotivation einer einseitig quantifizierenden Auffassung des Gütestandards Vorschub geleistet hat. Da ist einmal die häufige (aber nicht notwendige) Koppelung mit Wettbewerb – sei es als experimentelle Anregung zu leistungsmotiviertem Verhalten, sei es bei der Definition von Leistungsmotiviertheit im TAT-Test, nach welchem Äußerungen zu Wettbewerb oder Konkurrenz (in Geschichten, die zu vorgelegten Bildern erfunden werden müssen) als „vielleicht eindeutigster Hinweis auf die Auseinandersetzung mit einem Gütemaßstab" (*McClelland* 1953, 111) gewertet werden. Wettbewerbe lassen sich aber nur in Hinsicht auf Leistungen inszenieren, die in irgendeiner Weise meß- oder quantifizierbar sind; insbesondere eignet sich dafür natürlich die bis zum Erreichen eines genau definierten Resultates gebrauchte Zeit. Aber auch schon in den älteren Forschungen im Umkreis *Lewins* zum sogenannten Anspruchsniveau (*Hoppe* 1931) konzentrierte sich die experimentelle Arbeit schnell auf einfache, repetitive und daher (auch von der Versuchsperson selbst) durch einfaches Auszählen vergleichbare Leistungen. Damit gerät das Konzept der Leistungsmotivation allerdings – ob beabsichtigt oder nicht – in die Nähe der von *Joerger*

(vgl. S. 40, Zeilen 36/37) als Ausrichtung auf „unmittelbaren und kurzfristig nachweisbaren Erfolg" und von *Holt* (vgl. Kap. 1.1) als „Antwortorientiertheit" beklagten Tendenz. Weder in der experimentellen Leistungsmotivationsforschung noch in der Schule schöpft aber die zur Quantifizierung neigende Tradition die Möglichkeiten des Leistungsbegriffes aus. So plädiert denn z. B. *Klafki* (1976, 159 und 1985, 174–175) für Leistungskriterien und eine entsprechende Motivation, die sich stärker auf die Qualität geistiger Prozesse richten.

„Die dominierende Ausrichtung der bisherigen Leistungsmaßstäbe der Schule auf die Forderung und die Zensierung vergegenständlichter oder direkt abfragbarer Ergebnisse der Anstrengung des Schülers – schriftliche Arbeiten, vorweisbare Kenntnisse (z. B. geschichtliches oder geographisches oder naturwissenschaftliches Wissen), Beherrschung normierter Fertigkeiten (z. B. zur Anwendung von Rechentechniken oder mathematischen Kalkülen) – muß verändert werden, indem jener auf die Leistung*ergebnisse* bezogene, produktorientierte Leistungsbegriff relativiert und bezogen wird auf Leistungen in einem dynamischen Sinne: Es bedarf der Entwicklung von Leistungskriterien, die sich auf geistige *Prozesse* beziehen, z. B. den *Vollzug* von Kommunikation im Unterricht, die *Entwicklung* einer Kritik – z. B. an einer Argumentation eines Mitschülers oder des Lehrers –, den *Vorgang* einer mathematischen oder naturwissenschaftlichen Problemlösung usf. Kein Zweifel, daß es weitaus schwieriger ist, dafür objektivierbare Kriterien zu entwickeln und allen Beteiligten – Lehrern, Schülern, Eltern und der Öffentlichkeit – verständlich zu machen als z. B. für die Fehlerzählung bei Diktaten, die Feststellung richtiger, im wesentlichen normierter Lösungen in Mathematikarbeiten oder Übersetzungen aus Fremdsprachen usw. Eben diese Schematisierbarkeit der Beurteilung wirkt bisher weithin zurück auf Zielsetzungen und Vollzug des Unterrichts in der Schule. Als Hauptziele gelten Lehrern, Schülern und Eltern weithin jene, die eine leichte und vermeintlich objektive Beurteilung ermöglichen, und der Unterrichtsprozeß orientiert sich vielfach an dem expliziten oder impliziten Ziel, daß die Schüler letzten Endes solche leicht beurteilbaren Leistungen produzieren können."

Ist eine solche Zielvorstellung einer qualitativ guten, d. h. optimal auf die Sache eingehenden Informationsverarbeitung eben dieser Informationsverarbeitung abträglich? Es ist denkbar; aber einer so verstandenen Leistungsmotivation gegenüber geriete *Joerger* mit seinem allgemeinen Vorwurf zumindest in beträchtliche Beweisnot (und sei es nur deshalb, weil die Frage empirisch noch nicht angegangen wurde). Soll das Konzept der Leistungsmotivation von den „extrinsischen" Zügen, die ihm zur Zeit tatsächlich massiv anhaften, befreit werden, so müßte allerdings auch die Verquickung von sachlicher Leistung und gesellschaftlichem Aufstieg, wie sie in der Doppelbedeutung des amerikanischen „achievement" deutlich wird und entsprechend in der ersten, intuitiv geleiteten Forschungsphase im TAT-Test ihren Niederschlag fand, differenzierter behandelt werden. Elisabeth *Harten-Flitner* (1978) zeigt, wie gerade durch diese Verknüpfung eine Art von *Leistungsmotivation* zustande kommt, die von der ursprünglichen, in Wechselwirkung mit dem Prozeß stehenden *Kompetenzmotivation* abgespalten ist.

Die hier im Sinne *Klafkis* angerissene Frage, ob sich Leistungsmotivation auch Intrinsik-freundlicher verstehen ließe, sollte nicht bloß *Joergers* pauschal gemaltes „Feindbild" aufweichen. Sie leitet über zum grundsätzlichen Problem, das im Zentrum des nächsten Kapitels steht: Inwiefern könnte sich tatsächlich die verinnerlichte Zielvorstellung einer „qualitativ befriedigenden denkerischen Auseinandersetzung mit der Sache" günstig auswirken? Läßt sich – unabhängig von der Denunzierung und Eliminierung extrinsischer Denk-Ablenkungen – eine solche Haltung positiv aufbauen und pflegen? Psychologisch gesehen ist dies die Frage nach dem Einbau der intrinsischen Motivation in das allgemeine kognitive Motivationsmodell, wie es die Leistungsmotivationsforschung exemplarisch untermauert und präzisiert hat. Ihre Formulierung durch *Deci* (1975, 93) war ohne sichtbare Wirkung geblieben. Heute mögen die fortgeschrittene Verfeinerung des kognitiven Motivationsmodells und die neu dazugetretene Perspektive der Metakognition den Boden für diese Frage vorbereitet haben. Es ließen sich dann auch die wichtigen motivationspsychologischen Erkenntnisse über den Niederschlag persönlicher Erfahrungen bei der Zielerreichung in habituellen, ihrerseits als Faktoren wirkenden Hoffnungen und Ängsten auf das Problem der intrinsischen Motivation übertragen. Gewiß gibt es doch die Erfahrung von „Denkerfolg" (und des Gegenteils), welche sich bei genügender Wiederholung als stabile Erlebniskomponente im intrinsischen Motivationsgeschehen auswirken könnte. Daß dieser Aspekt im Zusammenhang der intrinsischen Motivation noch nie untersucht wurde, liegt wohl gerade an deren bisher vorwiegend negativer Definition, welche (allzu pauschal) das Fehlen jeglicher Zielvorstellungen zum entscheidenden Kriterium machte. Soll dieses für die Denkqualität entscheidende Streben positiv definiert werden, ist wohl die Auseinandersetzung mit der scheinbar paradoxen Frage intrinsischer Ziele unumgänglich.

Kapitel 3: Zielvorstellung „Verstehen" — und die Qualität des Lernens

Georg Kerschensteiner schrieb seine „Theorie der Bildung" vor einem Menschenalter, im zweiten und dritten Jahrzehnt dieses Jahrhunderts. Es mag erstaunen, einen Auszug aus jenem Werk hier als Grundlagentext wiederzufinden, und keineswegs in vorwiegend historischer Absicht. Und ausgerechnet einem Text, der um den altmodisch anmutenden Gedanken einer „geistigen Zucht" kreist, soll heute im Problemzusammenhang der intrinsischen Motivation, wie er im Kapitel 2 aufgerollt wurde, grundlegender Wert zukommen? Dies zu bejahen, bedeutet wohl nicht nur eine Verbeugung vor *Georg Kerschensteiner,* sondern auch das Eingeständnis, daß der Fortschritt der Psychologie oftmals ein Fort-schreiten entlang einer nur leicht ansteigenden Spirale und bisweilen entlang eines Kreises ist. In der Tat: Wer sich die Mühe nimmt, einigen Staub und das eine oder andere „granum salis" von den alten Formulierungen zu klopfen, findet darunter ein weittragendes gedankliches Gerüst aus offenbar zeitlosen Grundstrukturen der kognitiven und der assoziativen Psychologie, welches das Problem *Denkmotivation und Denkqualität* mit Überlegungen der Art zusammenkoppelt, wie sie in der modernen Metakognitionsforschung wieder auftauchen.

Kerschensteiner entwickelte seine Denkpsychologie nach eigenen Worten in Anlehnung an *John Dewey,* dessen Werk „How we think" er ins Deutsche übersetzte. Das gemeinsame Kernstück ist die Zerlegung des selbständigen Denkaktes in eine Reihe von *Formalstufen,* von der Auslösung bis zur Beruhigung des Denkens.

3.1 Grundlagentext: Georg Kerschensteiner, Theorie der Bildung

Das ganze Ziel der formalen Verstandesbildung ist die Bildung von sorgfältigen, allzeit lebendigen und durchdringenden Denkgewohnheiten. Das Denken beginnt schon in frühester Kindheit. Sobald das kleine Kind, das seinen Ball verloren hat,
5 die Möglichkeit voraussieht, ihn wieder zu finden, beginnt es zu überlegen, diese Möglichkeit zu verwirklichen und sein Handeln durch Vorstellungen von diesen Möglichkeiten, gewissermaßen experimentell, leiten zu lassen. Nur indem diese Denkvorgänge auf das bestmögliche entwickelt werden, ist eine Aussicht oder Gewähr gegeben, daß in der Adoleszenz oder noch später jenes (...) logische
10 Verhalten in seiner ganzen Wirkungsweise sich einstellt. Auf jeden Fall aber bilden sich irgendwelche Denkgewohnheiten. „Wenn keine Gewohnheiten sorgfältigen Einblicks in die Dinge sich bilden, dann stellen sich solche voreiliger, ungeduldiger, oberflächlicher Erfassung ein; wenn nicht Gewohnheiten geordneten Aufgreifens und Durchgreifens jeder Vermutung, die da aufsteigt, dann Gewohn-
15 heiten zufälligen, sprunghaften Ratens; wenn nicht Gewohnheiten, ein Urteil in Schwebe zu lassen bis seine Folgerungen durch Prüfung die Wahrheit des Urteils

---

Zeile 1: Aus: Georg Kerschensteiner „Theorie der Bildung". Leipzig: Teubner, 1931[3], S. 126–132

ergeben haben, dann Gewohnheiten der Leichtgläubigkeit abwechselnd mit leichtfertiger Ungläubigkeit, wobei Glaube wie Unglaube sich auf Laune, Gefühl oder zufällige Umstände stützen". (...)

Fast alle intellektuelle Betätigung hängt in ihrer Leistung mit langsam sich entwickelnden und ausbildbaren Gewohnheiten zusammen. So vor allem das logische Denkverfahren, das nicht nur in praktischen Aufgaben des Lebens und den theoretischen Untersuchungen der Wissenschaft, sondern auch in den wichtigsten psychischen Funktionen wie Wahrnehmen, Beobachten, Apperzipieren, Aufmerken, Merken eine wichtige Rolle spielt. Das logische Denken beginnt in dem Augenblick, wo eine plötzlich auftauchende selbstempfundene Schwierigkeit beim Vollzug eines Wahrnehmungs-, Beobachtungs-, Apperzeptions-, Urteilsaktes oder bei Fassung eines Entschlusses oder bei Lösung einer gestellten Aufgabe sich aufdrängt. Ich überblicke in der Dämmerung eine Landschaft und kann alles, was ich sehe, in mein Bewußtsein einordnen, allem kann ich eine „Bedeutung" geben. Da plötzlich fällt mein Auge auf einen grellen Fleck. Ich habe ihn nie gesehen. Was ist das? Was kann es sein? Ich strenge die Augen an. Ist er gelb, weiß, ein Lichtfleck, ein Farbfleck? Oder ich höre nachts in der Stille meines Hauses ein Geräusch. Ich horche gespannt, ehe ich Vermutungen anstelle, ob es wiederkommt, woher es kommt, ob es stoßweise, rhythmisch, intermittierend, ob es von Menschen herrührt oder von Werkzeugen. Ist es im Hause, vor dem Hause? Das alles heißt nichts anderes als, ich analysiere die Wahrnehmung, ich umgrenze die Schwierigkeit, ehe ich sie durch Vermutungen zu lösen versuche. Das ist der zweite Schritt im logischen Prozeß. Man sieht sofort, daß hier bereits die Menschen sich sehr stark unterscheiden. Ängstliche Frauen fahren mit dem Geräusch schreckhaft zusammen. Es wird sofort zur Gewißheit: Ein Dieb, Räuber, Mörder ist im Hause. Der weniger oder gar nicht Affektive — analysiert.

Ist nun die Schwierigkeit klar begrenzt, der grelle Fleck als Lichtfleck oder als Farbfleck erkannt, das Geräusch lokalisiert, in seinen Wesenszügen erfaßt, so beginnt der dritte Akt des Verfahrens, das Aufsteigen von Vermutungen. Das Geräusch kommt von Hammerschlägen außer dem Hause, von einem losgeketteten Fensterladen, vom auf- und zuschlagenden Gartentor. Die Art und Zahl der Vermutungen hängt von der Vorstellungsbeweglichkeit, von der Phantasie, von früheren Erfahrungen, vom vorhandenen Wissen, aber auch namentlich von theoretischen, also mathematischen, physikalischen, fremdsprachlichen, konstruktiv-technischen, historischen usw. Problemen von jener Veranlagung ab, die man oft mit „Scharfsinn" bezeichnet hat. Daß die Menschen in diesem Punkte schon gemäß der Veranlagung sehr verschieden sind, braucht nicht besonders betont zu werden. Das aus reicher Erfahrung gewonnene Wissen ist bei sprungbereitem Gedächtnis, das seine Lebendigkeit vielseitiger Übung verdankt, eine gute Quelle für Vermutungen. Wo sie versagt, helfen Nachschlagebücher, Lexika (wie beim Übersetzen), allgemeine Regeln und methodische Anweisungen zur Lösung von Problemen. Eine formale Schulung aber, die auf Vermutungen oder Einfälle dressiert, gibt es nicht.

Mit dem Auftauchen der Vermutungen setzt der vierte Akt im Denkprozeß ein, das Durchprüfen der Vermutungen auf die Möglichkeit ihrer Richtigkeit, das sorgfältige Durchdenken aller Konsequenzen der Vermutungen in bezug auf Übereinstimmung mit den beobachteten Tatsachen, die zu der Schwierigkeit geführt haben, und mit anderen vergangenen oder gegenwärtigen Tatsachen. Hier liegt wohl die Hauptseite aller geistigen Zucht. Der „Denkfaule" ist sehr froh, wenn ihm überhaupt etwas eingefallen ist. Er akzeptiert den ersten besten Einfall, namentlich dann, wenn er für sich selbst keine weiteren Folgen zu befürchten hat. In unserem praktischen Beispiele schließe ich etwa: Hammerschläge auf der Straße können es nicht sein, denn ich höre weder einen eigentlichen Metall-

noch einen Holz- noch einen Steinton. Es fehlt auch der regelmäßige Rhythmus. Auch ist gerade gegenwärtig Generalstreik aller Straßenarbeiter. Die Gartentüre kann es nicht sein; sie ist ein schmiedeeisernes Gitter, das ganz anders klingt beim Auf- und Zuschlagen. Es muß ein Fensterladen sein; ein starker Wind geht;
5 ich höre jetzt auch eine Art Resonanz in der Mauer an meinem Bette und überdies fällt mir ein, daß die Fensterläden heute an der Westseite des Hauses gestrichen worden waren. Da wird man den einen oder andern einzuhängen vergessen haben. Ich akzeptiere die letzte Vermutung und betrachte das fragliche Problem als gelöst.
10 Aber damit ist der logische Denkprozeß noch nicht zu Ende; es kommt noch ein fünfter Akt, der Schlußakt. Die größte Sorgfalt im Überlegen schließt eine Täuschung nicht aus. Der Gewissenhafte will seine eigene Erkenntnis noch verifiziert haben. In diesem Falle um so lieber, weil ihn das Anschlagen des Ladens doch am Einschlafen hindert. Er steht auf, öffnet sein Fenster, beugt sich hinaus und
15 sieht richtig, daß im zweiten Stock einer der Fensterläden periodisch auf- und zuklappt. Die „Conclusio" war richtig. Der Physiker verifiziert sie durch das Experiment; der Mathematiker durch die Konstruktion des geometrischen Gebildes aus den gegebenen und dem gesuchten und nun gefundenen Stücke, der Philologe bringt den vollen Sinn des übersetzten Satzes in Zusammenhang mit
20 dem vorausgehenden und nachfolgenden Sinngefüge, der Techniker führt seine „Idee" gemäß der von ihm akzeptierten Vermutung aus, der Historiker vergleicht den Sinn seiner Lösung mit dem Gesamtsinne der Zeit, in die sein Gebilde hineingestellt ist. Wir können also in jedem solchen logischen Denkverfahren, soferne wir von dem dasselbe einleitenden „Stutzen", „Staunen" absehen, vier we-
25 sentliche Momente unterscheiden:
a) Die Analyse der aufgetauchten Schwierigkeit und die genaue Umgrenzung derselben;
b) das Suchen und Aufsteigen von Vermutungen zur Lösung der Schwierigkeit;
c) das Prüfen der Vermutungen auf ihre tatsächliche Lösungskraft;
30 d) das Bestätigen der als Lösung akzeptierten Vermutung durch Versuche oder weitere Überlegungen.
Man erkennt leicht, daß diese vier Stufen, die ich wie schon früher einmal im Anschluß an *Dewey* entwickelt habe, nichts anderes sind als die alten Stufen alles Denkens und Forschens. *T.H. Huxley* hat ähnlich in seiner Rede von 1854
35 „Über die Bildungswerte der Naturwissenschaften" von vier Stufen gesprochen: Observation, General-Proposition, Deduktion, Verifikation. Es unterliegt nun keinem Zweifel, daß die Leistungsfähigkeit des logischen Gesamtverfahrens wie seiner Stufen im wesentlichen auf anerzogenen Bedürfnissen oder Gewohnheiten beruht, — abgesehen natürlich von den angeborenen Veranlagungen der am
40 Prozeß beteiligten Funktionen. Nur die zweite Stufe macht eine Ausnahme. Daß jemandem bei einer Frage etwas Vernünftiges einfällt zu ihrer Lösung, läßt sich nicht üben. Wohl aber das Bedürfnis nach begrifflicher Klarheit und Eindeutigkeit, dasjenige nach Suspendierung des Urteils bis zur endgültigen Durchprüfung aller Vermutungen auf ihren Lösungswert und endlich das Bedürfnis nach Verifi-
45 zierung der als Lösung angenommenen Vermutung.
Dabei brauchen wir nun nicht die einzelnen seelischen Funktionen aufzusuchen, die am ganzen Prozeß und seinen einzelnen Stufen beteiligt sind, also etwa

---

Zeilen 33/34: Georg Kerschensteiner „Wesen und Wert des naturwissenschaftlichen Unterrichts, München: Oldenbourg-Verlag 1963[6]
Zeilen 34/36: Essays by Thomas H. Huxley, Bd. III, Science and Education, 1905, Macmillan & Co, London, S. 52

besondere Empfindungs-, Anschauungs-, Wahrnehmungs-, Beobachtungs-, Aufmerksamkeits-, Gedächtnisübungen anzustellen, sondern wir haben lediglich dafür zu sorgen, daß sich nicht bloß möglichst viele Anstöße einstellen zur automatischen Auslösung von echten Denkprozessen, sondern daß sich auch diese Prozesse immer und überall Tag für Tag in der Sorgfalt und Vollkommenheit abspielen, die eben eine möglichst gute Lösung gewährleistet.

3.2 Kognitiver und „metakognitiver" Aspekt

Daß diese Theorie, deren Wurzeln ins 19. Jahrhundert zurückreichen, heute in wichtigen Hinsichten bestehen und sogar Impulse geben kann, hängt mit der Ungelöstheit des Bewußtseinsproblems zusammen, um welches sich die kognitive Psychologie seit vielen Jahrzehnten bei allem Fortschritt wie um einen heißen Brei herumbewegt. Was heute mit Hilfe komplexer kybernetischer Modelle vorsichtig wieder angegangen wird, drückte *Kerschensteiner* vergleichsweise unbefangen aus: Die *Idee einer zentralen Regelungsinstanz im Denken,* welche – anders als bei stärker automatisierten Prozessen – die Qualität der Denkergebnisse mit Hilfe „eigener" Prüfoperationen beurteilt und über Weiterführung oder Abbruch des Denkprozesses entscheidet. Das ist das Hauptanliegen, welches *Kerschensteiner* in seinen Stufen 4 und 5 zum Ausdruck bringt. Allerdings zeigt sich hier ein Problem: Mit dem Bewußtheitsgrad (respektive der Zugänglichkeit für den „Willen" oder eine entsprechende „Zucht") läßt *Kerschensteiner* auch den Einzugsbereich der verarbeiteten Informationen (sowohl aus dem fraglichen Realitätsausschnitt als auch aus dem Gedächtnis) von Stufe zu Stufe anwachsen. Während die Informationsverarbeitung auf den ersten beiden Stufen nur isolierten Einzelmerkmalen der Problemsituation gilt, treten auf Stufe 3 hypothetische Gesamtdeutungen aus dem Gedächtnis dazu, welche ihrerseits – erst auf den Stufen 4 und 5 – zum aktiven (prüfenden) Einbezug weiterer Kontextinformationen führen. Diese zweite Bedeutung der Stufenfolge läßt sich im Lichte der heutigen kognitiven Psychologie kaum aufrechterhalten. Insbesondere die Erforschung des Leseprozesses hat gezeigt, daß die Informationsverarbeitung gewöhnlich nicht einsinnig von der Wahrnehmung von Einzelmerkmalen bis zu deren schließlichen Einordnung in eine Gesamtdarstellung „aufsteigt", sondern daß diese sogenannten „bottom-up"-Prozesse meist von Anfang an mit absteigenden oder „top-down"-Prozessen in Wechselwirkung stehen, d. h. daß bereits die Isolierung und Identifikation von Einzelmerkmalen in vielen Fällen von hypothetischen Gesamtdeutungen her gesteuert ist. Es sei uns gestattet, zur Illustration eine zusammenfassende Beschreibung beizuziehen, welche wir in anderem Zusammenhang verfaßt haben (*Aeschbacher* u. a. 1981, 290–291):

„Daß wir als Leser normalerweise nicht darauf angewiesen sind, Buchstabe für Buch . . . und Wort für W . . . gleich intensiv zu verarbeiten, zeigt zum Beispiel dieser Satz. Fehlende oder unleserliche Stellen können in gewissem Ausmaß mit Leichtigkeit aus dem Kontext ergänzt werden. Ganz allgemein ergänzen wir beim Lesen die graphische Information laufend durch Schlußfolgerungen aus semantisch-syntaktischer Information. Dieser konstruktive Aspekt ist ein Grundzug des

Sprachverstehens, wie des Verstehens überhaupt (vgl. *Hörmann* 1976, *Aebli* 1980). Der Gedanke liegt nahe, daß wir von diesen konstruktiven Fähigkeiten nicht erst nachträglich, sondern schon während des Dekodierens der graphischen Information Gebrauch machen. Das wird denn auch durch das Studium von Lesefehlern bestätigt, wie auch etwa durch den Nachweis, daß sich die „eye-voice-span" tendenziell nach den Grenzen grammatischer Einheiten im Text richtet (*Gibson & Levin* 1980, 203–204, 234).

Die psychologische Leseforschung hat hier Einblicke in ein faszinierendes Wechsel- und Zusammenspiel der graphischen und der semantisch-syntaktischen Informationsquellen eröffnet. Dabei wird ersichtlich, daß dem semantisch-syntaktischen Konstruktionsprozeß die Schrittmacherrolle zukommt. Der Rhythmus des Verstehens bestimmt den Rhythmus des Lesens. Daher lesen wir oft langsamer, als es vom reinen Entziffern und Identifizieren der Buchstaben und Wörter her möglich wäre. Andererseits kann der semantisch-syntaktische Konstruktionsprozeß den Leseprozeß je nach Text auch beschleunigen. Bereits Kinder lernen, die Invarianten in der Kombination von Buchstaben und Wörtern zur Vereinfachung der Leseaufgabe auszunützen (*Gibson & Levin* 1980, 200 f.). Ein Mangel gerade in der Fähigkeit, die Grammatikalität der Sprache beim Lesen auszunützen, wurde von *Cromer* (1970) als eine Ursache von Leseschwächen identifiziert.

Gibson und *Levin* deuten eine Vielzahl empirischer Befunde in diesem Zusammenhang wie folgt: „Die geschriebene Sprache kann auf verschiedenen Niveaus analysiert werden: denjenigen der Buchstaben, Buchstabengruppen, Silben, Morpheme, Wörter, Phrasen, Sätze und des Diskurses. Ein geübter Leser profitiert von den Regeln der verschiedenen Niveaus oft parallel. Grammatik ist ein mittleres Niveau, das die untergeordneten Invarianten umfaßt. Die Grammatik bildet den Kontext für die untergeordneten Einheiten. Es gibt vielfache Beweise dafür, daß der Kontext die Alternativen unter den untergeordneten Einheiten einschränkt. Die Zusammenhangs-Funktion der grammatischen Regeln verbessert das Lesen der untergeordneten Einheiten, welche von diesen Regeln beherrscht werden. Die Verbesserung entsteht durch die geringere Aufmerksamkeit, welche die einzelnen Einheiten bekommen, was bedeutet, daß weniger Fixierungen, kürzere Fixierungspausen und weniger Regressionen nötig sind" (1980, 216 f.).

Nach dieser gut fundierten theoretischen Deutung macht also der Leser bereits Annahmen über die grammatische Struktur eines Satzes, bevor sämtliche Wörter entziffert sind, und läßt sich bei der Analyse der restlichen Wörter bereits von Hypothesen leiten, die sich aus diesem grammatischen Kontext ergeben. Analoges gilt für die semantische Struktur. Auch bei der Wortwahrnehmung scheinen bereits parallel zur Identifikation einzelner Buchstaben Arbeitshypothesen bezüglich des ganzen Wortes zu entstehen, welche ihrerseits wieder die Identifikation weiterer Buchstaben erleichtern können. Ähnlich kann man sich Schlüsse auf ganze zu erwartende Textpassagen vorstellen, etwa aufgrund hypothetisch identifizierter „rhetorischer Relationen" (*Grimes* 1975, *Meyer* 1975), relevanter Handlungs- und Situationsrahmen (*Schank & Abelson* 1975, *Van Dijk* 1977, *Aebli* 1980), oder ganzer Textstrukturen (siehe zum Beispiel die Forschungen zu „Geschichtsgrammatiken", *Mandler & Johnson* 1977, *Thorndyke* 1977). Allgemein entspricht dies einem „interaktiven Modell" des Lesens (*Rumelhart* 1978, *Stoll* 1978), wonach die Verarbeitungsprozesse auf den verschiedenen Analyseebenen nicht etwa sequentiell in aufsteigender Stufenfolge (siehe aber *Gough* 1972, *La Berge* und *Samuels* 1974), sondern parallel und unter wechselseitiger Beeinflussung ablaufen. So ergibt sich das Bild eines stark erwartungsgesteuerten Leseprozesses, in welchem laufend Teilergebnisse durch auf- und absteigende Inferenzen (bottom-up- und top-down-Prozesse) in Antizipationen umgemünzt werden. Ein solches Spiel der Hypothesen, wie es hier für das Lesen ein Stück weit nachgezeichnet wurde, gilt in der kognitiven Psychologie als charakteristisch für Wahrnehmung und Informationsverarbeitung überhaupt (*Neisser* 1967, 1974). Natürlich bleibt dabei der Erkenntnisprozeß immer auf die Überprüfung und eventuelle Korrektur der Hypothesen anhand der vorliegenden äußeren Gegebenheiten angewiesen."

Tatsächlich macht sogar *Kerschensteiners* eigenes Beispiel — entgegen seiner Darstellungsabsicht — ein frühes Einsetzen und Wirken hypothetischer Gesamtdeutungen plausibel. So wird das nächtliche Klopfgeräusch schon auf Stufe 2 der Informationsverarbeitung mit gezielter Aufmerksamkeit auf bestimmte, von gewissen Deutungsmöglichkeiten als entscheidend nahegelegte akustische Aspekte und Begleitumstände hin untersucht, was sich auf Stufe 4 in verschärfter Form fortsetzt. Es läßt sich sogar argumentieren, daß ja auch schon das auslösende Erstaunen der Stufe 1 eine abweichende Erwartung voraussetzt, die notwendig vom Kontext herrührt. So können und müssen also im Lichte der modernen kognitiven Psychologie zwei verschiedene Bedeutungen der Kerschensteinerschen Stufenfolge des Denkens entmischt werden, welche sich im Fortschreiten der Disziplin nicht in gleicher Weise bewährten.

Eine geringfügige Verschiebung der Perspektive genügt, um aus diesen Schwächen eine Stärke zu machen. Es ließe sich nämlich argumentieren, daß *Kerschensteiner* nur solche top-down-Prozesse explizit anerkennt, die mit (kritischer) Absicht oder eben mit „Bewußtsein" zum Einsatz gelangen. Diese sieht er als Abschluß des Denkprozesses an und bildet aus ihnen entsprechend die letzten Stufen. Die bereits in der Anfangsphase ablaufenden top-down-Prozesse — die er in seinem Beispiel implizit mitbeschreibt — weist er gewissermaßen der Kategorie automatisch ablaufender Mechanismen zu, welchen keinerlei reflexiver Charakter zukommt, und die daher vorschnelle Urteile eher produzieren als verhindern. Eine solche Sichtweise hat tatsächlich einiges für sich. Die Wahrnehmungspsychologie kann zeigen, daß schnell ablaufende top-down-Prozesse uns oftmals das sehen lassen, was wir aufgrund gewisser Einzelmerkmale, Kontextinformationen und Gedächtniswissen zu sehen erwarten, ohne daß weitere Informationen noch beachtet werden, welche die einmal gefundene Gesamtdeutung in Frage stellen würden. Das zeigt sich beispielsweise im Überlesen von Druckfehlern und drastischer in unserer Anfälligkeit für Vorurteile — eben für vorschnelle Urteile — im Bereich der Personwahrnehmung (siehe z. B. *Irle* 1975). Billigt man *Kerschensteiner* in dieser Weise — in modernerer Terminologie — eine implizite Unterscheidung von automatischen top-down-Prozessen der schnellen Wissensanwendung mit konstruierender Funktion einerseits und absichtlich eingesetzten top-down-Prozessen mit überprüfender Funktion andererseits zu, so erweist sich sein Modell als tragfähig und heuristisch wertvoll nicht nur für den kognitiv-strukturellen, sondern auch für den motivationalen und pädagogischen Aspekt des Denkens.

In der Psychologie des Denkens zeichnet sich seit einigen Jahren eine ähnliche Unterscheidung ab, indem einige Autoren von den *kognitiven* sogenannte *metakognitive* Prozesse unterscheiden, welche die ersteren zu ihrem Gegenstand haben (siehe z. B. zusammenfassend *Weinert & Kluwe* 1984). Bezeichnenderweise ist die Unterscheidung umstritten, bringt sie doch unter neuem Namen wieder den Faktor „Bewußtsein" in die Psychologie ein. Heute allerdings wird dieses Problem mit Hilfe der Begriffe der Computerwissenschaft angegangen. Seit dem epochemachenden Werk von *Miller – Galanter – Pribram* (1958), welches dem bis anhin in der Psychologie dominierenden *Reiz-Reaktionsmodell* das kybernetische *Feedback-Modell* entgegenstellte, haben sich die an der Computerwissenschaft orientierten Modelle der menschlichen Intelligenz stetig verfeinert. Wie dabei das alte Problem des Bewußtseins wieder Aufmerksamkeit erlangte, sei an zwei Etappen dieser Modellentwicklung illustriert. Das erste Zitat stammt aus der Frühzeit der „kognitiven Wende" in den USA und setzt damit ein, daß die Befürchtungen der Gegner dieser neuen Psychologie zerstreut werden:

„Sie fürchten, daß mit einer eigenständigen Exekutive die Psychologie zu einer Psychologie der Seele, des Willens und des *Homunkulus* zurückkehren würde; es wäre praktisch eine Erklärung des Verhaltens mit Hilfe eines „kleinen Menschen im Kopf". Solche Erklärungen scheinen bloß zu einem unendlichen Regreß zu führen, welcher die weitere Forschung blockieren und die Theorie frustrieren muß. Wenn die Handlungen der Exekutive das Verhalten erklären, wie werden dann diese Handlungen ihrerseits erklärt? Hat das Ego ein Ego? Es scheint jetzt möglich, daß wir einen Ausweg aus dem Regreß finden, der zuvor endlos schien. Noch vor einer Generation mußte man sich Steuerungsprozesse als *Homunkuli* vorstellen, weil der Mensch das einzige bekannte Modell eines exekutiven Agens war. Heute zeigt uns der moderne Computer eine andere Möglichkeit in Form des *ausführenden Unterprogrammes.* Dies ist ein Konzept, das für die Psychologie von beträchtlichem Nutzen sein könnte.
Die meisten Computerprogramme bestehen aus weitgehend unabhängigen Teilen oder „Unterprogrammen". In komplexen sequentiellen Programmen wird die Reihenfolge, in der die Unterprogramme zur Anwendung kommen, in jedem Fall eine andere sein. In einfachen Fällen kann eine konditionale Entscheidung vom einen Unterprogramm zum nächsten geeigneten überleiten: ‚Kontrolle an Register *A* übertragen, wenn die berechnete Zahl in Register *X* positiv ist, und zu Register *B*, wenn sie negativ oder Null ist.' In anderen Fällen kann jedoch die Wahl zwischen Register *A* und *B* von einer komplizierteren Menge von Bedingungen abhängen, die vom Hauptprogramm evaluiert werden muß. Gewöhnlich wird es so eingerichtet, daß jeweils nach dem Durchlaufen eines Unterprogramms die Kontrolle dem Hauptprogramm übergeben wird, das dann in jedem Fall entscheidet, was weiter geschehen soll. Man könnte wohl sagen, das Hauptprogramm ‚benutze' die anderen Programme, die ihm ‚untergeordnet' sind. Gewisse Programme können sogar eine hierarchische Struktur haben, in der Programme der einen Ebene ‚niedrigere' Programme abrufen können und selbst durch ‚höhere' Programme abgerufen werden. Die Delegation der Kontrolle geht jedoch nicht über unendlich viele Stufen: Es gibt ein ‚höchstes' oder Hauptprogramm, das keinem anderen zur Verfügung steht.
Man beachte, daß das Hauptprogramm keineswegs ein *Programmulus* oder eine Miniatur des ganzen Programmes ist. Es führt nicht die Tests oder Suchprozesse oder Konstruktionen aus, die die Aufgaben der Unterprogramme sind, und es enthält nicht die gespeicherte Information, die dem Unterprogramm zur Verfügung steht. Tatsächlich ist es möglich, daß das Hauptprogramm nur einen kleinen Teil des dem ganzen Programm zugemessenen Zeit- und Raumbedarfs beansprucht, und es braucht nicht unbedingt sehr komplizierte Prozesse zu enthalten. Obwohl es in einem gewissen Sinn das übrige Programm und die gespeicherte Information wirklich „benutzt", entstehen dadurch keine philosophischen Schwierigkeiten; sich selbst benutzt es nicht" (*Neisser* 1974, 370–371; Original 1967).

In den letzten Jahren ist das Problem der Haupt- oder Exekutivprogramme vor allem von *Ann Brown* und ihren Mitarbeitern unter dem Aspekt der Metakognition aufgegriffen worden. Die folgenden Zitate (aus einem Sammelreferat von *Fischer & Mandl* 1981, 429–430) zeigen auf, für wie entscheidend die Frage der bewußten Selbstkontrolle für das Denken und Lernen gehalten wird:

„Einen gewissen Eindruck von der Komplexität der metakognitiven Fähigkeiten, die man dem reifen Lerner abverlangt, erhält man durch eine Betrachtung der Operationen, die . . . dem zentralen Prozessor, dem Interpreten oder der Exekutive als dem ‚Aufseher' zugeschrieben werden. Die meisten derzeitigen Theorien bezeichnen die Fähigkeit, eine intelligente Bewertung der eigenen Operation durchführen zu können, als *das* wesentliche Merkmal des zentralen Mechanismus. Irgendeine Form des Selbstbewußtseins (self-awareness) oder des expliziten Wissens über den Stand der eigenen Aktivitäten wird als kritisch für jedes effiziente Problemlöse-System betrachtet. . . Die Hauptanforderungen, die an eine solche ‚Exekutive' gestellt werden, demonstrieren ihre Komplexität. Sie soll nämlich die Fähigkeit besitzen:
(1) die Kapazitätsbegrenzungen des (eigenen) Systems vorherzusagen;
(2) sich ihres verfügbaren Repertoires an heuristischen Routinen und ihrer angemessenen Einsatz-Domäne bewußt zu sein;
(3) Merkmale der vorliegenden Aufgabe (oder solche eines akut auftretenden Problems bei der Verarbeitung) zu identifizieren und zu registrieren;
(4) angemessene Problemlöse-Strategien zu planen und zu organisieren (d. h. *Miller, Galanter & Pribrams* (1960) ‚Metapläne' oder ‚Pläne zum Bilden von Plänen' (plans to form plans);
(5) die Effizenz der Routinen, die sie aktuell in Gang gesetzt hat (oder setzt) zu verfolgen und zu überwachen;
(6) dynamisch (d. h. ‚on-line', im Vollzug der Operationen) an Resultaten (und Zwischenresultaten) den Erfolg ihrer Operationen zu bewerten (mögliche alternative Vorgehensweisen zu antizipieren und ggf. in Gang zu setzen) und die Laufzeit ihrer Aktivitäten zu terminieren (*Brown* 1978, 82).
An anderer Stelle (*Brown & Campione* 1977; *Brown* 1977 a, 1978, 78) werden die exekutiven Funktionen kurz mit den Begriffen Vorhersage, Selbsttesten, Selbstüberwachung, Selbstbewertung, Bewertung an der Wirklichkeit bzw. Prüfung an Kriterien des gesunden Menschenverstandes und Steuerung (prediction, checking, monitoring, evaluation, reality testing bzw. checking against commonsense criteria and control) zusammengefaßt.
Welche Rolle die exekutiven Funktionen bei der Bewältigung von Verstehens-, Problemlöse- und Gedächtnisaufgaben spielen, erhellt exemplarisch *Browns* (1978) Analyse kognitiver und metakognitiver Vollzüge, die sich in vier Problemkreise gliedert:
a) Was weiß ich? Was kann ich wissen? Was sollte ich wissen? (metacomprehension)
b) Wie gut werde ich welches Problem (mit welcher Schwierigkeit) lösen? (prediction)
c) Wie und in welcher Abfolge soll ich vorgehen? (planning)
d) Wie gut/adäquat tue ich es gerade/habe ich es getan? (monitoring/checking/testing/evaluation)."

Was dann allerdings anschließend über die Beschaffenheit der Selbstkontrolle (Punkt d) zu erfahren ist, berechtigt zur Annahme, daß *Kerschensteiners* Analyse tatsächlich noch kaum überholt ist (siehe auch *Kluwe & Schiebler* 1984, 38).

„Die Überwachung (monitoring), Prüfung (testing bzw. checking) laufender kognitiver Prozesse und eine abschließende Bewertung ihres Erfolgs (evaluation) sind das Kernstück der exekutiven Fähigkeiten. Ohne sie ist eine Steuerung (control) der eigenen Aktivitäten so wenig denkbar, wie eine angemessene Beurteilung der entsprechenden Resultate. Während die Handlungsüberwachung oder -registrierung vor allem der ‚on-line' Steuerung des eigenen Verhaltens dient (‚on-line' bedeutet, daß *während* des Ablaufs, im Vollzug bestimmter kognitiver Operationen Daten über den jeweiligen, momentanen Systemzustand erhoben werden, die als Grundlage der weiteren Regelung dienen), hat die ‚off-line'-Bewertung (evaluation) vor allem den Charakter einer abschließenden Handlungsbewertung. Sie liefert einerseits Informationen oder Daten über das Produkt einer kognitiven Aktivität, speist sich andererseits aber auch wieder in Form von ‚Wissen' über die eigene Problemlösungs- (oder Bewältigungs-)Kompetenz in das System ein.
Zum Zweck der Bewertung einer Problemlösung (oder der Bewertung eines eingeschlagenen Lösungsweges aus einem Lösungszwischenzustand) wird eine ‚Prüfung auf interne Konsistenz' durchgeführt. Ihr stellen sich die Prüfung der ‚Realitätsgerechtheit' (reality testing) und eine Beurteilung nach Kriterien des gesunden Menschenverstandes (checking against common sense criteria) zur Seite, die alle zusammen Informationen über die Zulässigkeit („Stimmigkeit") einer Lösung liefern" (*Fischer – Mandl* 1981, 432–433).

Die Kapitel 4–6 der vorliegenden Arbeit können als Versuch betrachtet werden, Kriterien der „internen Konsistenz" (4, 5) und des „gesunden Menschenverstandes" (6) zu verdeutlichen.

3.3 Affektiv-motivationaler Aspekt

Die Beurteilung des eigenen Denkens hat auch eine gefühlsmäßige Seite. *Deweys* Ausdruck *a felt difficulty* kehrt bei *Kerschensteiner* als *selbstempfundene Schwierigkeit* wieder, womit die diffuse Beunruhigung gemeint ist, welche das innere Signal zu einer spezifischen Denkanstrengung gibt. In neuerer Zeit hat *Flavell* (1984, 26) die Bezeichnung *metakognitive Empfindung* (metacognitive experience) geprägt, welche zwar einen allgemeineren Anspruch erhebt, aber in erster Linie nach wie vor dieser selbstempfundenen Schwierigkeit gilt:

„Der zweite zentrale Begriff meiner Taxonomie ist „metakognitive Empfindung" (metacognitive experience). Metakognitive Empfindungen sind bewußte Empfindungen sowohl kognitiver als auch affektiver Art; das, was metakognitive Empfindungen von anderen Empfindungen unterscheidet, ist, daß sie mit irgendwelchen kognitiven Bemühungen zu tun haben; meistens sind es gerade ablaufende kognitive Unternehmungen. Zum Beispiel kann man plötzlich die bedrückende Empfindung haben, etwas nicht zu verstehen, was man aber verstehen will oder auch verstehen muß. Diese Empfindungen nenne ich metakognitive Empfindungen. Man hat immer dann metakognitive Empfindungen, wenn man den Eindruck hat, etwas sei schwer wahrzunehmen, zu verstehen, zu erinnern oder zu lösen. Man fühlt sich vom kognitiven Ziel weit entfernt. Man hat aber auch die Empfindung, daß man dem Ziel ganz nahe ist. Oder man hat die Empfindung, daß ein Problem, verglichen mit wenigen Minuten vorher, leichter oder schwieriger geworden ist. Metakognitive Empfindungen können also alle Arten bewußter Empfindungen sein, kognitiver oder affektiver Art, die sich auf die eigene, oftmals gerade ablaufende, geistige Tätigkeit beziehen. Ich bin überzeugt, daß metakognitive Empfindungen in unseren täglichen geistigen Aktivitäten eine bedeutende Rolle spielen."

Der Akzent auf Schwierigkeiten oder Unterbrechungen als Auslösern von Erregung und Gefühlsreaktionen hat in der Emotionspsychologie Tradition (siehe z. B. *Berlyne* 1960, *Mandler* 1975). Ein positives, nicht von der Überwindung zuvor empfundener Denkschwierigkeiten abhängiges Erleben von „Stimmigkeit" oder „Verstehen" wurde hingegen selten in Betracht gezogen (z. B. *Heller* 1981). Diese Asymmetrie könnte mit derjenigen zusammenhängen, welche bei der Psychologie der intrinsischen Motivation vermerkt wurde (Kapitel 2.3.2), verlegt sie doch mit der Emotionsquelle auch die motivationale Spannung in die kognitive Herausforderung.

Kerschensteiner (1931, 120) nennt eine andere denkbare Quelle positiver Gefühle, die mit dem Zustand des Verstandenhabens verbunden sein könnten:

„Das Bildungsverfahren wird ... stets darauf Rücksicht zu nehmen haben, daß alle Formal- oder Kraftbildung sich im Rahmen der Wertbildung vollzieht, und zwar in der Weise, daß das Bedürfnis nach Schulung der einzelnen ... Funktionen von selbst aus dem Werte der Vollendung der geistigen Akte herauswächst und immer im Dienste der Bündigkeit ihrer Leistung steht."

Hinter diesem Hinweis steht die Auffassung einer alten geisteswissenschaftlichen Psychologie, wonach (u. a.) die Wertschätzung der theoretischen Erkenntnis zum Wesen des Menschen gehört und bei jedermann mehr oder weniger leicht geweckt werden kann (siehe *Spranger* 1922, 1966). Dieser Gedanke liegt abseits des Stromes zeitgenössischer psychologischer Forschung und Theoriebildung. Und doch wäre es von entscheidender Wichtigkeit, wenn die Idee eines gefühlsmäßig positiven Zielzustandes des Verstandenhabens von der Psychologie in irgend einer Weise ernst genommen würde. Wenn es so ist, wie viele Selbstzeugnisse (z. B. dasjenige *Einsteins*, vgl. S. 46) glauben machen, daß das „Durchschauen" von Zusammenhängen an sich Freude machen kann, löst sich das scheinbare Paradox der intrinsischen Motivation auf, wonach Lernen im Sinne von Verstehen nicht motivierbar sei (vgl. *Joerger*, Kap. 2.2.2).

In der gegenwärtigen psychologischen Begrifflichkeit ließe sich eine positive *Valenz des Verstandenhabens* wohl nur als Folge einer entsprechenden positiven Fremdbewertung verstehen, ähnlich wie man sich das Leistungsmotiv als „Verinnerlichung" erlebter positiver Fremdbewertung von Leistungen (z. B. über Mechanismen des Verstärkungs- oder des Beobachtungslernens, vgl. *Schiefele* 1978) erklärt. Ohne Zweifel erleben heranwachsende Kinder in zahllosen Elternhäusern und Schulzimmern eine solche positive Bewertung des Verstehens. Zur Motivbildung gehört allerdings auch die Verinnerlichung der Kriterien einer solchen Fremd- bzw. Selbstbewertung, und hier liegt das eigentliche Problem. Auch motivationspsychologisch gesehen hängt somit alles davon ab, ob der Lernende selber sein Verständnis (oder Nicht-Verständnis) diagnostizieren kann.

3.4 Pädagogischer Aspekt

Es kennzeichnet die Metakognitionsforschung, daß sie bei aller empirisch-experimentellen Ausrichtung in den Bereich der Pädagogik hinüberspielt. Nachdem *Flavell* ursprünglich die entwicklungsmäßigen Veränderungen metakognitiver Fähigkeiten verfolgte, werden heute zunehmend auch Versuche der systematischen Beeinflussung metakognitiver Leistungen durch gezielte Trainingsprogramme unternommen (siehe z. B. zusammenfassend *Fischer – Mandl* 1981, 433). Damit gerät – wenn auch vorläufig oft um der Forschung willen – ein Anliegen wieder ins Blickfeld, welches bei *Kerschensteiner* (vgl. Kap. 3.1) *formale Verstandesbildung* hieß. Und auch hier erweist sich dieser Autor als verblüffend modern und richtungsweisend. Mit seiner Betonung der metakognitiv-motivationalen Komponenten des Denkens vermeidet er den alten vermögenspsychologischen Trugschluß, man könne das Verstehen als eine inhaltlich übergreifende „intelligente Fähigkeit" üben. (Daß dieser Trugschluß immer wieder nahe liegt, zeigt sich mancherorts in der didaktischen Diskussion um das Lernziel „Verstehen"; s. Kap. 7).

„... Doch muß man dieser Idee der ‚Mitübung' oder der ‚allgemeinen Geistesgymnastik' mit großer Vorsicht gegenübertreten. Die Herbartianer haben recht, wenn sie vor den ‚Spukgestalten geistigen Seelenvermögens' warnen, auf welche die so gefaßte Idee der formalen Bildung nur allzu leicht führt. Geht man dem Wesen der formalen Bildung genauer nach, so zeigt sich, daß es sich hierbei nicht so fast um die Steigerung der Leistungsfähigkeit einzelner Funktionen handelt, als vielmehr um die einer ganzen Funktionsgruppe, die in ihrer Zusammenarbeit und in ihrem seelischen und körperlichen Ablauf gewissermaßen automatisiert wird. Es sind komplizierte Gewohnheiten, um die es sich in der formalen Bildung im wesentlichen handelt, und nicht Fertigkeiten einzelner Funktionen" (*Kerschensteiner* 1931, 117).

Die oben ansatzweise versuchte Modernisierung der Begriffe *Kerschensteiners* zeigt auch, daß mit *Klafkis* (1957) Begriff der *kategorialen Bildung* kein Widerspruch zu bestehen braucht. Was *Kerschensteiner* anstrebte, ließe sich auch als die Vermittlung eines *Begriffs des selbstkritischen Denkens oder der Kriterien des Verstandenhabens* an die Schüler beschreiben, welchem sicher der Rang einer erschließenden Kategorie des geistigen Lebens zukommt. Und auch bei *Klafki* haben ja diese Kategorien, in welchen der Unterschied zwischen formaler und materialer Bildung aufgehoben ist, eine mit Werterfahrung zusammenhängende motivationale Komponente. Parallel zu der sich entwickelnden neuen *Wissenspsychologie* (vgl. Kap. 4.3) – und teilweise im Vorgriff darauf – wurde in der Didaktik der letzten Jahrzehnte gegenüber globalen Fähigkeits- oder Intelligenzkonzepten zunehmend die Inhaltlichkeit des Denkens in den Vordergrund gerückt. Danach bestimmen die von einem Individuum erworbenen Begriffe das Niveau seines intellektuellen Funktionierens, und entsprechend kommt in didaktischer Hinsicht alles darauf an, ihm zu einem möglichst vielfältigen, differenzierten, beweglichen und anwendbaren Begriffsrepertoire zu verhelfen (siehe z. B. *Aebli* 1968, 1976, *Seiler* 1973, *Messner* 1978, *Skowronek* 1968). Diese

Komponente hatte *Kerschensteiner* in seiner Stufe 3 als nicht formal bildbar vernachlässigt (vgl. S. 51). Dafür nahm er offenbar mit seinen Stufen 4 und 5 Komponenten einer intellektuellen Formalbildung vorweg, wie sie heute mit der *Metakognitions-Psychologie* wieder ins Blickfeld rücken. Daß die von ihm betonten metakognitiven Prüfoperationen nicht genügend deutlich werden, kann ihm angesichts des auch heute noch bescheidenen Wissensstandes in der Metakognitionspsychologie nicht zum Vorwurf gemacht werden. Deutlich werden in *Kerschensteiners* Erörterungen der Prüfphase im Denken hingegen zwei Punkte, die abschließend aufgegriffen werden sollen: (1) daß eine solche Formalbildung eben nicht nur den metakognitiven Prozessen, sondern auch einer entsprechenden Motivbildung gelten muß; (2) daß der pädagogisch-normative Aspekt nicht nur das „daß", sondern auch das „wie" der inneren Verständnisprüfung betrifft.

Wenn *Kerschensteiner* als pädagogisches Ziel die „Gewohnheit geistiger Disziplin" angibt, meint er damit nicht einen psychologischen Automatismus im behavioristischen Sinne (vgl. Kap. 2.1.1). Es gibt genügend Stellen in seinem Werk, aus welchen hervorgeht, daß er darunter – nach heutigem psychologischem Sprachgebrauch – ein spezifisches Motiv versteht, d. h. das Anstreben des „Verstandenhabens" aufgrund der erlebten positiven Valenz dieses Zielzustandes (vgl. Kap. 3.1). Eine solche begriffliche Fassung würde, wie schon erwähnt, das Paradox der intrinsischen Motivation auflösen, das in den Kapiteln 2.2.2 und 2.3 zum Vorschein kam: Lernen im Sinne von Verstehen könnte durchaus „motiviert" sein, ohne deswegen qualitativen Schaden zu nehmen. Das ist keine bloße Wortspielerei. In den Kapiteln 2.2.2 und 2.3 wurde dargelegt, wie die Doktrin der „reinen intrinsischen Motivation" zur äußerst anspruchsvollen Didaktik der kognitiven Konflikte führt. Die beschriebene begriffliche Verschiebung könnte entsprechend den Makel der Denkbehinderung relativieren, welcher stärker darlegenden Lehrgängen schon fast zwangsläufig anhaftet. Ferner könnte der *Begriff eines Verständnis-Motivs* dazu führen, daß die z. B. in der Leistungsmotivforschung gewonnenen psychologischen Erkenntnisse an die Dynamik des Denkens und Verstehens herangetragen würden. Das beträfe z. B. die Rolle persönlicher „Erfolgs"- respektive „Mißerfolgs"-Erfahrungen beim Verfolgen des Verständnisziels (und entsprechende didaktische Konsequenzen) und das damit verbundene Problem der Bereichsspezifität eines solchen Motivs (wie sie z. B. *Schmalt*, 1976, für das Leistungsmotiv berichtet).

Das „Wie" der inneren Verständnisprüfung nun ist keinesfalls eine bloße Angelegenheit zukünftiger empirischer Forschung der Metakognition. Der Pädagoge ist aufgerufen, die Qualität dieser Prozesse mitzubestimmen (und tut es natürlich immer schon, auf positive oder negative Art; vgl. Kap. 3.1). Uns wurde anläßlich eines Lernkurses, den wir mit Gymnasiasten durchführten, seitens der Lehrerschaft vorgehalten, die Behandlung eines Spezialthemas „Verstehen" wiederhole ja nur, was im normalen Unterricht ohnehin ständig und sachbezogen gepflegt werde. Mit dieser optimistischen Einschätzung kontrastieren allerdings die Ergebnisse einer großangelegten Untersuchung von *Krapf* (1982) an Schweizer Gymnasien. Danach bewegten sich ca. 75% der als didaktische Phasen registrierbaren intellektuellen Anforderungen an Schüler auf der Ebene bloßer

Erinnerungsleistungen, und dies in allen Fächern und auf allen Klassenstufen. Sollten in den Schulen schlicht die Gelegenheiten knapp sein, Verstehen zu erleben? Und wie können die inneren Kriterien des Verstehens „gelehrt" oder auch nur bei Gelegenheit der einen oder anderen fachlichen Einsicht zum Thema gemacht werden? Woher nimmt der Lehrende seinerseits die Leitvorstellungen, die Begriffe dazu? Hier sind offensichtlich psychologische Beschreibungen gefragt, die dem subjektiven Erlebnis des Verstandenhabens nahe genug bleiben, daß Lehrende und Lernende ihr eigenes Erleben darin wiederfinden, dieses aber auch genauer kennenlernen und zu einem bewußten inneren Kriterium machen können. Ein solches Begriffsangebot für das „Spüren, ob man verstanden hat" möchte der zweite Teil dieses Buches bieten.

Teil II:
Denkpsychologie und Denkerfahrung:
Das Verstehen kennenlernen

Im ersten Teil wurde herausgearbeitet, wie wichtig es im Hinblick auf ein selbständiges Lernen ist, das Erlebnis des Verstandenhabens zu kennen. Daraus ergibt sich das pädagogische Anliegen; dem „Kennenlernen des Verstehens" ist nun der folgende zweite Teil gewidmet.

Nach der Zuspitzung des Problems im vorhergehenden Kapitel lassen sich als Gegenstand dieses Kennenlernens genauer *metakognitive Empfindungen* (affektiver Aspekt des Erlebens: Spüren oder Fühlen, daß man verstanden hat) und *metakognitive Prüfoperationen* (struktureller Aspekt des Erlebens: Erfassen respektive Nachvollziehen der strukturellen Güte des eigenen Denkergebnisses) angeben. Allerdings ist die Psychologie der Metakognition vorläufig noch mehr Programm als Tatsache, und weder über die metakognitive Empfindung noch über die metakognitiven Prüfoperationen, noch gar über deren gegenseitige Beziehung gibt es zur Zeit genaue wissenschaftliche Auskunft. Die Gestaltung von Teil II folgt in dieser Situation einer Reihe von Arbeitshypothesen, die hier offengelegt werden sollen.

Mit *Flavell* (1984, 26) wurde angenommen, daß metakognitive Empfindungen bezüglich des Verstandenhabens bzw. Nicht-Verstandenhabens zur psychischen Grundausstattung des Menschen gehören; allerdings mögen sie bei fehlender Kultivierung so diffus bleiben, daß sie ihre Kontrollfunktion kaum ausüben können. Entsprechend sollte das Kennenlernen die Form einer kognitiven oder metakognitiven Selbsterfahrung annehmen (zu diesem Begriff siehe neuerdings *Beck* 1985). Die unterstützende psychologische Beschreibung darf nicht komplexer sein, als es sich mit dem „Auflösungsvermögen" der Selbstbeobachtung verträgt. Der Lernende muß eigenes intellektuelles Erleben in den begleitenden Beschreibungen wiedererkennen können, welche ihn dann ihrerseits auf neue Aspekte dieses Erlebens führen, und er muß dieses schließlich mit Hilfe behutsamer Benennungen besser kenntlich und bewußt machen können. Unter diesen Auspizien ist es nutzlos, dem Leser moderne Mikrotheorien über Verstehensprozesse und deren Ablaufgesetze vorzulegen, wie sie die Denkpsychologie in immer größerer Präzision und Formalisierung entwickelt. Es gelangen vielmehr ältere Darstellungen des Verstehens zu Wort, die noch eine gewisse Nähe zur Phänomenologie und zu den „naiven" psychologischen Konzepten der Alltagssprache bewahren. Bei der Darstellung wird immerhin darauf geachtet, diesen älteren und globaleren — aber deshalb nicht falschen — psychologischen Schilderungen nicht den Status von Modellen der tatsächlichen kognitiven Abläufe zu geben: Sie sind hier als Begriffsangebot zum Bewußtmachen nachvollziehender Beurteilungsprozesse gedacht, die sich vermutlich mehr auf molarem Niveau bewegen als die eigentliche direkte Informationsverarbeitung. Unter diesem Gesichtspunkt — und nicht als Theorie des produktiven Denkens — sind beispielsweise die klassischen gestaltpsychologischen Beschreibungen des Verstehens alles andere als veraltet.

Dieses psychologische *Begriffsangebot zum Erfassen und Erleben des Verstandenhabens* wird mit Absicht an verschiedenen Beispielen illustriert. Jede solche Anwendung stellt für den Leser eine Gelegenheit zur Selbsterfahrung dar, bei welcher metakognitive Empfindungen und bewußte strukturelle Prüfoperationen koordiniert werden können. Allerdings stellen die Kapitel 4–6 kein didaktisch gestaltetes und in seiner Wirksamkeit erprobtes Übungsprogramm dar. Sie sind durchsetzt von Exkursen, welche die dargestellten Konzepte zu neueren theoretischen Entwicklungen in Beziehung setzen. Ob sie an die eigene private Erfahrung des Lesers Anschluß finden und diese wirksam unterstützen und erweitern können, muß sich erst erweisen. Wo immer dies gelingt, sind damit auch die Bedingungen dafür verbessert, daß mit anderen – z. B. mit Schülern – über Lernen im Sinne von Verstehen gesprochen werden kann, daß entsprechende Selbsterfahrungen vermehrt thematisiert werden.

Kapitel 4: Verstehen als das Sehen von Zusammenhängen

4.1 Grundlagentext: Max Wertheimer, Produktives Denken

Welches sind die Schritte in einem wirklich sinnvollen Denkvorgang, durch den das Problem der Fläche *des Rechtecks* gelöst wird? Wir werden ganz kurz einige Schritte aufzählen, die uns — auf Grund von Ergebnissen an Kindern und Erwachsenen — wesentlich erscheinen.
1) Das Problem steht vor mir: welches ist die Fläche des Rechtecks? Ich weiß es nicht. Wie komme ich dazu?
2) Ich fühle, es muß da eine *innere Beziehung* zwischen den beiden bestehen: der Größe der Fläche — der Form des Rechtecks. Welcher Art ist sie? Wie kann ich sie erfassen?
3) Die Fläche kann gesehen werden als die Summe der kleinen Quadrate in der Figur. Und die Form? Das ist nicht *irgendeine* Figur, nicht irgendein Haufen von kleinen Quadraten in *irgend* einer Form; ich muß erfassen, wie die Fläche in dieser Figur aufgebaut ist!
4) Sind die kleinen Quadrate in dieser Figur nicht *geordnet*, oder *kann* man sie nicht in einer bestimmten Ordnung *sehen*, die geeignet ist, ein strukturell durchsichtiges Bild von dem Ganzen zu vermitteln? O ja. Die Figur ist durchweg von gleichmäßiger Länge, das hat zu tun mit der Art und Weise, in der die Fläche aufgebaut ist!

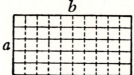

Die parallelen geraden Reihen von kleinen Quadraten passen vertikal in ihrer gegenseitigen Gleichheit zu einander und schließen so die Figur. Ich habe Reihen von durchweg gleicher Länge, die zusammen die gesamte Figur bilden.
5) Ich brauche die Gesamtsumme; *wieviele Reihen* sind es? Ich sehe, daß die Antwort von der Höhe angegeben wird, der Seite a. Wie lang ist *eine Reihe*? Sichtlich wird das bestimmt durch die Länge der Basis, b.
6) Das heißt: ich muß b mit a multiplizieren! (Das ist keine Multiplikation von zwei ranggleichen Größen; ihre charakteristische funktionelle Verschiedenheit ist grundlegend für diesen Schritt.)

Zeile 1: Aus: Max Wertheimer „Produktives Denken", Frankfurt: Kramer, 1964[2], S. 46—49.
Zeile 11: Anmerkung Wertheimers: Ich übergehe hier Prozesse, die mit der Variation der Größe des Rechtecks beginnen; die Einführung der kleinen Quadrate vereinfacht das Bild. Dieses Vorgehen wurde manchmal von Kindern gefunden; manchmal gab der Versuchsleiter das Rechteck als eine Anordnung von würfelförmigen Klötzen oder zog die Linien von vorn herein; auch in diesen Fällen mußten immer noch genug wesentliche Schritte vom Kind selbst vollzogen werden.

In dieser Strukturierung des Rechtecks wird die Frage nach seiner Fläche klar.
Die erhaltene Struktur ist übersichtlich und durchsichtig. Man gelangt zur Lösung, indem man die innere strukturelle Beziehung zwischen Fläche und Form
bemerkt.
   Ich möchte nicht behaupten, daß in konkreten Denkprozessen die hier aufgezählten Schritte jedesmal gesonders formuliert werden! Sie vollziehen sich zumeist in ganzheitlichem Zusammenwirken; doch meine ich, daß sie für jedes
wirkliche Verstehen dieses Sachverhalts alle vonnöten sind.
   Sie enthalten eine Reihe von Operationen, von Zügen, die in den Ansätzen der
traditionellen Logik und Assoziationstheorie nicht wirklich gesehen und behandelt werden.
   1) Dazu gehört *das Gruppieren, das Umordnen, das Strukturieren*, Operationen
des *Aufteilens* in Unterganze, wobei doch diese Unterganze noch *zusammengesehen* werden, in klarem Hinblick auf die Gesamtfigur und mit Rücksicht auf
die besondere, hier zu lösende Aufgabe.
   Das sind Operationen, die nicht einfach irgendwie ausgeführt werden; wir haben
hier nicht *irgendeine* Gruppierung oder Ordnung, obwohl tatsächlich viele verschiedene Arten davon möglich sind; die Schritte werden gefunden und ausgeführt, nur weil sie gerade so zu den Ganz-Eigenschaften der Figur *passen* und zugleich nur so zu dem Ziel passen, *eine klare Struktur* der Fläche zu erreichen.
   Dazu muß man darauf aufmerksam werden, wie Teile (Unterganze) zueinander
passen und zusammen genommen *die vollständige Figur ergeben;* man muß darauf aufmerksam werden, wie das Zusammenpassen der Unterganzen und die
Ganz-Eigenschaften der Figur, beispielsweise die Geradheit der Linien, *innerlich
aufeinander bezogen* sind, einander bedingen.
   2) Der Prozeß beginnt mit dem Wunsch, die innere Bezogenheit zwischen Form
und Flächengröße zu erfassen. Das ist nicht ein Suchen einfach nach irgendeiner
Beziehung, die zwischen ihnen bestehen könnte, sondern nach der eigentlichen
Natur ihrer gegenseitigen Abhängigkeit.
   Hier geht mancher dazu über, Änderungen vorzunehmen und zu beobachten, zu
studieren, was eine Änderung (z. B. in der Breite der Figur) an ihrer Form und
Größe bewirkt; und gelangt auf diesem Weg zu der Art der inneren Bezogenheit,
auf die es hier ankommt.

Zeile 3: Anmerkung Wertheimers: Im vierten Schritt hätte man statt der waagrechten Reihen die senkrechten wählen können. Man sollte aber beim Denken
diese beiden Wege nicht vermengen. Wenn das Kind das tut, geschieht es leicht,
daß der Unterschied zwischen der „Anzahl der Reihen" und der „Länge einer
Reihe" sich verwischt; es ist daher ratsam, mit einem Rechteck anzufangen, dessen Seiten auffallend verschieden sind. Schritt fünf ist ohne weiteres klar, wenn
die Seiten einfache Vielfache der Seiten des Maßquadrats sind; wenn nicht, ist
ein weiterer Schritt erforderlich, nämlich das Maßquadrat zu verkleinern. In 5.
und 6. kommt Multiplikation herein. Das bedeutet keineswegs einfach oder notwendigerweise, daß man sich nur die Operation, die man im Rechnen gelernt hat,
ins Gedächtnis ruft. Es kann sogar genau das Gegenteil sein; es kann einem in solchem Zusammenhang zum ersten Mal die Idee oder der Sinn des Multiplizierens
aufgehen.
Zeile 5: Anmerkung Wertheimers: Ich würde nicht raten, im Unterricht den Kindern jeden dieser Schritte vorzukauen. Aber manchmal ist es förderlich, in einer
der angegebenen Richtungen eine Frage zu stellen.

3) Hervorstehende Beziehungen dieser Art, die bedeutsam sind im Hinblick auf die innere strukturelle Natur der gegebenen Situation — wir wollen sie ϱ-Relationen nennen — spielen hier eine große Rolle:

Gleiche, gerade, parallele, zueinanderpassende Reihen:	Rechtecksform, zu der die Geradheit der Linien gehört, nicht etwa eine Struktur wie diese:
Zahl der Reihen:	Länge der einen Seite.
Zahl der Quadrate in einer Reihe:	Länge der anderen Seite.
Multiplikation:	Übergang zur vollständigen Struktur.

4) Zu den bisher unbeachteten Zügen gehört ferner die *funktionelle Bedeutung (die Rolle) der Teile* in ihrem Ganzen, z. B. die charakteristisch verschiedene Bedeutung der beiden Größen, die in die Multiplikation eingehen; ein Zug, der für die produktive Lösung und für jegliches wirkliche Verständnis der Formel entscheidend ist.

5) Der ganze Prozeß ist *ein einziger in sich geschlossener Gedankenzug.* Es ist nicht eine Und-Summe von aneinandergehängten stückhaften Operationen. Kein Schritt ist willkürlich, unverstanden in seiner Funktion. Im Gegenteil, jeder Schritt wird im und aus dem Überblick über die gesamte Situation vollzogen. Die wesentlichen Züge der genannten Operationen haben einen von Grund auf anderen Charakter als die Operationen der traditionellen Logik und Assoziationstheorie, die blind sind für den Aspekt der Ganzen, für die strukturellen Erfordernisse, welche diese neu entdeckte Art von Operationen überhaupt erst möglich machen.

Ich hoffe, der Leser bemerkt den dramatischen und geschlossenen Charakter, die wunderbare Klarheit eines solchen Prozesses und seine völlige Verschiedenheit von Prozessen, bei denen die Operationen unverstehbar vom Himmel fallen.

4.2 „Einsicht" in der Gestaltpsychologie

Immer wieder hat der Mensch sein eigenes Verstehen von Sachverhalten als eine Art von innerem Sehen empfunden und beschrieben. Unsere Sprache verrät in verschiedenen Ausdrücken die Vorstellung, daß das Denken ein Geschehen sei, das vor einem inneren Auge abläuft, und daß sich der Gegenstand des Denkens diesem geistigen Auge mehr oder weniger klar präsentieren kann. Seufzt jemand zum Beispiel, er sähe den Witz einer bestimmten Sache immer noch nicht, so bezieht er sich gleich zweimal auf diese Vorstellung, auch wenn sie ihm beim Wort *Witz* vielleicht nicht mehr gegenwärtig ist. Tatsächlich gehört das Wort — wie übrigens auch *Wissen* — zu einer indogermanischen Wortfamilie, deren Wurzel *sehen* bedeutete (*Kluge* 1967, 864–865). (In der lateinischen Sprache hat *videre* diese Bedeutung behalten, und auch da ist die Anwendung auf Phänomene des Denkens und Verstehens nicht fern, wie das Wort *Evidenz* zeigt.)

Diese naive Beschreibung des Verstehens wurde von der Gestaltpsychologie ernst genommen. Psychologen wie *Max Wertheimer, Wolfgang Köhler* und *Karl Duncker* versuchten in den ersten Jahrzehnten dieses Jahrhunderts solche phänomenologischen, das heißt dem möglichst von Theorien unbeinflußten naiven Erleben verpflichteten Beschreibungen zu gewinnen. Wie fein eine solche Schilderung ausfallen kann, zeigt der vorstehende klassische Text von *Wertheimer* (Kap. 4.1). Seine Darstellung dessen, was es heißt, die Berechnung der Rechtecksfläche zu verstehen — ein Beispiel, das auf Denkpsychologen große Anziehung auszuüben scheint; vgl. auch *Holt* (Kap. 1.1) und *Aebli* (Kap. 5.1) — ist eine *Übung in kognitiver Selbsterfahrung* und kann auch dem Leser dabei helfen, sich für die Erfahrung eigenen Verstehens respektive Nicht-Verstehens zu sensibilisieren. Natürlich ist dies immer an bestimmte Denkinhalte gebunden und damit immer nur exemplarisch möglich.

Der erlebnismäßigen *Verwandtschaft des Denkens mit dem Sehen,* wie sie in unserer Sprache und in den phänomenalen Beschreibungen der Gestaltpsychologen zum Ausdruck kommt, scheint eine tatsächliche Verwandtschaft dieser Prozesse zu entsprechen (siehe z. B. *Neisser* 1967, 1976; *Lindsay – Norman* 1977). Je nach Vorkenntnissen und Interpretation bestimmter Aspekte des Wahrnehmungsgegenstandes und des Kontextes kann ein und derselbe Ausschnitt der Wirklichkeit unterschiedlich wahrgenommen werden. Umso mehr ist natürlich auch das „geistige Sehen" eine Sache der geistigen Konstruktionsmittel. Das zeigt sich drastisch in *Köhlers* (1971, 116–120) nachfolgend zitiertem Bericht über ein Zuschauen, bei welchem der „Witz" der Sache nicht „gesehen" wurde. Wo Sachkenntnis und Intelligenz fehlen, fällt das innere Abbild der betrachteten Wirklichkeit oft dürftig aus. Wesentliche Beziehungen bleiben ungesehen. Das „geistige Auge" sieht nicht genügend in die Sache hinein, es erfolgt keine *Einsicht.*

„Wenn die Affen, mit denen ich damals in Teneriffa Versuche machte, vor bestimmte Probleme gestellt wurden, die sie lösen sollten, kamen sie oft auf eine Art einfacher Erfindungen, mit denen sie sich halfen. Aber ich konnte auch merken, daß, wenn ein besonders intelligenter Affe so etwas herausgefunden hatte, andere Affen, die offensichtlich weniger intelligent waren, oft völlig außerstande waren, die Leistungen zu wiederholen, die das intelligentere Tier gerade eben vor ihren Augen vollführt hatte. Ich erzähle Ihnen als Beispiel, wie Sultan, der ein intelligentes Tier war, sich in einer solchen Situation verhielt. Ihm war die Lösung folgenden Problems ganz geläufig. Eine Banane wird oben ins Drahtgitterloch des Spielplatzes gehängt, viel zu hoch, um selbst im Sprung von einem Schimpansen erreicht werden zu können. Einige Meter von dieser Stelle entfernt befindet sich eine Kiste von beträchtlicher Größe. Hier zögerte Sultan niemals; er schleppte die Kiste so weit, bis sie gerade unter der Banane stand, kletterte herauf, sprang von hier aus in die Höhe und erreichte die Banane ohne die geringste Mühe. Man sollte denken, daß jeder andere Schimpanse, der dabei ist und sieht, was geschieht, in der Lage sein müßte, diese einfache Handlung nachzumachen, wenn eine neue Banane an die Decke gehängt und die Kiste wieder an ihren alten Platz gestellt wird. „Nachahmung" in diesem Sinne hat man oft als eine Leistung betrachtet, die gerade den Affenarten besonders liegt. Aber dies ist, wie ich bald sehen mußte, eine Sage. Es kann gewiß geschehen, daß ein Schimpanse wiederholt, was andere gerade in seiner Gegenwart getan haben – allerdings immer unter der Voraussetzung, daß er sich genügend für diese besondere Tätigkeit interessiert und daß er genügend intelligent ist, um zu verstehen, was er gesehen hat. Ein Schimpanse aber, der besonders wenig intelligent ist, kann völlig unfähig sein, so etwas zu wiederholen, einfach, weil ihm bestimmte Beziehungen entgangen sind, die bei der Vorführung des anderen wesentlich waren. Ich will Ihnen jetzt das Versuchstier Rana vorstellen; ihr Name bedeutet im Spanischen genau wie im Lateinischen „Frosch"; unsere spanischen Nachbarn hatten ihr diesen Namen gegeben, weil ihre plumpen Bewegungen denen eines Frosches glichen...

Zu unserem Glück war Rana zwar unintelligent, aber besonders eifrig, überall mitzumachen und konnte so unmittelbar einem Beobachter zeigen, wo es ihr an Verständnis in einer bestimmten Situation fehlte. Es stellte sich heraus, daß Rana einfach nicht nachahmen konnte, was Sultan gerade mit der Kiste gemacht hatte. Zweifellos hatte sie gemerkt, daß die Kiste sehr wichtig war, denn sie sprang nun wiederholt auf der Kiste nach oben, aber ohne sie vorher an die richtige Stelle gebracht zu haben. Einmal stand sie auf der Kiste in einer Stellung, als wenn sie zu einer ganz gewaltigen Anstrengung ansetzen würde, sprang dann schnell auf den Boden, lief zu dem Platz unter der Banane und sprang hier so hoch wie sie konnte, natürlich vergeblich. Für den Beobachter ergab sich höchst überzeugend der Eindruck, daß sie durch bloße Schnelligkeit versuchte, eine Verbindung zwischen Kiste und Banane herzustellen. In mehreren Versuchen war kein Fortschritt zu merken, so daß Sultan schließlich noch einmal zeigen mußte, wie er es machte. Danach kam die Reihe wieder an Rana. Und jetzt zeigte es sich deutlich, daß ihr der entscheidende Teil von Sultans Handlung völlig entging. Wieder näherte sie sich der Kiste, bewegte sie auch und zwar mit großer Energie in dieser und jener Richtung, nur nicht in der richtigen, bis sie es schließlich aufgab und auf der Kiste sitzend traurig nach der weit entfernten Banane guckte. Sie konnte offensichtlich die wichtigste Beziehung zu Sultans Vorführung nicht erkennen, eine Beziehung, die, in unserem Fall, sich erstreckt von früheren Teilen der Vorführung zu späteren. Wenn Sultan anfängt, die Kiste zu bewegen, so bewegt er sie schon in Richtung auf die Banane. Aber für die einfältige Rana gibt es keinen zwingenden Grund, den Anfang der Bewegung in Beziehung zu setzen zu der Stelle, wo die Kiste dann dazu dienen kann, den Abstand zwischen dem Boden und der Frucht zu verringern. Rana mag der Anfang der Bewegung vielleicht als eine einfache Form von Spiel erscheinen. Schimpansen schieben in der Tat oft einfach die Kisten herum, wenn sie spielen. Oder sie mag den Anfang der Bewegung als eine Bewegung fort von der ursprünglichen Stelle der Kiste ansehen, was eine weitere Beziehung wäre, aber wiederum nicht die geforderte. Die Bewegung könnte ferner als eine Bewegung parallel zu einer der Wände angesehen werden oder dergleichen. Warum sollte dann die arme Rana die Kiste gerade in der richtigen Richtung schieben? Wenn die Kiste einmal an dem richtigen Platz ist, erkennt sie natürlich ihre Bedeutung an dieser Stelle. Aber dies kommt in Sultans Vorführung später vor, und zu diesem späteren Zeitpunkt denkt sie kaum an das zurück, was vorher geschah, um nun rückblickend die richtige Beziehung herzustellen: die Beziehung zwischen der anfänglichen Bewegung und der schließlichen Stellung der Kiste unter der Banane. Das richtige In-Beziehung-Setzen von Tatsachen über zeitliche Zwischenräume ist eine außerordentlich schwierige Leistung für die Ranas dieser Welt. Das bloße Sehen allein garantiert nicht, daß aufeinander folgende Schritte in einer ablaufenden Handlung richtig miteinander in Beziehung gebracht werden."

Die Vorzüge solcher intuitiver, mit Metaphern aus dem Bereich des Gesichtssinnes arbeitender Analysen und darüber hinaus eine tatsächliche Verwandtschaft von Denken und Sehen anzuerkennen, heißt noch nicht, die theoretische Position der Gestaltpsychologie zu übernehmen. Aus der Sicht der neueren kognitiven Psychologie sind hier verschiedene Vorbehalte am Platze, von welchen drei im folgenden angedeutet werden:

1) Zum einen war die Gestaltpsychologie ahistorisch in dem Sinne, als der Einfluß früheren Lernens auf das Verstehen einer neuen Gegebenheit vernachlässigt wurde. Die Gestaltpsychologen versuchten, den phänomenologischen Tatbestand der „Gefordertheit" oder „schematischen Antizipation" von Beziehungen allein aus den *Gegebenheiten der aktuellen Wahrnehmungssituation* zu erklären. Demgegenüber stellt die heutige konstruktivistische Deutung des Wahrnehmens und des Denkens die Wechselwirkung mit dem Gedächtniswissen in den Mittelpunkt und behandelt ganz entsprechend auch die Gedächtnisprozesse als dem Sehen und Denken verwandt. Wie wichtig und weiterführend die Berücksichtigung des Gedächtnisses und die Ausdehnung der strukturellen Betrachtungsweise auf gespeichertes Wissen sind, wird in Kap. 4.3 genauer erläutert.

2) Ein zweites Problem betrifft das *Medium des Denkens*. Die Auffassung, wonach das Denken als direkte Fortsetzung des Sehens in der inneren Vorstellung ablaufe (*Metzger* 1975, 228–229), erweist sich heute als unzulänglich – trotz der Renaissance des Vorstellungsbegriffes (siehe z. B. *Steiner* 1980). Neben dem visuellen Kanal der Vorstellungen benützt die menschliche Informationsverarbeitung auch das Medium der Sprache, und zwar oft so, daß aus dem einen Medium ins andere übersetzt wird. Zum anderen rechnet man heute mit Blick auf die künstliche Intelligenz mit der Möglichkeit, daß unsere Erkenntnisprozesse zu großen Teilen in einem völlig unanschaulichen „propositionalen Format" ablaufen (*Aebli* 1981, 279–303; mehr darüber in Kap. 4.3).

3) Als vielleicht größte Hypothek der Gestalttheorie des Denkens hat sich die *Idee psychischer Kraftfelder* erwiesen, die jede Konfiguration in der Wahrnehmung und im Erleben in Richtung auf einen ausgezeichneten, prägnanten Zustand (eben eine Gestalt) hin zu verändern trachten. In den Worten *Metzgers* (1975, 231–232):

„Wir haben (...) eine Struktur als prägnant bezeichnet, wenn in ihr ein ‚Wesen' sich rein verkörpert; und jetzt nennen wir sie so, wenn sie eine ausgezeichnete und infolgedessen beständige Ordnung aufweist. Erst in der Verbindung dieser beiden Bedeutungen ist der ganze Sinn dieses grundlegenden Begriffs enthalten. Es gehört kein besonderer Scharfsinn dazu, um zu sehen, daß tatsächlich viele der als reine Verkörperungen eines Wesens ausgezeichneten Strukturen auch unter dem rein formalen Gesichtspunkt der Ordnung ausgezeichnet sind (...).
Ordnungen, die als nicht ausgezeichnet erlebt werden, treten mit dem Anspruch auf Verbesserung, auf Berichtigung, Glättung, Vervollständigung, Entzerrung usw., kurz nach Erfüllung ihres Gesetzes vor uns hin (*Wertheimer* 1922, 1945). Damit ist nochmals gesagt: ihr Mangel beruht nicht auf einem Fehlen ordnender Kräfte in unserer Wahrnehmung; im Gegenteil: Während sonst die Prägnanztendenz eine heimlich arbeitende unterirdische Macht ist, die man nur aus ihren Wirkungen erschließen kann, ist sie hier aufs eindringlichste spürbar im Erleben vorhanden. Sie tritt wie gesagt als in dem anschaulichen Gebilde lebende, im äußersten Fall höchst beunruhigende Forderung an den Betrachter heran."

Unter den Gestaltpsychologen hat vor allem *Köhler* die philosophischen Implikationen einer solchen Annahme natürlicher Ordnungstendenzen verfolgt (1971); pädagogischen Bezügen ging z. B. *Guss* (1975) nach. Abgesehen von weltanschaulichen Divergenzen fand diese Idee gerade im amerikanischen Exil der führenden Gestaltpsychologen wenig Gegenliebe bei den nüchternen, auf empirische Überprüfbarkeit bedachten US-Psychologen (*Bower – Hilgard* 1981). Sehr knapp ließe sich sagen, daß die Schwächen der Gestaltpsychologie dort liegen, wo sie ihre Konzepte über die Beschreibung hinaus als Erklärung von Phänomenen versteht.

Entsprechend diesem Interesse an der Prägnanztendenz galten die gestaltspsychologischen Analysen des Denkens der Struktur von Problemen und der Dynamik, nach welcher sich jeweils die Lösung als ausgezeichnete Endstruktur herausbildete. Dazu wählten sie absichtlich meist Probleme, bei welchen sich diese Dynamik in dramatischen *Umstrukturierungen* äußerte, welche sich im Erleben des Problemlösers als plötzliche *Einsicht* – verbunden mit dem berühmten Aha-Erlebnis – darstellten. Auch *Wertheimer* (vgl. Kap. 4.1) analysiert das Verstehen der Flächenberechnung im Rechteck als einen Prozeß des Problemlösens. Allerdings zeigt gerade sein Text, daß das Erleben von Einsicht keineswegs von einer zuvor aufgestauten Problemspannung abhängt. Der Bezug auf die Problemstellung, welche die Lösung als solche einsichtig werden läßt, kann auch im nachhinein mit großem Gewinn hergestellt werden. Die dynamischen und dramaturgischen Aspekte können vernachlässigt werden, ohne der Schärfe und der erlebnismäßigen Nachvollziehbarkeit der Analyse Abbruch zu tun. Vollends wird dies im Schimpansenprotokoll *Köhlers* (s. S. 69/70) deutlich – und deshalb vor allem wurde die Äffin Rana hier ein weiteres mal (stellvertretend) bloßgestellt: Sogar die gestaltpsychologische Beschreibung von Unverständnis angesichts einer längst und wiederholt vorgeführten Problemlösung kann im Leser das Erlebnis der Einsicht hervorbringen und die entsprechenden Kriterien schärfen helfen.

4.3 Sachzusammenhänge und Begriffe

Verstehen im hier besprochenen Sinne hat mit dem *Erfassen* von *Sachzusammenhängen* zu tun. Das scheint trivial, und trotzdem kreiste die Psychologie jahrzehntelang um diesen Gegenstand wie um einen heißen Brei. Zu Anfang des Jahrhunderts waren es in der deutschen Psychologie neben *Selz* die Gestaltpsychologen, die sich des Problems annahmen. *Wertheimer* prägte den Begriff der *ϱ-Relation* für „hervorstechende Beziehungen, die bedeutsam sind im Hinblick auf die innere strukturelle Natur der gegebenen Situation" (vgl. Kap. 4.1). Bei aller Verschwommenheit machte dieser Begriff Front gegen den sowohl in Europa wie in den USA dominierenden Assoziationismus, also gegen die Ansicht, daß die Verknüpfung von „Elementen" von Sinneseindrücken oder letztlich darauf zurückgehenden „Ideen" lediglich auf deren zeitlich oder räumlich benachbartem Auftreten im Bewußtsein beruhe. Immer wieder prangerten die Gestaltpsychologen die Beliebigkeit und Sachblindheit rein assoziativer Verknüpfungen an (die frühen Phasen dieses Kampfes finden sich bei *Mandler* – *Mandler* 1964 aufgezeichnet) und begannen damit eine viele Jahrzehnte – und bis heute – dauernde Kontroverse. Bis in die 60er Jahre hinein blieben sie mit ihrem Anliegen relativ isoliert. Einige Gründe dafür mögen interessieren.

Fast alle führenden Gestaltpsychologen emigrierten in der Zwischenkriegszeit in die USA, wo sie auf einen in voller Blüte stehenden Behaviorismus trafen. Die amerikanische Psychologie hatte sich vorgenommen, mit einfachsten assoziativen Konzepten zunächst das tierische und im Anschluß daran das menschliche Lernen zu erklären. Komplexere geistige Prozesse wurden in diesem Programm zunächst zurückgestellt. Umgekehrt ließen sich die Gestaltpsychologen kaum auf Probleme des Lernens – zumal des tierischen – ein (Ausnahmen machten *Koffka* 1950 und *Katona* 1949; siehe auch die gestaltpsychologischen Einflüsse im Werk von *Tolman* 1932). Damit befand sich die Gestaltpsychologie des Denkens nicht nur hinsichtlich ihrer theoretischen Basis, sondern auch hinsichtlich ihrer Gegenstände und Forschungsparadigmata für lange Zeit außerhalb des Hauptstromes der zeitgenössischen Psychologie.

Der schwerwiegendste Nachteil des Konzeptes der ϱ-*Relation* lag aber sicherlich in dessen Vagheit. Die gestaltpsychologischen Analysen des Verstehens von Sachzusammenhängen blieben auf einer intuitiven Ebene. Noch *Ausubel,* der das Problem in den 60er Jahren von der Unterrichtspsychologie her wieder aufgriff, kam wenig über eine negative Definition, nämlich über den beschwörenden Aufruf hinaus, daß neues Lernmaterial wo immer möglich in „sachbezogener, nicht bloß sprachlich-zufälliger Weise" (in a substantive, nonverbatim, non arbitrary fashion, 1963, 22–25) mit dem bereits gelernten Wissen in Beziehung gebracht werden müsse. Erst in den 70er Jahren entwickelte die Psychologie das Instrumentarium für theoretisch befriedigende Strukturanalysen des Verstehens. Die Entstehung einer integrierten kognitiven Wissenschaft führte die bis dahin getrennten Teildisziplinen der Denk-, Gedächtnis- und Sprachpsychologie im Bemühen um die *Analyse komplexen Wissens und Verstehens* zusammen. Im Austausch mit dem jungen Forschungsgebiet der künstlichen Intelligenz wurden Methoden der psychologischen Wissensanalyse und -repräsentation entwickelt. Es zeigte sich, daß mit der damit eingeleiteten Renaissance des Wissens-Begriffes auch das Problem der ϱ-*Relationen* ins Zentrum der neueren psychologischen Forschung und Theoriebildung rückte.

Dies ist nicht der Ort, der Rehabilitierung der ϱ-*Relationen* in der neueren Psychologie (in der amerikanischen Psychologie heißen sie heute „labeled relations") in den Einzelheiten nachzugehen. Der interessierte Leser findet eine solche Darstellung z. B. bei *Aebli* (1980, 1981). Lediglich ein Beispiel soll andeuten, wie die heutigen, auf dem Computer simulierbaren Analysen im Format einer künstlichen Prädikaten-Interlingua tatsächlich hinter die Beliebigkeit der sprachlichen Oberfläche einer Wissens- oder Verständnisbeschreibung zurückgehen (siehe Abbildung 1, S. 74).

Obwohl die graphische Darstellung als semantisches Netzwerk den Anschein erwecken mag, handelt es sich hier um kein anschauliches Medium mehr. Die fraglichen Zusammenhänge könnten statt in Netzform ebenso gut in Listen aufein-

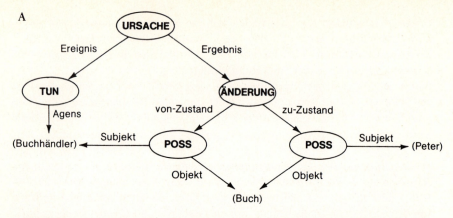

Abbildung 1: Aus: *Norman – Rumelhart* 1978, 209: In einem künstlichen System des Sprachverstehens wird die Mitteilung (resp. das daraus bezogene Wissen), daß „der Buchhändler dem Peter ein Buch gab" als eine Struktur von Sachzusammenhängen kodiert, worin die Änderung der Besitzverhältnisse (Poss) mit einer entsprechenden Handlung des Buchhändlers in kausalen Zusammenhang gebracht wird.

ander verweisender Propositionen repräsentiert werden (siehe z. B. *Kintsch* 1974). Das Verstehens-Modell der modernen kognitiven Psychologie läßt keinerlei Raum für irgendein von dieser Wissensrepräsentation unabhängiges „inneres Schauen". Die *Einsicht des Systems* ist gleichsam über die Wissensstruktur verteilt; sie steckt als „kristallisierte Intelligenz" (*Cattell* 1973, *Joerger* 1975) in der Organisiertheit der gespeicherten und zusammenhängend abrufbaren oder aktualisierbaren Propositionen – sei dies nun in der Computer-Implementation oder in einem menschlichen „Bewußtsein" oder „Arbeitsgedächtnis".

Abgesehen von der Formalisierung der Strukturanalyse liegt der entscheidende Fortschritt der modernen kognitiven Psychologie gegenüber den gestaltpsychologischen Ansätzen darin, daß die *Gedächtnisspeicherung verstandener Sachverhalte* und die *Rolle dieser Wissensstrukturen* bei späteren Verständnisvorgängen ins Zentrum der Forschung und Theoriebildung gerückt sind. Ist beispielsweise die Zusammenhangsstruktur „tauschen" (eine Verdoppelung der in Abbildung 1 gezeigten Struktur, indem das Geben eines Gegenstandes mit dem Geben eines entsprechenden Gegenwertes in Beziehung gesetzt wird) einmal verstanden und damit zu einer im Gedächtnis gespeicherten Wissensstruktur geworden, so können zukünftige Tauschsituationen aufgrund dieses Wissens als solche erkannt und richtig gedeutet werden. Die Struktur der Zusammenhänge ist ja in allen Tauschsituationen identisch. Was allenfalls teilweise oder ganz wechselt, sind die Terme der Propositionen oder anders gesagt die Argumente der Prädikate. Die erfolgreiche Interpretation einer neuen Situation aufgrund solchen Wissens um Zusammenhänge ist also ein Prozeß der sogenannten *Mustererkennung* (pattern matching) – je nach Gesichtspunkt auch *Assimilation* (der neuen Situation an die bekannte Struktur) oder *Transfer* (der bekannten Struktur auf die neue Situation) genannt.

Wird eine neue Situation B auf diese Weise aufgrund des gespeicherten Verständnisses einer Situation A begriffen, so stellt der übertragene *strukturelle Kern* — z. B. das Schema der Tauschsituationen schlechthin, welches statt konkreter Teilnehmer und Tauschobjekte nur entsprechende Leerstellen definiert — im besten Sinne des Wortes einen *Begriff* dar. Die Sachzusammenhänge brauchen dabei nicht wie im obigen Beispiel durch elementare Prädikate einer Kunstsprache repräsentiert zu sein. Ein einfaches Beispiel beschreibt *Aebli* (1981[12], 195–198):

„Vom Aufbau eines Begriffs wollen wir zuerst in einem statischen Sinn sprechen. Wir meinen dann das (...) Gefüge von untereinander verknüpften Elementen. Nehmen wir das Beispiel der Schutzfarbe! Elemente, welche in ihrer Verknüpfung diesen Begriffsinhalt konstituieren, sind offenbar: ein Tier, seine Farbe, sein Feind, die Umwelt des Tieres und deren Farbe. Die Beziehungen zwischen den Elementen werden in der Sprache durch Verben ausgedrückt: der Feind versucht, das Tier *anzugreifen*. Dies setzt aber voraus, daß er es *entdeckt*, und dies wiederum erfordert, daß er es von seiner Umwelt oder seinem Hintergrund *unterscheidet*. Nun aber *hat* unser Tier eine Farbe, die derjenigen der Umwelt *gleicht*. Der Feind vermag das Tier *nicht zu unterscheiden*, also auch *nicht zu entdecken* und *anzugreifen*: die Farbe *schützt* das Tier, sie ist eine *Schutzfarbe*. Diese Beziehungen kann man leicht als ein *Netz* von Beziehungen aufzeichnen (Abb. 2) (...)

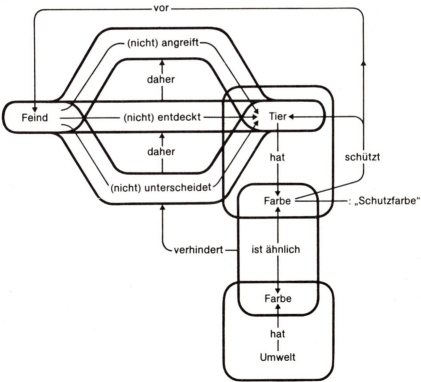

Abbildung 2: Das Bedeutungsnetz, das den Begriff „Schutzfarbe" konstituiert.

Sodann erkennt man Elemente und Beziehungen verschiedenen Niveaus im Netz: es ist offensichtlich, daß das ‚Tier-mit-seiner-Farbe' als ein einziges Element aufgefaßt werden kann, ebenso die ‚Umwelt – mit-ihrer-Farbe'. Man könnte auch das Paar ‚Tier-Feind' als ein Element höherer Ordnung ansehen, ebenso das ‚Tier-in-seiner-Umwelt'. Wir haben diese Einheiten höherer Ordnung in Abb. 2 durch Rahmen angedeutet. Im Bereiche der Beziehungen ist es deutlich, daß die zwei ‚Daher-Beziehungen' (technisch: Kausalbeziehungen oder Voraussetzungen) von höherer Ordnung sind, denn sie verbinden ja die durch die Verben ‚unterscheiden', ‚entdecken' und ‚angreifen' bezeichneten Beziehungen niedrigerer Ordnung. Die Ausdrücke ‚daher' bezeichnen also Beziehungen zwischen Beziehungen. Schließlich ist in der Beziehung ‚Farbe schützt Tier' der ganze Komplex ‚nicht unterscheiden, daher nicht entdecken, daher nicht angreifen' zusammengefaßt und neu zentriert."

Wer die fraglichen Zusammenhänge in dieser Weise gedanklich organisiert und zusammengefügt hat, besitzt im Sinne *Wertheimers* (vgl. Kap. 4.1) *Einsicht in die Materie*. Gleichzeitig ermöglicht eine entsprechend gespeicherte und womöglich mit dem Namen „Schutzfarbe" versehene Wissensstruktur, eine Vielzahl analoger Fälle zu verstehen, in welchen die als „Opfertier" (oder noch allgemeiner als „Angriffsobjekt") und „Feind" definierten Leerstellen je anders konkretisiert sind.

Ein *Begriff* stellt also gewissermaßen eine *Zwischenstation des Verstehens* dar. Er ist einerseits Produkt von Einsicht und ermöglicht andererseits durch seinen Transport über Zeit und Situationen hinweg die Strukturierung, d. h. das Verstehen neuer, analoger Situationen. Während die moderne kognitive Psychologie sich erfolgreich mit dem Verstehen im zweiten Sinne befaßt (siehe z. B. *Lindsay – Norman* 1981), bleibt das Verstehen im Sinne der Begriffsbildung seit Jahrzehnten relativ vernachlässigt. Was *Bruner* u. a. in ihren 1956 erschienenen klassischen Studien zum „concept attainment" untersuchten, waren Abstraktionsaufgaben, in welchen es keineswegs um das Finden von ϱ-Relationen ging. Und in der modernen kognitiven Psychologie führt die Dominanz der Computer-Analogie dazu, daß hauptsächlich Verstehensprozesse untersucht werden, die aufgrund bereits eingespiesener begrifflicher „soft-ware" ablaufen. Die Allianz mit der Forschung zum automatisierten Sprachverstehen brachte also im Vergleich zu den gestaltpsychologischen Ansätzen nicht nur Vorteile (vergleiche auch die Kritik von *Hörmann* 1983, 18). Das Problem der Entstehung begrifflicher Strukturen wird vornehmlich der Entwicklungspsychologie zugewiesen. So berichtet etwa *Gentner* 1975, daß Kinder mit dreieinhalb Jahren zwar über den Begriff „geben" verfügen, nicht aber über den komplexeren Begriff „tauschen" (s. o.), welcher kaum vor dem sechsten Altersjahr zum einigermaßen sicheren geistigen Besitz wird. Dabei gerät aber die mit dem Begriffserwerb verbundene individuelle Denkanstrengung aus dem Blick. Nicht zufällig findet man dieses Moment am ehesten bei denjenigen Psychologen beachtet, die sich um die im Unterricht ablaufenden kognitiven Prozesse kümmern (siehe z. B. *Aebli* 1983, *Joerger* 1975, *Ausubel* 1963). *Aebli* (1983, 258–259, 266), diskutiert den einsichtigen Begriffserwerb am Beispiel des Begriffs „Tarnfarbe" in unterrichtsnaher Weise:

„Wie entsteht nun ein neuer Begriff im Wissen des Schülers? . . . Begriffe entstehen durch Aufbau. Dieser kann verschiedene Formen annehmen. Da Begriffsbildung eine anspruchsvolle Aufgabe ist, wird sie in der Regel unter der Anleitung des Lehrers geschehen. Die Formen der Anleitung können variieren: darauf kommen wir im didaktischen Teil des Kapitels zurück. Die Extremfälle sind jedoch klar: Das konservativste Vorgehen besteht darin, daß der Lehrer den neuen Begriff erklärt und der Schüler die Erklärung nachvollzieht. In der Mitte der Skala siedeln wir eine problemlösende Begriffsbildung an, in die der Lehrer helfend und lenkend eingreift, wo es notwendig ist. In seltenen Fällen gelingt dem Schüler die selbständige Bildung eines Begriffs, dessen Rahmen durch ein von Klasse und Lehrer gemeinsam erarbeitetes Problem abgesteckt ist.

Begriffsaufbau also. Wir vergegenwärtigen uns den Vorrang anhand des Beispiels der Schutzfarbe und nehmen an, daß ein mittlerer Grad der Selbständigkeit und Lenkung realisiert ist. Das Gespräch zwischen Lehrer und Klasse verläuft etwa so.

Lehrer: Wir möchten also wissen, *warum* das Weibchen der Stockente ein so unscheinbares, braun-gesprenkeltes Gefieder hat, während das Männchen so schön bunt gefärbt ist. Habt Ihr eine Idee?

Wir nehmen an, daß allerlei Antworten kommen, die aber noch an der Sache vorbeigehen.

Lehrer: Dann überlegen wir uns als erstes, wo dieses Tier nistet und wie es seine Eier ausbrütet. Hat das jemand von Euch beobachtet?

Schülerantworten: Stockenten bauen ihre Nester zum Teil ziemlich weit vom Wasser entfernt auf dem Land, zu ebener Erde. Die Eier werden vom Weibchen ausgebrütet. Es sitzt mehrere Tage auf den Eiern und verläßt diese jeweils nur für kurze Zeit.

Lehrer: Nun können wir uns auch vorstellen, welche Gefahren dem brütenden Weibchen drohen.

Schüler: Es kann von Feinden angegriffen werden. Der Fuchs ist ein solcher Feind.

Lehrer: Nun denken wir aber noch einmal an die Farbe des Entenweibchens, und wir stellen uns vor, wie die Umgebung des Nestes geartet ist. Denkt vor allem an die Farben!

Schüler: Das Entenweibchen ist braun, auch trockenes Schilf und Gras sind braun. Der Fuchs wird das Entenweibchen schlecht sehen. Wenn er es nicht entdeckt, wird er es auch nicht angreifen. Er läßt es in Ruhe. Das braune Gefieder ist wie ein Tarnanzug.

Lehrer: Ja, die braune Farbe schützt das Tier. Darum nennt man diese Farbe eine ‚Schutzfarbe'. (. . .).

Der Aufbau kann nun also erklärend oder problemlösend erfolgen. Im ersten Falle vollzieht der Lehrer den gesamten Aufbau, der Schüler ‚folgt der Erklärung', d. h. er konstruiert sie nach. Auf eine Weise gleicht das Verfahren dem Erzählen. Da die Leistung wegen der Neuheit der begrifflichen Verknüpfungen für den Schüler jedoch anspruchsvoller als im Falle des Erzählens ist, steigt auch das Risiko, daß einzelne Schüler oder ganze Klassen der Konstruktion nicht zu folgen vermögen. Die Frage ist dann, ob der Lehrer das sofort merkt. Unmöglich ist es nicht, einesteils, weil er selbst ein Gefühl für die Schwierigkeit der einzelnen Aufbauschritte hat, andernteils, weil ein Mensch, der einer Erklärung nicht zu folgen vermag, charakteristische Zeichen des Nicht-Verstehens und des Unbeteiligtseins zeigt. Aber dies bei zwanzig Schüler zu sehen, ist doch sehr schwierig.

Daher der Vorteil des ‚Entwickelns': Der Lehrer löst den Aufbau in eine Reihe von Teilschritten auf. Jeder Schritt wird als Teilproblem gestellt und muß durch den Schüler ausgeführt werden. Dieses Verfahren erhöht die Aufmerksamkeit und macht mögliche Schwierigkeiten deutlicher sichtbar."

Entsprechend der didaktischen Ausrichtung des zitierten Werkes empfiehlt *Aebli*, die laufende Verständnisprüfung durch äußere Unterrichtsmaßnahmen sicherzustellen, während unsere pädagogische Absicht in diesem Band auf die Förderung entsprechender eigener Fähigkeiten und Einstellungen ausgeht. Wir wollen das an einem Beispiel des praktisch-technischen Problemlösens (vgl. Kap. 4.4) weiter verdeutlichen und dabei die funktionelle Bedeutung von Einsichten illustrieren.

4.4 Grundlagentext: Karl Duncker, Zur Psychologie des Produktiven Denkens

Über Lösungsprozesse bei praktisch-technischen Problemen
Einleitung und Fragestellung. Ein „Problem" entsteht z. B. dann, wenn ein Lebewesen ein Ziel hat und nicht „weiß", wie es dieses Ziel erreichen soll. Wo immer der gegebene Zustand sich nicht durch bloßes Handeln (Ausführen selbstverständlicher Operationen) in den erstrebten Zustand überführen läßt, wird das Denken auf den Plan gerufen. Ihm liegt es ob, ein vermittelndes Handeln allererst zu konzipieren. Die „Lösung" eines solchen praktischen Problems hat somit zwei Forderungen zu genügen: ihre Verwirklichung (Umsetzung in die Praxis) muß erstens die Verwirklichung des erstrebten Zustandes zur Folge haben und zweitens vom gegebenen Zustand aus durch „bloßes Handeln" erreichbar sein. – Dasjenige praktische Problem, an dem ich die Lösungsfindung experimentell am eingehendsten studierte, lautet: gesucht ein Verfahren, um einen Menschen von einer inoperablen Magengeschwulst zu befreien mit Hilfe von Strahlen, die bei genügender Intensität organisches Gewebe zerstören – unter Vermeidung einer Mitzerstörung der umliegenden gesunden Körperpartien. (...)
Ein Protokoll der „Bestrahlungs"aufgabe. Beginnen wir mit der „Bestrahlungs"-aufgabe. (...)
Aus den mir vorliegenden Protokollen wähle ich das eines Lösungsprozesses, der an typischen Einfällen besonders reich, dafür aber auch besonders lang und umständlich war. (Der durchschnittliche Prozeß verlief weniger unstet und konnte erheblich mehr sich selbst überlassen bleiben.)

Protokoll:
1. Strahlen durch die Speiseröhre schicken.
2. Die gesunden Gewebe durch chemische Einspritzung unempfindlich machen.
3. Freilegen der Geschwulst durch Operation.
4. Man müßte die Strahlintensität unterwegs herabsetzen, z. B. – ginge das? – die Strahlen erst dann voll einschalten, wenn die Geschwulst erreicht ist (VI: falsches Modell, ist doch keine Spritze).
5. Etwas Unorganisches (Strahlenundurchlässiges) zu sich nehmen zum Schutz der gesunden Magenwände (VI: es sind nicht bloß die Magenwände zu schützen).
6. Entweder müssen doch die Strahlen in den Körper hinein oder aber die Geschwulst muß heraus. – Man könnte vielleicht den Ort der Geschwulst ändern, aber wie? Durch Druck? Nein.

Zeilen 1/2: Aus: Karl Duncker „Zur Psychologie des Produktiven Denkens", Berlin: Springer, 1966, S. 1–8.

7. Eine Kanüle einsetzen. – (VI: Was tut man denn ganz allgemein, wenn man mit irgend einem Agens an einer bestimmten Stelle einen Effekt erzielen will, den man auf dem Weg bis zu jener Stelle vermeiden möchte?)
8. (Antwort): Man neutralisiert unterwegs. Das habe ich aber schon die ganze Zeit versucht.
9. Die Geschwulst nach außen bewegen (vgl. 6). (Der VI wiederholt die Aufgabe und betont „bei genügend großer Intensität".)
10. Die Intensität müßte verändert werden können (vgl. 4).
11. Abhärtung des gesunden Körpers durch vorausgehende schwache Bestrahlung. (VI: Wie ließe sich erreichen, daß die Strahlen nur das Gebiet der Geschwulst zerstören?)
12. (Antwort): Sehe eben nur zwei Möglichkeiten: entweder den Körper schützen oder die Strahlen unschädlich machen. (VI: Wie könnte man die Intensität unterwegs herabsetzen? [Vgl. 4]).
13. (Antwort): Irgendwie ablenken – diffuse Strahlung – zerstreuen – halt: ein breites und schwaches Strahlenbündel so durch eine Linse schicken, daß die Geschwulst in den Brennpunkt und also unter intensive Bestrahlung fällt. (Gesamtdauer etwa $\frac{1}{2}$ Stunde.)

Nichtpraktikable „Lösungen". Aus dem mitgeteilten Protokoll ist zunächst einmal folgendes zu ersehen: der ganze Prozeß, wie er von der ursprünglichen Problemstellung zur endgültigen Lösung führt, stellt sich dar als eine Reihe mehr oder weniger konkreter Lösungsvorschläge. Praktikabel (wenigstens dem Prinzip nach) ist allerdings nur der letzte. Alle vorausgehenden werden dem Problem in irgendeiner Hinsicht nicht gerecht, weswegen der Lösungsprozeß bei ihnen nicht halt machen kann. Sie mögen nun aber noch so primitiv sein, das eine ist sicher, von sinnlosen, blinden „Probierreaktionen" kann dabei keine Rede sein. Nehmen wir z. B. den ersten Vorschlag: „die Strahlen durch die Speiseröhre schicken". Der Sinn dieses Vorschlags ist klar. Die Strahlen sollen über einen gewebefreien Weg in den Magen geleitet werden. Nur liegt dem Vorschlag offensichtlich ein unzutreffendes Modell der Situation zugrunde (als ob die Strahlen eine Art Flüssigkeit wären, als ob die Speiseröhre einen gradlinigen Zugang zum Magen darstellte usw.). Jedoch – innerhalb dieses gewissermaßen versimpelten Situationsmodells wäre der Vorschlag eine wirkliche Erfüllung der Aufgabeforderung. Er ist also in der Tat die Lösung eines Problems, nur freilich nicht des faktisch gestellten. – Ähnlich verhält es sich mit den übrigen Vorschlägen. Der zweite setzt voraus, es gäbe ein – z. B. chemisches – Mittel, organische Gewebe für die Strahlen unempfindlich zu machen. Gäbe es so etwas, dann wäre alles in Ordnung und der Lösungsprozeß schon hier zu Ende. Auch der vierte Vorschlag (die Strahlen erst voll einschalten, wenn die Geschwulst erreicht ist), zeigt sehr deutlich seine Abkunft von einem falschen Modell, etwa dem einer Spritze, die erst nach Einführung in das Injektionsobjekt in Tätigkeit gesetzt wird. Der sechste Vorschlag schließlich behandelt den Körper gar zu sehr nach Analogie eines Gummiballs, der sich ohne Schaden deformieren läßt. – Kurz, man sieht, solche Vorschläge sind alles andere als völlig sinnlose Einfälle. Nur in der faktisch vorliegenden Situation scheitern sie an gewissen vorher noch nicht bekannten bzw. beachteten Situationsmomenten. – Manchmal ist es nicht so sehr die Situation wie die Forderung, auf deren Entstellung, Versimpelung die praktische Untauglichkeit eines Vorschlags beruht. Beim dritten Vorschlag z. B. („Freilegung der Geschwulst durch Operation") scheint dem Denkenden abhanden gekommen zu sein, wozu die Strahlentherapie eigentlich eingeführt wurde. Eine Operation sollte ja gerade vermieden werden. Ähnlich wird im fünften Vorschlag vergessen, daß ja nicht nur die gesunden Magenwände, sondern der ganze von den Strahlen durchquerte gesunde Körper zu schützen ist. (...)

Gruppierung der Lösungsvorschläge. Vergleicht man die verschiedenen im Protokoll vorhandenen Lösungsvorschläge miteinander, so heben sich zwanglos gewisse Gruppen engerer Verwandtschaft voneinander ab. Offenbar haben die Vorschläge 1, 3, 5, 6, 7 und 9 dieses miteinander gemein, daß in ihnen allen der Versuch gemacht wird, einen *Kontakt zwischen Strahlen und gesundem Gewebe zu vermeiden.* Das wird nun auf recht verschiedene Weise erreicht, in 1 durch Umleitung der Strahlen über einen von Natur gewebefreien Weg, in 3 durch operative Entfernung der gesunden Gewebe aus der ursprünglichen Strahlenbahn, in 5 durch Zwischenschaltung einer Schutzwand (was unausgesprochen wohl bereits in 1 und 3 mitgemeint war), in 6 durch Nach-außen-Verlagerung der Geschwulst, in 7 schließlich durch eine Kombination von 3 und 5. — Ganz anders wird das Problem in den Vorschlägen 2 und 11 angepackt. Hier soll die Mitzerstörung gesunder Gewebe durch *Unempfindlichmachung* (Immunisierung) dieser Gewebe verhindert werden. — Eine dritte Methode kommt in den Vorschlägen 4, 8?, 10 und 13 zur Anwendung: *Erzielung geringerer Stahlenintensität* unterwegs. — Wie man sieht, springt der Prozeß zwischen diesen drei Angriffsweisen beträchtlich hin und her. (...)

Funktionalwert und Verstehen. In der soeben vollzogenen Klassifikation sind die Lösungsvorschläge geordnet nach der Art und Weise, wie sie das Problem zu lösen suchen, nach ihrem „Wodurch", ihrem *„Funktionalwert".* Man betrachte z. B. den Vorschlag „Strahlen durch die Speiseröhre schicken". Die Vp sagt zwar nichts von Kontaktvermeidung oder freiem Weg. Und doch verdankt die Speiseröhre in diesem Zusammenhang ihren Lösungscharakter keiner anderen Eigenschaft als der, ein gewebefreier Zugang zum Magen zu sein. Sie fungiert als „Verkörperung" lediglich dieser einen Eigenschaft (nicht etwa der Eigenschaft, ein Muskelschlauch zu sein oder hinter der Luftröhre zu liegen o. dgl.). Kurz: „freier Weg in den Magen" ist — im vorliegenden Problemzusammenhang — das „Wodurch", der „Funktionalwert" der Speiseröhre. — Verkörperungen des Funktionalwertes „kein Kontakt zwischen Strahlen und gesundem Gewebe" sind die Vorschläge „über natürlichen Zugang leiten", „operative Freilegung bzw. Nach-außen-Verlagerung der Geschwulst", „Schutzwand", „Kanüle". Funktionalwert der Lösung „Konzentration diffuser Strahlen in der Geschwulst" ist die Bestimmung „geringe Intensität unterwegs, große in der Geschwulst". Funktionswert der Linse ist die Eigenschaft „strahlenkondensierendes Medium" usf.

Der Funktionalwert einer Lösung ist zum *„Verständnis"* ihres Lösungseins unerläßlich. Er ist genau das, was man den „Witz", das Prinzip, das, worauf es ankommt, nennt. Die untergeordneten, spezielleren Bestimmungen und Eigenschaften einer Lösung *„verkörpern"* dieses Prinzip, *„wenden es an"* auf die spezielleren Situationsgegebenheiten. So ist z. B. die Speiseröhre eine Anwendung des Prinzips „freier Weg in den Magen" auf die speziellen Umstände eines menschlichen Körpers. — Eine Lösung als Lösung *„verstehen"* ist dasselbe wie eine Lösung als Verkörperung ihres Funktionalwertes erfassen. Wenn jemand gefragt wird „inwiefern ist das und das eine Lösung?", so muß er notgedrungen auf den Funktionalwert rekurrieren. Es gab in meinen sämtlichen Versuchen — von zwei oder drei unverkennbaren Ausnahmen abgesehen — keinen Lösungsvorschlag, bei dem die Vp nicht auf die Frage des Vl „wieso soll denn das eine Lösung des Problems sein?" prompt mit der Angabe des Funktionalwertes reagierte. (In den spontanen Angaben wird der Funktionalwert von den Vpn häufig als „selbstverständlich" unterschlagen.)

Die Vergegenwärtigung des Funktionalwertes vermittelt übrigens auch dort „Verständnis" der Lösung, wo zwischen dem Funktionalwert selber und der von ihm erfüllten Aufgabeforderung nurmehr eine „unverständliche" (aber genügend allgemeine) Beziehung besteht. Das Anblasen eines schwach glimmenden Feuers

z. B. ist zweifellos dadurch „Lösung" der Aufgabe, die Flamme wieder anzufachen, daß auf diese Weise frischer Sauerstoff zugeführt wird. M. a. W. die Zuführung von Sauerstoff ist der unmittelbare Funtionalwert des Anblasens. Aber warum die Verbindung mit Sauerstoff Wärme und Flamme erzeugt, ist zuletzt nicht mehr „verständlich". Und sollte es auch gelingen, die ganze Chemie aus Prinzipien der Atomphysik lückenlos abzuleiten, diese Prinzipien sind in sich selber nicht restlos verständlich, d. h. sie müssen zuletzt nur noch „hingenommen" werden (vgl. Näheres in Kap. IV . . .). M. a. W. „Verständlichkeit" bedeutet häufig nicht mehr als Partizipieren an, Ableitbarkeit aus hinreichend elementaren und universellen Kausalbeziehungen. Zurückführbarkeit auf allgemeine Gesetze vermittelt also in der Tat einen gemäßigten Typus von „Verstehen" auch dann, wenn diese allgemeinen Gesetze in sich selber nicht mehr „verständlich" sind.

In gleichem Maße wie eine Lösung „verstanden" ist, ist sie *„transponierbar"*, was bedeutet, daß sie sich bei veränderten Situationsbedingungen in angemessener Weise (d. h. unter Erhaltung ihres Lösungswertes) mitverändert. Transponierbar ist eine Lösung nämlich nur dann, wenn ihr Funktionalwert, ihr generelles Prinzip erfaßt ist, d. h. die Invariante, aus der durch Einsetzung der variierten Situationsbedingungen jedesmal die angemessene Mitvariation der Lösung hervorgeht. Ein Beispiel: Würde jemand, der — vom Standpunkt eines fremden Beobachters aus gesehen — einen „Umweg" um irgend ein „Hindernis" macht, selber psychologisch dabei nichts anderes vollziehen als etwa „jetzt drei Meter nach links, dann zwei Meter geradeaus, dann nach rechts. . . .", so würden diese Eigenschaften der Lösung zwar den konkreten Umständen der speziellen Situation hic et nunc genügen. Aber solange der Betreffende nicht den Funktionalwert, die allgemeine Struktur „Umweg um Hindernis" erfaßt hat, muß er bei jedem neuen (anders gelegenen und geformten) Hindernis notwendig versagen. Denn verschiedenen Hindernissen entsprechen verschiedene Endformen der Lösung. Die Struktur „Umweg um Hindernis" aber bleibt stets dieselbe. Wer sie erfaßt hat, vermag einen Umweg sinngemäß zu „transponieren".

Sinnlose Fehler als Symptom mangelnden Verständnisses. Eine Lösung, die ohne funktionales Verständnis in die Welt gesetzt war, verrät sich oft durch sinnlose Fehler. Ein gutes Beispiel hierfür liefern Versuche mit einer anderen Denkaufgabe.

Die Aufgabe lautete: „Sie wissen, was ein Pendel ist und daß so ein Pendel bei der Uhr eine wichtige Rolle spielt. Damit nun eine Uhr präzis geht, müssen die Pendelschwingungen streng gleichmäßig sein. Die Schwingungsdauer eines Pendels hängt aber ab u. a. von seiner Länge und diese bekanntlich wieder von der Temperatur. Eine Erwärmung bewirkt Ausdehnung, eine Abkühlung Zusammenziehung, allerdings bei verschiedenem Material in verschiedenem Ausmaß. Jede Temperaturschwankung würde also die Länge des Pendels verändern. Die Uhr soll aber absolut gleichmäßigen Gang haben. Wie ist das zu erreichen? — Übrigens, die Länge eines Pendels ist lediglich definiert durch den gradlinigen Abstand zwischen Aufhängepunkt und Schwerpunkt. Nur auf diese Länge kommt es an, das Pendel kann im übrigen aussehen, wie es will.

Die in der Praxis übliche Lösung dieser „Pendel"aufgabe ist in Abb. 3 (S. 82) wiedergegeben. Manchem Leser wird diese Lösung zunächst völlig „unverständlich" sein.

Er beobachte nun, was passiert, wenn ihm die Lösung plötzlich „aufgeht". Ihr Funktionalwert besteht nämlich darin, daß jede Ausdehnung in der einen Richtung durch eine gleich große Ausdehnung in der Gegenrichtung kompensiert wird.

Die Stäbe a und a' (vgl. Abb. 3) können sich nur nach unten ausdehnen. b und b' dagegen nur nach oben, da sie unten befestigt sind. Dabei sollen b und b' den

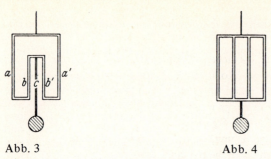

Abb. 3   Abb. 4

Bügel, an dem c befestigt ist, um genau soviel heben, wie a und c sich zusammen nach unten verlängern. Dazu müssen b und b' natürlich aus einem Material mit größerem Ausdehnungskoeffizienten bestehen als a und a' und c.
Erst wenn Abb. 3 als Verkörperung dieses Funktionalwertes aufgefaßt wird, ist sie als Lösung verstanden.
Unter den zahlreichen Vpn, denen ich die „Pendel"aufgabe stellte, waren zwei, die das ihnen von früher her dunkel bekannte Pendelmodell einfach aus dem Gedächtnis abkonterfeiten. Der eine hatte Glück und machte es richtig, der andere zeichnete „so vier oder fünf Stangen, und unten hing das Gewicht dran" (Abb. 4). Man sieht: eine bei aller äußeren Ähnlichkeit zu Abb. 3 völlig sinnlose Konstruktion, ohne jede Spur von funktionalem Verständnis (was die Vp auch durchaus empfand und äußerte). – Im Gegensatz hierzu sehe man sich die in Abb. 5a bis g enthaltenen Lösungen der „Pendel"aufgabe an, die bei aller äußeren Verschiedenheit den identischen Funktionalwert verkörpern und gleichzeitig lauter Neukonstruktionen darstellen.

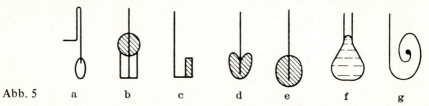

Abb. 5   a   b   c   d   e   f   g

In allen wird kompensiert im Sinne der Abb. 3. Es handelt sich also um sinngemäße „Transpositionen" von Abb. 3. Erwähnung verdient, daß eine Vp das Modell der Abb. 5a zeichnete und glaubte, das sei das ihr von früher her noch ungefähr bekannte Kompensationspendel. Hier kann die Rekonstruktion offensichtlich nur den Weg über den gemeinsamen Funktionalwert genommen haben. Der äußeren Gestalt nach haben die beiden Pendel ja nichts miteinander gemein.
„Gute" und „törichte" Fehler im Sinne *Köhlers* (vgl. Intelligenzprüfungen an Menschenaffen . . .) lassen sich geradezu so unterscheiden: Beim guten, gescheiten Fehler ist wenigstens der allgemeine Funktionalwert der Lösung richtig entworfen, nur die spezielle Verkörperung taugt nicht. (Z. B. der Affe stellt unter dem hoch aufgehängten Ziel eine Kiste übereck, weil sie so näher ans Ziel heranreicht – allerdings unter Preisgabe ihrer Stabilität.) Beim törichten Fehler dagegen wird typisch die äußere Gestalt einer früheren oder „nachgeahmten" Lösung ohne Funktionalverständnis blindlings übertragen. (Z. B. der Affe springt von einer Kiste in die Luft – aber das Ziel hängt an ganz anderem Ort.)

Zeile 21: In Kap. 5.3.2 wird diese Pendelaufgabe unter dem Aspekt des Ineinandergreifens von innerem Sehen und operatorischer Beweglichkeit analysiert.

4.5 Der Ort von Teilen in einem Ganzen

Wertheimer hatte als einen wesentlichen Zug der Einsicht das Bemerken der funktionellen Bedeutung oder der Rolle von Teilen in ihrem Ganzen hervorgehoben (vgl. Kap. 4.1). Kaum jemand hat diesen Zusammenhang eindrücklicher konkretisiert als *Karl Duncker* in seinen klassischen *Studien zum Funktionalwert* (vgl. Kap. 4.4). Es handelt sich um Studien zum Problemlösen: Das „Ganze" besteht jeweils in einer Problemstellung, der „Teil" in einer spezifischen technischen Vorrichtung oder Prozedur, welche das gegebene Problem löst.

Auch in *Dunckers* Beispielen wird Einsicht als ein plötzliches „Aha-Erlebnis" inszeniert, das auch als Ausdruck der Erleichterung ob der endlich gewichenen Problemspannung erscheinen könnte. Beim Strahlenproblem tritt am Ende einer *Kette von eingrenzenden Teillösungen* schließlich eine *praktische Lösungsidee* auf, welche den zuvor als *Suchschema* fungierenden Funktionswert (Geringe Strahlenintensität beim Durchqueren des gesunden Körpergewebes bei voller Intensität am Ort des kranken Gewebes) erfüllt. Beim Uhrenpendelproblem spitzt *Duncker* das Problem genüßlich andersherum zu: Auf die Problemstellung folgt für den Leser die Darstellung der praktischen Lösung, aber so, daß deren Funktionalwert oder Witz (!) zunächst nicht ersichtlich ist. Erst mit der Erklärung, inwiefern die gezeigte Vorrichtung am Pendel dessen temperaturbedingte Längenausdehnung zu verhindern vermag, stellt sich Verständnis ein.

Bezeichnenderweise (siehe den wortgeschichtlichen Zusammenhang, S. 68) sind auch viele Witze so aufgebaut, daß der angekündigte und erwartete Funktionalwert eines mitgeteilten seltsamen Sachverhaltes zunächst nicht ersichtlich ist, um dann im Rahmen einer Pseudo-Erklärung nachgeliefert zu werden.

Ein Beispiel: Neuerdings soll bei Hubschraubern, die im Gebirge zum Einsatz gelangen, der eine Flügel des Rotorblattes entfernt werden. Warum? Damit der Hubschrauber näher an die Felswände heranfliegen kann. Der Witz-Konsument hat dabei eigentlich ein Doppeltes zu verstehen, wie *Kuster* (1980) herausgearbeitet hat: Er muß nicht nur die erwähnte Pseudostimmigkeit innerhalb eines im Witz angebotenen Pseudoweltbildes nachvollziehen, sondern gleichzeitig auch das Pseudoweltbild und damit den Pseudo-Funktionswert als solche entlarven.

Wiederum sei betont, daß sich das Erlebnis der Einsicht von der Dynamik und der zeitlichen Abfolge eines Problemlösungsverlaufes trennen läßt. Auch beim Lesen oder Anhören einer fortlaufenden Erklärung kann sich Einsicht einstellen; so etwa im Falle der folgenden, bei *Messner* (1978, 32) entliehenen Erläuterung mit zugehöriger Visualisierung als Bedeutungsnetz:

„Wenn durch eine schadhafte Stelle in der elektrischen Leitung oder durch einen Fehlkontakt ein Stromkreis ‚kurz geschlossen' wird, so ‚brennt' die Sicherung durch. Zu diesem Effekt kommt es folgendermaßen: Die Sicherungspatrone enthält einen feinen Sicherungsdraht (Querschnitt ≈ 0,1 mm), der bei starken Stromstößen, wie sie bei einem Kurzschluß auftreten, glühend wird und schmilzt. Dadurch wird der Stromkreis unterbrochen und eine Beschädigung der elektrischen Verbraucher, die an den Stromkreis angeschlossen sind, bzw. ein Brand verhindert. Man bezeichnet diese Vorrichtung deshalb als Schmelzsicherung. Die Wärmeentwicklung im Sicherungsdraht ist eine Folge seines im Vergleich zur übrigen Leitung größeren elektrischen Widerstands."

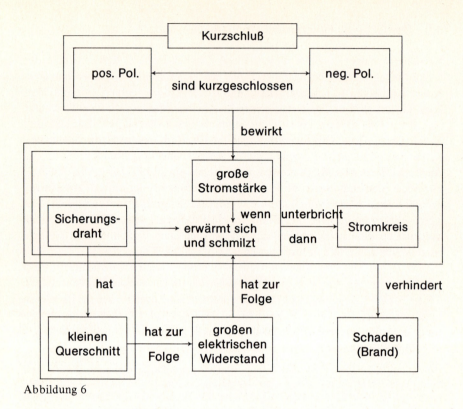

Abbildung 6

Das Netz der Zusammenhänge wird in dieser Erklärung schrittweise aufgebaut, und zwar so, daß zunächst ein „Unterganzes" (*Wertheimer*) oder ein Teilbegriff entsteht, dessen Relevanz erst anschließend thematisiert wird. Ganz analog ließe sich der Bedeutungszusammenhang „Tarnfarbe" (vgl. Kap. 4.3) völlig ohne Problemspannung aufbauen, indem zunächst z. B. einfach die Tatsache mitgeteilt wird, daß Stockenten-Weibchen ein unscheinbares, braun-gesprenkeltes Gefieder aufweisen – eine Information, die für sich genommen noch keine Such- oder Erwartungsspannung aufkommen läßt. In beiden Fällen stellt sich dennoch im weiteren Verlauf der Erklärung – mit dem Dazutreten des jeweiligen Relevanzrahmens – das charakteristische Gefühl des Verstehens ein.

Kapitel 5: Verstehen als operatorische Beweglichkeit

Der nachfolgende Grundlagentext von *Hans Aebli* bietet ein zweites mal eine detaillierte Analyse des Verstehens am Beispiel der Rechteckfläche. In augenfälligem Unterschied zum Grundlagentext von *Wertheimer* (vgl. Kap. 4) erfolgt die Beschreibung diesmal in operationalisierter Form. Als operationale oder *operationalisierte Beschreibung innerer Zustände* gelten in Psychologie und Didaktik solche, die konkrete Herstellungs- und Meßoperationen definieren, mit deren Hilfe der betreffende Zustand „von außen" und objektiv erzeugt respektive diagnostiziert werden kann; die didaktischen Handlungsanweisungen des Grundlagentextes können sowohl als *Erzeugungs-* wie auch als *Prüfoperationen* für das „Verständnis der Flächenberechnung im Rechteck" betrachtet werden. Aber auch die theoretische Konzeption ist hier eine andere.

5.1 Grundlagentext: Hans Aebli, Psychologische Didaktik

A. Teilung des Rechtecks in Streifen und Quadrate und Multiplikation der Anzahl der in jedem Streifen enthaltenen Quadrate mit der Anzahl der Streifen (Entdeckung der Multiplikation, operatorische Übung)

5   An der Wandtafel ist ein Rechteck von 4 dm · 7 dm vorbereitet, das eine Fensterscheibe darstellt, deren Fläche bestimmt werden soll. (...)

Schüler: Wir wollen die Fensterscheibe mit einem Maßquadrat messen. Wir müssen ein Maßquadrat auf das Rechteck legen.

Lehrer: Ein wie großes Maßquadrat wollen wir wählen?

10   Nach einer kurzen Besprechung einigen sich die Schüler darauf, daß ein Quadrat von 1 dm Seitenlänge die beste Einheit ist.

Lehrer: Einverstanden! Ich zeichne ein Quadrat von dieser Größe hier an der Seite; wir wollen es „dm-Quadrat" nennen.

(Wir haben es noch nicht Quadratdezimeter genannt. Der Unterschied liegt darin,
15   daß ein „Dezimeter-Quadrat" ein Quadrat von 1 dm Seitenlänge ist, während ein „Quadratdezimeter" eigentlich einen Dezimeter darstellt, der die Eigenschaft hat, ein Quadrat zu sein − ein Gebilde, das man sich nicht vorstellen kann.)

Schüler: Wir müssen ein solches Quadrat ausschneiden und es auf dem Glas abtragen.

20   Ich schneide es aus und rufe einen schwächeren Schüler auf, um die Abtragung ausführen zu lassen. Der Schüler beginnt mit siebenmaligem Abtrag längs der oberen Seite, dann folgt er der linken Seite nach unten und bedeckt anschließend die übriggebliebene Fläche. Während der 28 Abtragungen fangen schon einige Schüler an zu protestieren. Sie sagen, sie wüßten ein einfacheres Verfahren.

25   *Schüler:* Wir brauchen das Quadrat nicht auf der ganzen Fläche abzutragen. Folgen wir der Länge, so macht das einen Streifen aus, und es hat vier Streifen...

Man kann rechnen: $4 \cdot 7 \text{ dm}^2 = 28 \text{ dm}^2$.

Zeile 1: Aus: Hans Aebli „Psychologische Didaktik", Stuttgart: Klett, 1964[6], S. 137−139, 143/144, 146/147

Ich lasse die Richtigkeit dieses Gedankens von mehreren Schülern nachweisen. Das Ergebnis wird in der folgenden kurzen Formel festgelegt:

$$4 \text{ Streifen zu } 7 \text{ dm}^2$$
$$\underline{4 \cdot 7 \text{ dm}^2 = 28 \text{ dm}^2}$$
$$\text{Fläche} = 28 \text{ dm}^2$$

Lehrer: Ich will dieses Rechteck zerlegen. Nennt die Zahl der Dezimeterquadrate, die ich zeige!
Mit Hilfe des großen Maßstabs (Länge 1 m, Breite 12 cm) decke ich einen Streifen des Rechtecks nach dem andern ab. Die Schüler sagen: „Es sind drei Streifen, 21 dm², zwei Streifen, 14 dm², ein Streifen, 7 dm²."
Dann baut der Lehrer das Rechteck im umgekehrten Sinn wieder auf. Hierauf vergrößert er die Breite des Rechtecks um 2 dm.

Schüler: Sie haben zwei Streifen hinzugefügt ... 2 · 7 dm² ... es sind jetzt sechs Streifen ... 6 mal 7 dm² = 42 dm².
Das Rechteck wird um 2 dm vergrößert.

Schüler: Der Streifen hat zwei dm² mehr, neun im ganzen ... Die Fläche des Rechtecks ist um 6 · 2 dm² vergrößert ... Die Gesamtfläche setzt sich jetzt aus sechs Streifen zu je 9 dm², also aus 54 dm², zusammen.
Wie das erste Rechteck wird auch die neue Figur zerlegt und wieder aufgebaut.
Der Lehrer fordert jetzt die Schüler auf, das karierte Blatt vorzunehmen. Sie zeichnen darauf ein Gitter von Quadratzentimetern.
Jeder Schüler erhält einen Streifen aus kräftigem Papier in L-Form. Diese Winkel gestatten es, auf dem Gitter Rechtecke aller gewünschten Maße abzugrenzen und ihre Größen in beiden Richtungen beliebig zu verändern.

Lehrer: Zeigt ein Rechteck mit einer Länge von 6 cm und einer Breite von 4 cm (siehe Abb. 7) (Länge = 6 cm, Breite = 4 cm, vier Streifen von 6 cm²)

Schüler: Ich zeige vier Streifen von 6 cm², das macht 24 cm².

Der Lehrer leitet nun eine ganze Reihe von Übungen, indem er die Schüler auffordert, die Zahl der Streifen und der in den Streifen enthaltenen Quadratzentimeter zu vermehren und zu vermindern.
Außerdem verlangt er bereits die folgenden inversen Operationen:

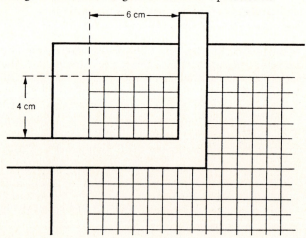

Abb. 7 Mit Hilfe eines Winkels aus festem Papier konnten die Schüler auf einem Netz von Quadratzentimetern Rechtecke in allen möglichen Größen zeigen.

„Zeigt, mit Hilfe von 4 Streifen, 8, 20, 12, 32 cm²!" usw. Und: „Zeigt mit Streifen von 8 cm², 32, 24, 48 cm²!" usw. Unter diese Divisionsaufgaben mischt er Multiplikationsaufgaben, was die Schüler daran hindert, automatisch vorzugehen. – Schließlich suchen wir alle möglichen Arten, eine Fläche von 12 cm² aufzubauen: 1 · 12 cm², 2 · 6 cm², 3 · 4 cm² 4 · 3 cm², 6 · 2 cm², 12 · 1 cm². (...)

B. Konkrete Vorbereitung der zahlenmäßigen Lösungen der inversen Operationen (Wirkliche Ausführung der inversen Operation)
Während dieser Stunde ist die Klasse in sechs Gruppen geteilt, von denen jede über 36 Quadrate von 1 dm Seitenlänge verfügt, die aus 1,4 mm starkem Karton geschnitten worden sind. Vor der Stunde hat sich jeder Schüler eine noch leere Tabelle angelegt, die sechs Spalten mit den folgenden Überschriften enthält:

Die gewählte Seite	Wie viele dm² sind im ganzen gelegt worden?	Wie viele dm² enthält ein Streifen?	Wie viele Streifen?	Länge der anderen Seite?	Berechnung

Außerdem erhält jede Gruppe ein Blatt, auf dem Arbeitsanweisungen stehen: „Ihr habt eine Anzahl Quadrate bekommen. Ihr müßt sie alle verwenden, um auf dem Fußboden ein Rechteck zu legen. Die eine der beiden Seiten soll 4 dm messen. Seid ihr damit fertig, so tragt ihr die erhaltenen Zahlen in die Tabelle ein. Laßt die letzte Spalte ‚Berechnung' noch frei! Wählt euch dann selbst für eine der Rechtecksseiten eine neue Länge. Zeichnet mit Kreide diese Seite auf den Boden! *Bevor ihr das Rechteck legt,* versucht ihr, zweierlei zu bestimmen:
1. Wie viele Streifen werdet ihr parallel zur ausgewählten Seite legen können?
2. Ihr kennt also die Gesamtzahl der Quadratdezimeter und die Länge einer Seite. Findet die Rechnung, welche die Anzahl Streifen ergibt, die ihr legen könnt! Tragt dann die Zahlen für diesen neuen Fall in die Tabelle ein. Legt nun das Rechteck und prüft, ob ihr die Anzahl der Streifen und die Länge der anderen Seite richtig vorausgesagt habt.
Wählt eine neue Länge für die erste Seite, zeichnet sie auf dem Fußboden, rechnet die Länge der anderen Seite aus, und legt das Rechteck.
In dieser Weise fahrt fort, bis ihr keine neuen Rechtecke mehr findet, die ihr legen könntet!"
Die Gruppen dürfen frei arbeiten. Ich selbst nehme die zehn Schüler zusammen, die bei der Anfangsprüfung am schlechtesten gearbeitet und in den vorausgegangenen Stunden Verständnisschwierigkeiten gezeigt haben. Mit ihnen stelle ich dieselben Aufgaben. Zur Lösung schlage ich jedoch eine Verteilung der Quadrate vor, die das Verständnis besonders erleichtert. Wir beginnen damit, die 36 Quadrate Seite an Seite nebeneinander zu legen, so daß sie einen langen Streifen von der Länge 3,60 m bilden. Dann zeichnen wir eine Seite von 4 dm Länge, nehmen nacheinander vom dem langen Streifen Teilstreifen von 4 dm² weg und bilden auf diese Weise ein Rechteck (Figur 4 veranschaulicht einen entsprechenden Fall). Die Schüler legen sich dann von selbst die Frage vor, wie oft man 4 dm² von 36 dm² wegnehmen kann, was ohne weiteres zu der Messung 36 dm² : 4 dm² = 9mal führt. Daß man 4 dm² von 36 dm² 9mal wegnehmen kann, bedeutet also, daß man 9 Streifen erhalten wird. Daraus läßt sich die Folgerung ziehen, daß die Länge des Rechtecks 9 dm betragen wird (denn ein Streifen ist ja 1 dm breit).
Anschließend stellen wir wieder (durch Abbau des Rechtecks) den langen Streifen her, wobei wir jedesmal die sich verkleinernde Anzahl der im Rechteck verbleibenden Quadrate feststellen und die Anzahl der Quadrate, um die der Streifen länger wird.

Wir fragen uns, ob man mit Hilfe von 36 Quadraten ein anderes Rechteck legen könnte, und die Schüler schlagen vor, eine Seite von 3 dm, dann von 6 dm und von 2 dm Länge zu wählen. (...)

Die graphische Darstellung der inversen Operation

Lehrer: Ich habe hier eine Anzahl Quadrate. Ich möchte sie benützen, um ein 3 dm breites Band herzustellen. Ich stelle mir eine Frage ...

Schüler: Wie lang wird das Band sein?
Zuerst muß man aber wissen, wie viele Quadrate wir haben.

Der Lehrer ruft einen Schüler auf, der die Quadrate zählt. Er stellt 15 fest. Er legt sie entlang dem Rande des vor der Klasse stehenden Tisches.

Schüler: Wir müssen immer drei Quadrate zusammennehmen. – Das gibt ein Rechteck von 5 dm Länge.

Der Lehrer fordert die Schüler auf, dieses Ergebnis zu erklären. Sie sagen, man könnte 5mal je 3 Quadrate von dem langen Streifen von 15 Quadraten wegnehmen. Das ergibt 5 Streifen von je 3 dm², und da ein Streifen 1 dm breit ist, wird die Länge des Rechtecks 5 dm betragen.

Die eben ausgeführte Operation wird jetzt *arithmetisch* dargestellt. Es handelt sich um eine Messungsaufgabe. An der Wandtafel wird sie folgendermaßen festgehalten:

$$15 \text{ dm}^2 : 3 \text{ dm}^2 = 5\text{mal}$$
Das gibt 5 Streifen
Länge = 5 dm

Der Lehrer zeichnet jetzt an der Wandtafel einen langen Streifen, der sich aus 15 Quadratdezimetern zusammensetzt. Die Schüler werden aufgefordert, mit ihm zugleich zu zeichnen.

Lehrer: Stellen wir in einer Zeichnung dar, was wir mit den Quadraten eben gemacht haben!

Parallel zum Streifen, auf der Höhe seines linken Randes, zeichnen wir die gegebene Rechteckseite (siehe Abb. 8). Wir schneiden von den 15 dm² die drei ersten dm² ab (der Schnitt wird durch einen Strich angedeutet), tragen in Gedanken die 3 dm² an die gegebene Seite hinunter und legen sie dort nieder. Der erste Streifen von 3 dm² Länge ist damit gezeichnet und an die gegebene Seite gelegt. Die arithmetische Messung sagt aus, daß man fünf Streifen erhalten wird. Sie werden untereinander gezeichnet, und die gesuchte Rechteckseite wird farbig markiert.

Lehrer: Gibt es eine Möglichkeit, um zu kontrollieren, ob die Rechnung richtig ist?

Die Schüler schlagen die umgekehrte Operation vor: 5 Streifen von je 3 dm² ergeben 15 dm².

Gleicherweise – d. h. indem wir die Skizze von jedem Schüler, entsprechend seiner Denkfortschritte, selbst ausführen lassen – errechnen wir die folgenden Beispiele:

Fläche 72 dm², erste Seite   9 dm
Fläche 72 dm², erste Seite 12 dm.

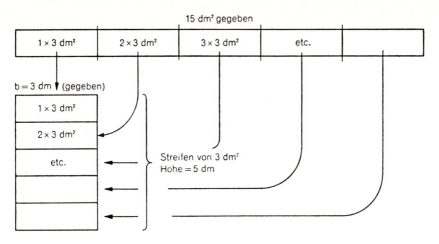

Abb. 8 Wie findet man die Länge eines Rechtecks von gegebener Fläche und Breite (15 dm² und 3 dm)? Von den 15 dm², die in einem langen Streifen aneinandergereiht sind, werden nacheinander je 3 dm² weggenommen und zum Aufbau des Rechtecks versetzt. Man erhält 5 Streifen zu je 3 dm². Die Länge des Rechtecks beträgt also 5 dm.

5.2 „Operatorische Beweglichkeit" in der Psychologie Jeans Piagets

In dieser frühen Arbeit leistete *Hans Aebli* eine didaktische Umsetzung der Denkpsychologie *Jean Piagets*. Diese Psychologie muß sich mindestens in einigen Grundzügen vergegenwärtigen, wer das in Kap. 4.1 angezielte Verstehen auch „von innen her" (in theoretischen Konstrukten) zu fassen versuchen will.

Die Theorie *Piagets* erscheint als schroffe Antithese zu der in Kap. 5.1 skizzierten Gestaltpsychologie des Denkens. Wo letztere das Denken als ein inneres Sehen faßt, ist es für *Piaget* ein inneres Handeln. Nicht die *Statik der Wahrnehmung* also, sondern *Bewegung als Wesen des Denkens* (siehe z. B. *Piaget* 1947, 74)! Inneres Denk-Handeln nennt *Piaget* „Operieren". In der folgenden Erläuterung dieses zentralen Begriffes streift er gleichzeitig wesentliche Punkte seiner Denkpsychologie (1947, 38–42):

„Um zu dem wirklichen Mechanismus der Intelligenz zu gelangen, muß man also die natürliche Einstellung des Bewußtseins auf den Kopf stellen und den Standpunkt der Handlung selbst wieder einnehmen. Dann erst erscheint die Bedeutung jener innerlichen Tätigkeit, welche ein Operieren darstellt, in ihrem vollen Licht. Und erst dadurch drängt sich auch die Kontinuität auf, welche die Operationen mit der wirklichen Tätigkeit als Ursprung und Nährboden der Intelligenz verbindet. Nichts ist geeigneter, diese Perspektive zu beleuchten, als die Betrachtung jener Sprache – einer Sprache noch, aber rein intellektuell, durchsichtig und von den Täuschungen der anschaulichen Vorstellung befreit – nämlich der mathematischen Sprache. In irgendeinem mathematischen Ausdruck, zum Beispiel $(x^2+y=z-u)$, bezeichnet jedes Glied letzten Endes eine Handlung: das Zeichen = drückt die Möglichkeit einer Substitution aus, das Zeichen + eine Verbindung,

das Zeichen – eine Trennung, das Quadrat x^2 die x-malige Erzeugung von x und jeder der Werte u, x, y und z die Handlung, eine bestimmte Anzahl von Malen die Einheit zu reproduzieren. Jedes dieser Symbole bezieht sich also auf eine Handlung, die wirklich sein könnte, von der mathematischen Sprache aber nur abstrakt, als verinnerlichte Tätigkeit, d. h. als Operation des Denkens bezeichnet wird. (...)
Kurz: der wesentliche Charakter des logischen Denkens besteht darin, daß es operativ ist, d. h. aus dem Tun hervorgeht, indem es dieses verinnerlicht. (...)
Die Operation ist nicht irgendeine beliebige Tätigkeit, und wenn die operative Handlung der wirklichen entspringt, so ist die Distanz, welche die erstere von der letzteren trennt, doch bedeutend. (...)
Die Gedankenoperation kann mit der einfachen Tätigkeit nur unter der Bedingung verglichen werden, daß man sie isoliert betrachtet. Es ist jedoch gerade der grundlegende Irrtum der empiristischen Theorien des „Gedankenexperiments", daß sie die vereinzelte Operation zum Gegenstand ihrer Spekulationen machen. Eine einzelne Operation ist keine Operation, sondern bleibt eine einfache, anschauliche Vorstellung. Die spezifische Natur der Operationen besteht, verglichen mit den empirischen Tätigkeiten, gerade in der Tatsache, daß sie niemals in diskontinuierlichem Zustand existieren. Es ist nur eine gänzlich unerlaubte Abstraktion, wenn man von „einer" Operation spricht; eine vereinzelte Operation kann nicht Operation sein, denn die eigentümliche Eigenschaft der Operationen liegt gerade darin, daß sie zu Systemen vereinigt sind. (...)
Eine „Klasse" setzt eine „Klassifikation" voraus und diese bildet das ursprüngliche Element, denn die besonderen Klassen werden erst durch die Tätigkeit der Klassifizierung erzeugt. Unabhängig von der Gesamtklassifizierung bezeichnet ein Gattungsbegriff keine Klasse, sondern nur eine anschauliche Sammlung.
Ebenso kann eine asymmetrische, transitive Beziehung, wie z. B. $A < B$, nur als wahrgenommene, anschauliche Beziehung existieren, nicht aber als Relation. Zur Relation wird sie erst, wenn die Möglichkeit gegeben ist, eine ganze Reihe aufeinanderfolgender Beziehungen zu konstruieren, wie zum Beispiel $A < B < C$ ... Und wenn wir sagen, daß die Beziehung $A < B$ nicht als Relation existiert, so muß man diese Behauptung im genausten und konkretesten Sinne des Wortes verstehen, denn wir werden sehen, daß das Kind unfähig ist, die Relationen zu denken, solange es keine Reihen bilden kann. Die „Reihenbildung" ist also die ursprüngliche und grundlegende Wirklichkeit, und irgendeine asymmetrische Relation nur ein augenblicklich aus ihr abstrahiertes Element.
Andere Beispiele: ein „Korrelat" im Sinne *Spearmans* (der Hund verhält sich zum Wolf wie die Katze zum Tiger) hat nur dann einen Sinn, wenn es im Rahmen einer Tabelle mit doppeltem Zugang gesehen wird. Eine Verwandtschaftsbeziehung (Bruder, Onkel etc.) bezieht sich auf eine von einem genealogischen Stammbaum gebildete Totalität etc. Muß man noch daran erinnern, daß eine ganze Zahl psychologisch wie auch logisch (trotz *Russell*) nur als Element einer Zahlenreihe (die durch die Operation + 1 entsteht) existiert, daß eine räumliche Beziehung den ganzen Raum voraussetzt, eine zeitliche das Verstehen der Zeit als einheitliches Gesamtschema? Und, um noch ein anderes Gebiet zu nennen, muß man betonen, daß einzelne Werte nur in ihrer Beziehung zu einer augenblicklichen oder dauerhaften gesamten „Wertskala" einen Sinn haben?
Die psychologische Wirklichkeit besteht also auf allen Gebieten des schon ausgebildeten Denkens (im Gegensatz zu den Zuständen eines mangelnden oder labilen Gleichgewichts, die seine Entstehung charakterisieren) aus operativen Gesamtsystemen und nicht aus einzelnen Operationen, die als vor den Systemen existierend aufgefaßt werden können, und nur in dem Maß, in welchem einzelne Tätigkeiten oder anschauliche Vorstellungen sich zu derartigen Syste-

men organisieren, können sie einen „operativen" Charakter gewinnen (und gewinnen ihn auch tatsächlich)."

Es wird nun deutlich, daß die von *Aebli* geschilderten konkreten Unterrichtsschritte genau dies zum Ziel haben: Die Flächenformel so zu lehren, daß sie im Verständnis des Schülers auf ein operatives Gesamtsystem aller möglichen Rechtecksflächen und der dazwischen denkbaren Transformationen bezogen ist. Deshalb die schrittweise „Schrumpfung" und Wiederausdehnung des Rechtecks in beiden Dimensionen, welche im Anschluß an das Finden der Multiplikationslösung durchexerziert wird (vgl. S. 86, Zeile 5). Deshalb auch sofort der Einbezug der inversen Operation, nämlich des Ableitens der Länge einer Seite, wenn die Länge der anderen und die Fläche gegeben sind (vgl. S. 87, Zeile 6 ff.), wobei auch hier wieder insbesondere die schrittweise Variation der Seitenlängen bei konstanter Fläche (vgl. S. 88, Zeile 4 ff.) den systemhaften Zusammenhang unterstreicht. Die Flächenformel wird somit nicht nur nach der Fläche, sondern auch nach den einzelnen Seitenlängen aufgelöst, und in jeder Form werden einige Kovariationen von Seitenlänge und Fläche durchgespielt. Ein solches didaktisches Durchlaufen einer Zusammenhangsstruktur in allen Richtungen und das Durchvariieren der beteiligten Elemente und Dimensionen postulierte *Aebli* unter dem Namen *operatorisches Üben* (1963) oder *operatorisches Durcharbeiten* (1961, 1976, 1983). Es soll der Entstehung von Automatismen im Denken des Schülers vorbeugen und aufgrund des Durchexerzierens operatorischer Beweglichkeit die Chancen eines entsprechenden Verstehens optimieren (siehe dazu *Holt*, Kap. 1.1, S. 11). Daß dieses Durchexerzieren im übrigen tatsächlich im konkreten Handeln einsetzt und erst über die Zwischenstufe der konkreten graphischen Darstellung schließlich ins symbolische Medium der Zahlen hinein fortgesetzt wird, ist eine weitere *didaktische Umsetzung der Grundidee, daß sich Denken und Verstehen aus dem Handeln entwickeln.* In dieser Konsequenz kann und muß allerdings weder auf jeder Unterrichtsstufe noch bei jedem Unterrichtsgegenstand vorgegangen werden.

Nun könnte allerdings der Einwand erfolgen, der geschilderte Unterricht baue das System aller möglichen Rechtecke und aller dazwischen möglichen Transformationen ja nur sehr ansatzweise und lückenhaft auf. Tatsächlich könnte etwa die Assoziativität der Transformationen viel systematischer aufgezeigt werden. Man könnte sich beispielsweise wünschen, daß die Überführung eines Rechteckes (a mal b) in ein Rechteck (c mal d) über verschiedenste Kombinationen und Abfolgen von einzelnen Seitenlängenänderungen realisiert würde; ebenso mag man vom Gedanken eines operativen Systems her beanstanden, daß die anschaulichen Rollen der beiden Seiten als „Streifen" und „Anzahl von Streifen" im geschilderten Unterricht zu wenig systematisch vertauscht und relativiert worden seien. Das wäre die Frage danach, wie tief eine operative Gesamtstruktur „im Bewußtsein" einer lernenden Person ausgeschöpft wird, respektive welcher psychologische Status den implizit bleibenden Teilen zukommt. *Piaget* greift das Problem u. a. in folgenden Worten auf (1977, 245–149):

„Psychologisch enthält ein System im Gleichgewicht, wie zum Beispiel die Gesamtheit der Beziehungen, die ein Heranwachsender begriffen hat, dem es gelungen ist, sich den Mechanismus der Waage zu erklären (...) zwei Aspekte, der eine auf das Wirkliche, der andere auf das Mögliche bezogen. Einerseits hat der Heranwachsende tatsächlich bestimmte geistige Operationen durchgeführt und gewisse Relationen konstruiert, die aktuell auf den Gegenstand angelegt sind, den er vor Augen hat: Er bejaht zum Beispiel, weil er es sieht und auch wirklich einsieht, daß die Hebelarme der Waage waagrecht stehen und ein Gewicht von 2 kg in 10 cm Abstand von der Hebelachse ein Gewicht von 1 kg in 20 cm Abstand von der Achse auf dem anderen Hebelarm kompensiert. Doch diese wirklichen, das heißt akutell angewandten, Operationen und Relationen genügen nicht, um das Gleichgewicht zu beschreiben, das der Akt des Verstehens erreicht hat, denn dabei spielt auch eine Gesamtheit von möglichen oder virtuellen Operationen und Relationen mit.

Der Heranwachsende kann die Kompensation zwischen einem Gewicht von 2 kg in 10 cm und einem Gewicht von 1 kg in 20 cm Abstand von der Hebelachse faktisch feststellen. Er kann aber auch annehmen, ohne es materiell tatsächlich auszuführen, er würde das Gewicht von 2 kg um 5 cm und das Gewicht von 1 kg um 10 cm jeweils nach außen verschieben: Obwohl er dadurch nicht über den Bereich der virtuellen Aktionen hinausgeht (er verschiebt in Wirklichkeit nichts), kann er dennoch daraus ableiten, daß diese beiden hypothetischen Verschiebungen das Anfangsgleichgewicht nicht verändern, weil die indirekte Proportion zwischen den Gewichten und den Abständen gleich bleibt usw. Er kann auf den Boden der Wirklichkeit zurückkehren und seine Vermutung überprüfen. Er kann aber auch darauf verzichten, weil er seines deduktiv abgeleiteten Resultats sicher ist. In beiden Fällen helfen ihm aber diese möglichen Aktionen beim Verständnis, ja sie sind sogar unentbehrlich, um die Wirklichkeit (waagrechte Hebelarme für 2 kg in 10 cm und 1 kg in 20 cm Abstand) zu verstehen: Er interpretiert so die wirklichen Relationen durch eine Reihe virtueller Aktionen, und er erklärt sie als notwendige Folge dieser untereinander verbundenen möglichen Operationen oder Relationen. (...)

Man ersieht aber daraus ohne weiteres, daß diese „materiell möglichen" Operationen oder Relationen unter dem psychologischen Gesichtspunkt ebenso wirklich wie die „wirklichen" Operationen oder Relationen sind, die tatsächlich durchgeführt werden. Es handelt sich nur vom Prüfling her gesehen um Möglichkeiten. Mit anderen Worten, der Heranwachsende nimmt das wahr, was physikalisch aktuell ist, und die Transformationen, die er in das wahrgenommene System einführen könnte: Obwohl diese möglichen Transformationen nur auf virtuellen Aktionen beruhen, werden sie vom Prüfling gedacht, sie bestehen somit psychologisch aus wirklichen Vorstellungen oder Operationen.

Etwas ganz anderes ist das „strukturell Mögliche", das im Gegensatz dazu auf der Ebene des psychologischen Gleichgewichts ganz dem entspricht, was die „virtuellen Transformationen" in einem äquilibrierten physikalischen System sind. Außer den Operationen, die der Heranwachsende wirklich ausgeführt hat (sowohl im Zusammenhang mit effektiven Aktionen oder Wahrnehmungen als auch im Hinblick auf bloß „materiell mögliche" Hypothesen), hätte er auch andere ausführen können, aber er hat es nicht getan, weder tatsächlich noch im Denken: Anstatt sich eine Verschiebung um 5 und um 10 cm für die Gewichte von 2 und 1 kg vorzustellen, hätte er (tatsächlich oder in Gedanken) auch die Gewichte verändern oder einen Abstand auf der einen Seite und entsprechend ein Gewicht auf der anderen Seite verkleinern können usw."

Für *Piaget* ist das *individuelle Fortschreiten zu immer vollständigerem Bewußtsein* des im System impliziten „strukturell Möglichen" (und damit zu einem immer umfassenderen „Gleichgewicht" mit der Gesamtheit aller relevanten Aufgabenstellungen) entscheidend an die Reifung gebunden. Vor dem Erreichen der formal-operatorischen Stufe der Intelligenz ist seiner Meinung nach durch noch so viele im einzelnen durchgearbeitete Zusammenhänge kein prinzipielles Bewußtsein des im System steckenden strukturell Möglichen zu erreichen. Allerdings ist diese Phasentheorie der Intelligenzentwicklung zumindest stark umstritten (*Aebli* 1980, *Ewert* 1983, 101–110). Ob und unter welchen Bedingungen durch eine beschränkte Anzahl durchgearbeiteter Denkschritte eine innere Repräsentation aufgebaut werden kann, die auch das strukturell Mögliche wenigstens zu implizit Verstandenem macht, ist zur Zeit nicht abschließend zu beantworten. Auch in dieser Fragestellung kommt das alte Bewußtseinsproblem zum Vorschein, das in der Psychologie noch immer seiner Lösung harrt. Spricht man einfach dann von Verständnis und wenigstens potentieller *Bewußtheit einer Zusammenhangsstruktur*, wenn die auf deren Aufbau abzielenden Lehrschritte die richtige Strukturierung und Lösung verschiedenster relevanter, nicht routinemäßig lösbarer Problemstellungen ermöglichen, dann kann ein Unterricht im Sinne von *Aebli* (vgl. Kap. 5.1) dieses Resultat liefern. Das zeigen auch die berichteten überzeugenden Prüfungsergebnisse (*Aebli* 1963, 158–167) der Adressaten dieses Unterrichts.

Nun geht es in der vorliegenden Arbeit ja nicht in erster Linie um die Frage, wie das Verständnis einer Sache didaktisch zu erreichen sei. Vielmehr sollen Beschreibungskategorien für den Erlebniszustand des Verstandenhabens gewonnen werden, und zwar für dessen erlebnismäßigen, der Introspektion und eventuellen metakognitiven Beeinflussung zugänglichen Aspekt. Diesen Ertrag hat denn der Exkurs in die Psychologie und Didaktik der operativen Beweglichkeit auch gebracht, lassen sich doch das beschriebene Durchlaufen und Durchvariieren von Zusammenhängen ohne weiteres auch als *Komponenten einer selbständigen inneren Verständnisprüfung* auffassen: Stelle ich fest – wenigstens stichprobenweise – daß ich einen bestimmten Sachzusammenhang in Gedanken operatorisch durchlaufen kann, so stellt sich auch das Gefühl ein, verstanden zu haben. Bei einer „Selbstadministration" eines solchen inneren Beweglichkeitstests gerät natürlich die Grenze zwischen Verständnisarbeit und Verständnistest ins Fließen. Um dies zu erfahren, genügt es, sich selber irgendeine Formel aus dem eigenen Schulsack in der in Kap. 5.1 beschriebenen Weise vorzunehmen.

5.3 Gegenseitige Ergänzung der operatorischen und der gestaltpsychologischen Konzeption des Verstehens

5.3.1 Theoretische Nähe

Eine interessante Frage betrifft das Verhältnis der operatorischen zur gestaltpsychologischen Konzeption des Verstehens. *Piaget* selbst nimmt dazu verschiedentlich Stellung (z. B. 1947, 1959). Bei aller grundsätzlichen Übereinstimmung hinsichtlich der Wichtigkeit organisierter Gesamtstrukturen – in gemeinsamer Gegnerschaft zur Assoziationspsychologie – betont er eine Reihe theoretischer Unterschiede. So seien die Gestalten im Unterschied zu operatorischen Strukturen statisch (sie enthielten keine aktive Komponente) und nicht generalisierbar; außerdem sei in ihnen das Prinzip der Additivität und der damit verbundenen Reversibilität nicht enthalten. Aus gestaltpsychologischer Sicht setzte sich *Meili* (1978) kritisch mit diesen kontrastierenden Argumenten auseinander und zeigte, daß der gestaltpsychologische Strukturbegriff sich durchaus – zum Teil explizit und zum Teil implizit – mit den von *Piaget* postulierten Strukturmerkmalen verträgt.

Tatsächlich ließen sich viele Textstellen aus beiden Schulen anführen, welche auf eine weitgehende Vereinbarkeit und sogar eine interessante Komplementarität hinweisen. So zum Beispiel, wenn *Piaget* (1947, 137) den Fortschritt der Intelligenz über die senso-motorische Stufe hinaus wie folgt charakterisiert:

„Vor allem bestehen die Tätigkeiten der senso-motorischen Intelligenz ausschließlich darin, aufeinanderfolgende Wahrnehmungen und ebenfalls aufeinanderfolgende wirkliche Bewegungen miteinander zu koordinieren. Sie können also lediglich eine Aufeinanderfolge von Zuständen erzeugen, die durch kurze Vorwegnahmen und Wiederherstellungen miteinander verbunden sind, ohne aber je zu einer Gesamtvorstellung zu gelangen. Diese kann nur unter der Voraussetzung entstehen, daß die verschiedenen Zustände durch das Denken gleichzeitig erlebt werden, d. h. dem zeitlichen Ablauf der Handlung entzogen werden. Mit andern Worten: die senso-motorische Intelligenz geht wie ein langsam abrollender Film vor, bei dem man nacheinander alle Bilder zwar sieht, aber unabhängig voneinander, ohne die zum Verständnis des Ganzen unerläßliche kontinuierliche Schau."

Auf die Belastung auch solcher *Piaget*-Metaphern durch das Bewußtseinsproblem weist *Seiler* (1968, 52) hin. Auf der anderen Seite findet sich z.B. in *Wertheimers* Diskussion der konkreten Denkschritte beim Rechteckflächen-Problem (vgl. Kap. 4.1) der Hinweis auf ein gedankliches Durchvariieren der Seitenlängen, das Einsicht in die Art ihrer inneren Bezogenheit mit sich bringe. Es fehlt also weder der *Wahrnehmungsaspekt* des Verstehens bei *Piaget* noch umgekehrt der *Handlungsaspekt* des Verstehens bei den Gestaltpsychologen. Hingegen ließe sich wohl theoretisch darüber streiten, welcher Aspekt den Primat habe. Aber auch hier liegen die Positionen nicht weit auseinander. So kann etwa *Aebli* (1976, 139) trotz weitgehender Übereinstimmung mit *Piaget* den Akzent in gestaltpsychologischem Sinne setzen:

„*Piaget* würde sagen, daß eine Versuchsperson eine neue Operation dann versteht, wenn sie sie in beiden Richtungen durchlaufen kann und einsieht, daß es sich dabei um die gleiche gedankliche Struktur handelt. Aber offenbar gibt es ein Verstehen oder ein Nichtverstehen der Operation, bevor überhaupt der Versuch unternommen wird, sie umzukehren. Ja, wir würden sagen, *wenn* sie verstanden ist, *dann* wird es möglich, sie invers zu durchlaufen. Mit anderen Worten: die Reversibilität ist ein äußeres, kein inneres Zeichen des Verständnisses einer Operation. Sie ist eine der möglichen Folgen des Verständnisses, nicht einmal eine notwendige; man denke an gewisse Operationen der analytischen und der darstellenden Geometrie, die man sehr wohl verstehen, deswegen aber noch lange nicht umkehren kann.

Wir sehen keinen besseren Weg, als das Verständnis einer Operation mit dem Begriff der Einsicht zu definieren. Ein Schüler hat eine Operation dann verstanden, wenn er einsieht, daß ihre Teilschritte notwendig sind, um die aufgegebene Gesamtoperation zu verwirklichen. Mit anderen Worten: der Schüler sieht ein, daß die Teiloperationen in ihrer neuen Anordnung der Gesamtoperation äquivalent sind."

Die unterschiedliche Akzentuierung und theoretische Einbettung dieser beiden Aspekte durch verschiedene Autoren braucht den Leser also keineswegs daran zu hindern, in seinen praktischen Verstehensbegriff beide als komplementär aufzunehmen.

Tatsächlich können bei phänomenalen Beschreibungen konkreten (z. B. auch eigenen) Verstehens die Metaphern des Sehens und des gedanklichen Handelns ohne weiteres durcheinander und ineinander übergehen. Dies wird im folgenden nochmals an einem Beispiel illustriert.

5.3.2 Illustration am Beispiel der Pendelausdehnung

Als Beispiel für das *Ineinandergreifen von innerem Sehen und operatorischer Beweglichkeit* mag die bereits in Kap. 4.4 berichtete Problemlösung dienen (Problem: Wie läßt sich eine wärmebedingte Längenausdehnung des Uhrenpendels und damit das Langsamerlaufen der Uhr vermeiden?. Abbildung 9 zeigt den von *Duncker* berichteten „Lösungsstammbaum", in welchem die Vorschläge der Versuchspersonen als Teillösungen respektive als Präzisierung des Problems in einer bestimmten Richtung eingeordnet werden konnten. Ähnlich wie bei der Bestrahlungsaufgabe (Kap. 4.4) sprangen die Versuchspersonen u. U. mehrmals vom einen zum anderen „Ast", bevor ihnen eine Lösung glückte.

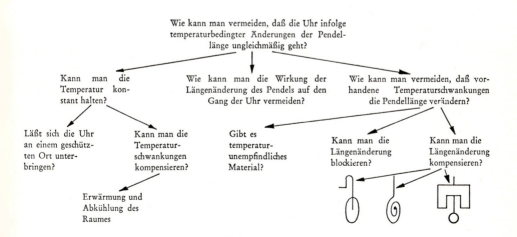

Abb. 9 Lösungsstammbaum bei *Dunckers* Pendelaufgabe (nach *Oerter* 1971, 142)

Dunckers gestaltpsychologische Analyse konzentrierte sich auf das Fortschreiten des Lösungsprozesses von der schematisch antizipierten Struktur („Funktionalwert") zur schließlichen Konkretisierung des Funktionalwertes im technischen Lösungsvorschlag. Im gegenwärtigen Zusammenhang ist aber von Interesse, daß sich Problemlöser in verschiedene Richtungen vortasten und dabei auch in „Sackgassen" geraten, aus welchen sie jeweils wieder an den Ausgangspunkt zurückkehren, um in neue Richtungen des Suchraumes vorzustoßen. Ohne auf die Gründe und die Dynamik solcher Rückzüge einzutreten, sei nur hervorgehoben, daß auch hier Beweglichkeit des Denkens vorliegt. Was hier reversibel durchlaufen wird, ist der Weg von der Rahmen-Problemstellung über die Präzisierung eines Funktionalwertes bis zum Versuch der technischen Konkretisierung des Funktionalwertes. Es wird also gewissermaßen eine im Kern konstante Problemstruktur auf der Dimension „schematisch-konkret" durchvariiert.

Ist diese Art gedanklicher Beweglichkeit an die Situation des Problemlösens gebunden? Zunächst mag es so scheinen, denn sobald der „Durchbruch" zu einer Realisierung des Funktionalwertes gelingt, findet sich im Protokoll keine Umkehr des Denkweges mehr. Es ist aber lediglich eine Frage der Denkhaltung, ob man auch fertige Vorrichtungen oder Verfahren auf die ihnen zugrundeliegenden Problemstellungen zurückführt. In Kap. 4.5 wurde am Beispiel der Schmelzsicherung (S. 84, Abb. 6) erörtert, wie das Einordnen der konkreten technischen Vorrichtung (feiner, bei großer Stromstärke schmelzender Draht im Stromkreis eingefügt) in den entsprechenden schematischen Funktionswert das Verständnis erhöht. Tatsächlich handelt es sich dabei ja eigentlich um die Umkehr einer (von anderen geleisteten) technischen Problemlösung! Das Beispiel vermag auch zu zeigen, daß eine solche, auf bewegliches Verstehen gerichtete Denkhaltung zugleich eine der denkerischen Kreativität ist: Wer hinter der konkreten Vorrichtung „Schmelzsicherung" wieder die schematische Problemstellung aktiviert („Gesucht eine Vorrichtung, die bei starkem Anstieg der Stromstärke automatisch den Stromkreis unterbricht") wird bei entsprechenden physikalischen Grundkenntnissen mit Leichtigkeit auf technische Alternativen stoßen. Wer z. B. weiß, daß jede Veränderung der Stromstärke in einem Draht ein Magnetfeld hervorruft, „erfindet" leicht die Magnet-Sicherung neu, bei welcher die Kraft des bei einem Kurzschluß entstehenden Magnetfeldes via einen Magnetschalter den Stromkreis mechanisch unterbricht. Auch vor nicht-technischen, also z. B. organisatorischen Einrichtungen führt das gedankliche (Re-) Aktivieren des zugehörigen Ausgangsproblems nicht nur zu tieferem Verständnis; aus der naheliegenden Folgefrage „Warum eigentlich gerade so?" erwächst dann leicht (wieder) ein *Dunckerscher Lösungsstammbaum*, welcher unter Umständen zu kreativen Verbesserungen bisher selbstverständlicher Einrichtungen führt.

Kapitel 6: Verstehen als Integration von Zusammengehörigem

Verstehen läßt sich in verschiedener Hinsicht als ein *Vorgang der Integration* beschreiben. Für die Zwecke dieser Darstellung sollen wenigstens dem Akzent nach eine *einordnende* und eine *koordinierende Integration* voneinander abgehoben werden.
Einordnende Integration meint das Einpassen einer neuen Information in einen umfassenderen Zusammenhang, von welchem her sie ihre Bedeutung erhält. Bereits *Dewey* (1951, 122–123) hatte in seiner Denkpsychologie dargelegt, daß Integration oder „das Herausnehmen eines Dinges aus seiner Isolation" unser Verstehen charakterisiert, vom geläufigen Alltagsverstehen bis zum wissenschaftlichen Verstehen:

„Wenn jemand plötzlich ein Zimmer mit dem Ausruf „Paper" betritt, so gibt es drei Alternativen. Für den, der die englische Sprache nicht versteht, wird der Ausruf nur ein Lärm sein, der als physischer Reiz wirken kann. Aber der Lärm hat keinen geistigen Inhalt, keinen Wert für das Denken . . .Wenn man sagt, das verstehe ich nicht, oder, das hat keinen Sinn, so drückt man damit das gleiche aus. Wenn (zweitens) dieser Ausruf das Austragen des Morgenblattes begleitet, dann hat das Geräusch einen Sinn, einen geistigen Inhalt. Es wird verstanden. Wer ungeduldig ein wichtiges Dokument erwartet, kann annehmen, daß dieser Ausruf sein Eintreffen anzeigt. Wer (drittens) die englische Sprache versteht, aber aus den eigenen Lebensgewohnheiten keinen Zusammenhang ableiten kann, für den hat das *Wort* einen Sinn, aber nicht der Vorgang. Man wird zum Denken angeregt und sucht nach einer Erklärung für dieses scheinbar sinnlose Geschehen. Entdeckt man etwas, das diese Handlung erklärt, dann erhält sie einen Sinn, man versteht sie. Als denkende Menschen setzen wir einen Sinn voraus, und wo er fehlt, erscheint uns eine Anomalie. Sollte es sich herausstellen, daß die Person die Absicht hatte uns mitzuteilen, daß auf dem Weg ein Stück Papier lag oder daß sich irgendwo im All Papier befindet, so wird man sie für geistesgestört halten oder sich als Zielscheibe eines dummen Witzes betrachten. Die Bedeutung erfassen, verstehen, ein Ding in einer wichtigen Situation erkennen sind somit gleichbedeutende Ausdrücke. Sie stehen für die wichtigste Funktion unseres Geisteslebens. Wo sie fehlt, besteht a) Mangel an Zusammenhang, b) geistige Verworrenheit, c) Unsinn oder Geisteskrankheit.
Wissenschaftliches Forschen und Wissenserwerb sind daher darauf gerichtet, die Bedeutung von Objekten und Geschehnissen zu erfassen, sie aus ihrer sinnlosen Isolierung zu befreien und sie als Teile eines großen Ganzen zu verstehen, auf das sie *hinweisen,* während dieses Ganze die Objekte und Geschehnisse wiederum erklärt, verständlich macht, ihre Bedeutung zeigt."

Fast nahtlos paßt dazu ein Beispiel aus der neueren kognitiven Wissenschaft: *Charniak* (1976, 15) arbeitete ein geschichtenverstehendes Computerprogramm aus, welches z. B. eine Information wie: „Jack hatte den Stuhl fertig angemalt. Nun wollte er den Pinsel reinigen. Er holte Zeitungspapier", insofern verstand, als es auf Befragen hin angeben konnte, daß Jack das Papier wohl zum Abwischen des Pinsels brauche. Eine solche Leistung künstlicher Intelligenz war möglich, weil dem Programm ein zusammenhängendes Spezialwissen über die verschiedensten ineinandergreifenden Abläufe beim Anmalen von Gegenständen eingegeben worden war, in welchem auch ein plötzlicher Papierbedarf (der sich ja z. B. auch in einem Ruf „Papier!" wie in *Deweys* Beispiel hätte äußern können) sinnvoll eingeordnet werden konnte. Die Struktur solcher bereichsspezifischer Wissenskomplexe – „frames" (Rahmen) oder „skripts" genannt – und die Suchprozesse, welche das Einpassen und entsprechende Verstehen von Einzelinformationen ermöglichen, stehen heute als Forschungsthemen im Vordergrund der kognitiven Wissenschaft (siehe z. B. *Ballstaedt* u. a. 1981); vernachlässigt sind dagegen vorläufig Integrationsprozesse der Art, wie sie *Dewey* im letzten Teil des obigen Zitats anspricht, wo die integrierenden Zusammenhänge nicht aus einer bereits hochorganisierten spezifischen Wissensbasis abgerufen werden können, sondern angesichts des Phänomens erfunden werden müssen.

Von diesem *Verstehen durch Einordnung* soll nun ein *Verstehen durch Koordinierung* abgehoben werden. Selbst keine einheitliche Kategorie, wie die nachfolgenden Abschnitte zeigen werden, unterscheidet es sich von ersterem durch eine „Gleichberechtigung" der Integrationspartner: Das Verhältnis ist nicht eines zwischen etablierter Rahmenstruktur einerseits und isoliert eintreffenden Elementen, welchen ihr Platz in der Matrix zugewiesen wird, andererseits, sondern eines zwischen explizit oder implizit konkurrierenden oder mindestens vergleichbaren Konzeptionen oder Ideen. Um mit *Piaget* zu sprechen: Während es sich bei der *einordnenden Integration* um die Assimilation eines Gegenstandes oder Phänomens an ein Schema handelt, geht es bei der *koordinierenden Integration* um die gegenseitige Assimilation von Schemata. Eine solche Integration zweiter Art wird selten als Aufgabe so pragmatischer Dringlichkeit erlebt wie diejenige der ersten Art. Sind beispielsweise verschiedene Konzeptionen ein und derselben Sache nicht gerade durch streitende Parteien vertreten (nach *Piaget* einer der wirkungsvollsten Faktoren der kognitiven Entwicklung), können sie unter Umständen im kognitiven Repertoire einer Person koexistieren, ohne daß der implizite kognitive Konflikt verspürt und aufgelöst wird. Wieder zeigt sich, daß das Verstehen über eine erste rasche Einordnung hinaus von einer inneren Lernhaltung abhängt: Diesmal geht es um eine *Sensibilität für implizite kognitive Konflikte,* für das Fehlen einer Vermittlung zwischen nebeneinander bestehenden Auffassungen. In den folgenden Kap. 6.1 und 6.2–3 werden zwei Spielarten der koordinierenden Integration anhand von Beispielen erörtert und erfahrbar gemacht.

6.1 Integration von intuitiver und fachlicher Auffassung eines Sachverhaltes

6.1.1 Das Anliegen

Es ist eine Gefahr wissenschaftsnahen Unterrichts (wie er im Sekundarschulwesen vielerorts vorherrscht), daß der rasche Beizug spezieller Analyseraster dem unbefangenen Blick auf die behandelten Phänomene keinen Platz läßt. Das kann dazu führen, daß systematisch entwickelte Einsichten abstrakt bleiben und nicht mit bestehenden unmittelbaren Eindrücken und Auffassungen vermittelt werden. Im schlechtesten Fall stellt sich der Unterricht dem Schüler dann als ein künstliches „Wort- respektive Symbolgetöse" dar, welches als sogenannter „Stoff" (auswendig-)gelernt wird, während eine „naive" Auffassung der gemeinten Sache daneben isoliert bestehen bleibt. Eine *Abspaltung fachlicher Formalismen und Schematismen von der unmittelbaren Erfahrung* läßt sich unter verschiedenen Gesichtspunkten beklagen, und es mangelt denn auch nicht an warnenden Stimmen (*Spies* 1982). So führt *Rumpf* (1971, 1983) an einer Reihe von Beispielen drastisch vor Augen, daß so gewonnenes Schulwissen häufig Scheinwissen ist, welches einer raschen „Verwesung" anheimfällt. Andererseits zeigt z. B. der Denkpsychologe *Székely* (1976, 26–27), wie bei unkonventionellen Problemstellungen (zu) einfache Erfahrungskonzepte wirksam werden, wenn das durchaus vorhandene relevante Fachwissen im Lernprozeß von der Erfahrung isoliert geblieben war. Eines seiner Experimente mit den typischen, bei Studenten immer wieder gefundenen Ergebnissen, war das folgende:

„*Schiefe-Ebene-Aufgabe* (. . .) Inmitten einer schiefen Ebene befindet sich ein kleiner Wagen. Der Wagen ist an einer Schnur angehängt, die über eine am oberen Ende der Ebene angebrachte Rolle führt. An dem frei herabhängenden Ende der Schnur ist ein Metallgewicht befestigt, welches zur Hälfte in Wasser eintaucht. Außer dem ersten Wasserbehälter, in welchen das Gewicht eingetaucht ist, ist noch ein zweiter Behälter da, daneben eine Glaspipette.
An die Vp wird die Frage gerichtet, wie sie mit Hilfe der Pipette bewirken könnte, daß das Wägelchen nach oben führt. Die meisten Vpn sind ziemlich ratlos. Sie überlegen so: ‚Damit der Wagen nach oben rollt, muß das Gewicht nach unten sinken . . . aber wie ist das zu bewirken . . . soll man Wasser dazu geben . . . oder wegnehmen?' – Wasser dazugießen, oder wegnehmen? Die meisten können sich darüber keine Klarheit verschaffen. Nun vertauscht der Vl das Metallgewicht mit einem Holzgewicht. ‚Ja, *jetzt* muß man Wasser wegnehmen!!' rufen die VPn aus. Wie man mit dem Metallgewicht verfahren soll, bleibt für die meisten auch weiterhin zweifelhaft.
Es ist offenkundig, daß die *Verständlichkeit* der Anordnung bzw. der Aufgabe sich plötzlich verändert hat. Untersuchen wir, wodurch diese Änderung der Verständlichkeit bedingt ist; vielleicht gelingt es uns, dadurch einen Einblick zu gewinnen, wie das ‚Verstehen' bzw. ‚Begreifen' vor sich geht.
In der Auffassung unserer Vpn hängt das Holzgewicht teils am Faden (und an dem Wagen), teils schwimmt es im Wasser. Nimmt man Wasser heraus und sinkt das Wasserniveau, so muß das Holzgewicht mitsinken und weiter unten schwimmen. Die Folge ist, daß der Wagen nach oben rollt. – Das *Metallgewicht* dagegen sinkt frei überlassen zu Boden. Es hängt also (mit seinem ganzen Gewicht) nur an der Schnur, und ob mehr oder weniger Wasser im Behälter ist, ob ein größerer oder geringerer Anteil des Körpers ins Wasser eintaucht, ändert nichts an seiner Lage und an der Zugkraft, die es durch die Schnur auf den Wagen ausübt.
Die Vpn verstehen die Aufgabe nicht ‚physikalisch', daß im Wasser scheinbar alle Körper einen bestimmten Betrag ihres Gewichtes verlieren, sondern fassen es ‚naiv' auf: ‚Holz schwimmt, Metall sinkt.'"

Eine an *Piaget* orientierte Didaktik würde in diesem Zusammenhang darauf hinweisen, daß beim Unterricht über den „Auftrieb" das Basisschema (oder der naive Vorbegriff) deutlich als inadäquat erwiesen werden müsse. Der so entstehende kognitive Konflikt würde dann nicht nur die fachliche Differenzierung dieser (zu) einfachen Schemata motivational unterstützen, sondern auch einem unterschwelligen, von der fachlichen Präzisierung unberührten „Weiterleben" der naiven Auffassung vorbeugen (z. B. *Joerger* 1975).

In verwandter Weise hat *Wagenschein* (z. B. 1968, 1970, 1980) immer wieder gemahnt, der Unterricht dürfe nicht an den ursprünglichen Auffassungen der behandelten Gegenstände vorbeigehen. Ihm ging es dabei in erster Linie um den Erlebniswert des Lernens: Wer die Genese fachlich-wissenschaftlicher Erkenntnisse nicht aus den ersten naiven Staunensfragen vor dem Phänomen selber nachvollziehen könne, werde nicht nur der echtesten Lernmotivation, sondern auch des eigentlichen Bildungserlebnisses beraubt. Entsprechend propagierte er das *genetische Prinzip,* von welchem er sich nicht nur einen optimalen Unterricht versprach, sondern mittelbar auch die Entstehung einer entsprechenden übergreifenden Lernhaltung, des „kritischen Vermögens", beim Schüler (1968, 88–89):

„(Es) äußert sich im Gefolge des produktiven Findens längs eines umfangreichen Entdeckungszuges als die vom Lernenden immer wieder eingreifende Kontrollinstanz: zunächst für die logische Folgerichtigkeit. Dabei ist der Blick auf die *Sache* gerichtet.
Ich möchte aber hineinnehmen auch den reflexiven Blick, den der Lernende auf *sich selber* zu wenden lernen muß, zur Kontrolle des *bruchlosen* Fortschreitens zu abstrakteren Lagen (eines Fortschreitens, vor dem sich das Dunkel lichtet, und hinter welchem es nicht wieder dunkel werden darf). Aber ich meine damit jetzt nicht das selbstverständliche Behalten elementarer Kenntnisse und der logischen Verbindungen, sondern das Nicht-Vergessen ursprünglicher, primitiverer, naiver *Weisen* des Verstehens. ‚Kritisches Vermögen' dient also dem Schutz gegen Unlogik nicht nur, sondern auch dem Schutz gegen ‚Schizophrenie'. ‚Verwandelt *Bewahren*' nennt es *Spranger*."

Wie in den Kapiteln 4 und 5 geht es darum, ein inneres Kriterium des Verstehens als Kern einer entsprechenden Lernhaltung herauszuarbeiten. Wiederum soll daher vom didaktisch-zeitlichen Aspekt des Wissenserwerbs abstrahiert werden. Das in Kapitel 6.1 skizzierte Anliegen behält seine Gültigkeit, wenn es auch direkt zuhanden von (eventuell autodidaktisch) Lernenden formuliert wird: Achte auf Deine intuitiven, vorwissenschaftlichen Auffassungen – unabhängig von der unterrichtlichen Herleitung einer Erkenntnis! Halte eine Sache erst für verstanden, wenn unmittelbare und wissenschaftliche Auffassungen zueinander in Beziehung gesetzt und allfällige Widersprüche ausgeräumt sind! Zu den *Verstehenskriterien* des *inneren Überblicks über die Zusammenhänge* (Kapitel 4) und der *operatorischen Beweglichkeit* (Kapitel 5) tritt also hier dasjenige der *inneren Konsistenz* zwischen systematisch-begrifflich vermittelter Erkenntnis und unmittelbarer vorbegrifflicher Auffassung („Prüfung am gesunden Menschenverstand"). Dieses Kriterium wird im folgenden an einem extremen Beispiel erfahrbar gemacht, das gleichzeitig auch die anderen beiden Kriterien nochmals ins Spiel bringt.

6.1.2 Illustration am Paradox mit dem Erdumfang

Die folgende Denkaufgabe ist recht bekannt. Ihre an sich verblüffende Lösung mag deshalb für viele Leser keinen Überraschungswert mehr haben. Darum geht es hier aber gar nicht, und auch nicht um den eigentlichen Lösungsprozeß. Wichtig ist einzig, daß der Leser — wenn er sich auf die Sache und die kurze mathematische Argumentation einläßt — auf sein Gefühl des Verstandenhabens oder Nicht-Verstandenhabens achtet. Wer die Gelegenheit nutzen will, sein diesbezügliches Sensorium möglichst dramatisch zu prüfen, kann sich an verschiedenen Punkten der nachfolgenden Argumentation fragen, mit welchem Wetteinsatz er/sie auf die Richtigkeit der angebotenen Lösung setzen würde! Das ist gewiß ein ungewöhnliches Szenario für einen schulpädagogischen Text; aber es entspricht dem Anliegen dieses Bandes: Nicht das entdeckende und problemlösende Denken steht hier im Zentrum, sondern die innere Beurteilung eigener oder fremder Denkprodukte hinsichtlich ihrer Stimmigkeit. Dieser Abschnitt arrangiert für den Leser die typische schulische Begegnung mit Vor-Gedachtem aus einem speziellen Sachgebiet, das er nach-denkend in seine Weltkenntnis aufnehmen kann respektive soll. Das Beispiel, welches inhaltlich „nur" die spezielle Welt der Kreise betrifft, möchte im besagten allgemeineren Sinne nach-denklich machen.

Man stelle sich für die Zwecke der Denkaufgabe eine gewaltige Kugel in der Größe der Erde vor, auf welcher der Äquator durch ein um die ganze Kugel gelegtes, überall anliegendes überlanges Seil markiert sei. Würde dieses Seil nun um einen Meter verlängert und wiederum — in Gedanken — kreisrund und symmetrisch um die Riesenkugel herum ausgespannt, so würde es den Äquator genau genommen nicht mehr berühren, sondern in einem gewissen, überall gleichen Abstand darüber schweben (Abbildung 10 verdeutlicht die Situation, wo U_1 und U_2 die beiden Seillängen bezeichnen).

Gewiß wird dieser Abstand doch vernachlässigbar klein ausfallen; man vergleiche nur den einen zusätzlich eingesetzten Meter mit der Gesamtlänge des Seils von ca. 40 000 000 m (Umfang des Äquatorkreises, U_1)!? Wer der Denkaufgabe zum

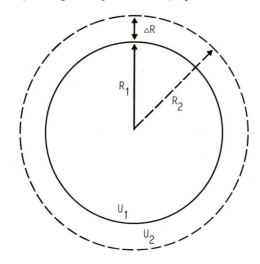

Abbildung 10

ersten mal begegnet, wird dieser Suggestivfrage wohl zustimmen. Auf eine entsprechende Frage hin wird er allenfalls in Betracht ziehen, daß sich ein winziger Käfer – vielleicht, gerade noch – zwischen Boden und verlängertem Seil durchschieben könnte; aber eine Katze? Niemals!
Bei diesem Stand der Dinge kann die triumphale geometrisch-algebraische Beweisführung einsetzen, welche den Neuling in wenigen einfachen und unwiderlegbaren Schritten darüber belehrt, daß auch eine Katze in Frage kommt, denn: Die bekannte Formel $U = 2\pi R$ oder umgeschrieben $R = U/2\pi$ erlaubt uns die gesuchte Differenz $\triangle R$ zwischen dem Radius R_2 des erweiterten Kreises (U_2) und dem Radius R_1 des ursprünglichen, auf dem Äquator aufliegenden Kreises (U_1) wie folgt anzugeben:

$$\triangle R = R_2 - R_1 = U_2/2\pi - U_1/2\pi$$

Da $U_2 = U_1 + 1$ m, ergibt sich:

$$(U_1 + 1\text{ m})/2\pi - U_1/2\pi = (U_1 + 1\text{ m} - U_1)/2\pi = 1\text{ m}/2\pi = 0.159\text{ m}$$

Der Radius R_2 des erweiterten Kreises überragt den Erdradius R_1 also tatsächlich um 16 cm, d. h. das Seil verläuft nach der Verlängerung um einen Meter überall in einer auch für Katzen „unterkriechbaren" Höhe von ca. 16 cm über dem Erdboden. Wetten daß . . ?

Die mathematische Herleitung stimmt, wie jedermann leicht nachprüfen kann. Und doch! Offensichtlich schlägt das Ergebnis der Intuition ins Gesicht. Nicht nur überrascht es, daß der eine zusätzliche Meter Seillänge bezogen auf die riesige Erdkugel doch so stark zu Buche schlägt; die algebraische Beweisführung ist auch insofern haarsträubend, als sie die Unabhängigkeit des Ergebnisses von der Kugelgröße erweist: Ob es sich nun um einen Fußball oder um die Erdkugel handelt – stets hebt sich ein zuvor satt um die Kugel liegendes Seil nach der Verlängerung um einen Meter um denselben Betrag von 16 cm von der Kugeloberfläche ab! Noch einmal: Wetten, daß?

Eigentlich sollte nun eine Bitte an den Leser eingeflochten werden, nicht gleich weiterzulesen, d. h. sein Denken für eine Weile vom Text abzukoppeln und exemplarisch in sich selber hineinzuhören: Ist die Sache in dieser Form erledigt, mit mathematischer Strenge und Autorität abschließend durchdacht? Wir sind allerdings der Meinung, daß eine allfällige konsumierende Lese- und Lernhaltung kaum durch punktuelle äußere Einwirkungen aufgebrochen werden könnte. Entscheidend ist die Pflege der individuellen Sensibilität für Unstimmigkeiten im Denken. Hier läßt es sich dann kaum vermeiden – und es ist durchaus ehrenhaft – bezüglich π und der Katzen Zweifel zu verspüren, obwohl das Ergebnis hieb- und stichfest vorliegt. Im Sinne des Anliegens dieses Kapitels läßt sich sogar von einem unvollständigen Verständnis sprechen, solange „nur" die mathematische Seite (vielleicht sogar *einsichtig* und *mit operatorischer Beweglichkeit*) geklärt, die Diskrepanz zur intuitiven, der unmittelbaren Anschauung verpflichteten Auffassung der Sache aber unbewältigt oder gar verdrängt ist.

Nun sei aber doch angedeutet, wie sich diese intuitiven Zweifel im geschilderten Fall ausräumen lassen:

Die Intuition vermeint unmittelbar zu „sehen", daß ein Anheben des Seils um 16 cm im Falle der riesigen Erdkugel eine sehr viel erheblichere Verlängerung bedingen respektive mit sich bringen würde (während man die vorgeführte Rechnung — also: Verlängerung um 1 m entspricht einem allseitigen Anheben des Seils um 16 cm — für den Fall eines Fußballes als ungefähr zutreffend empfindet). Es gilt also, diese direkte Anschauung ernst zu nehmen und auch auf dieser Ebene zu zeigen, daß das Verhältnis von Umfangverlängerung zu Radiusverlängerung unabhängig von den Ausgangsgrößen konstant bleibt. Dazu betrachte man beispielsweise je ein Kreissegment von 10 cm in einem kleinen (für den Fußball stehenden) und einem großen (für die Erdkugel stehenden) Kreis (Abbildung 11):

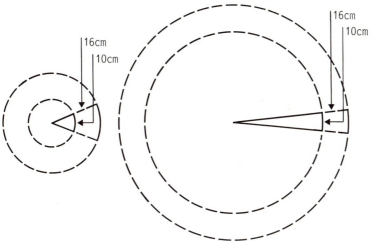

Abbildung 11

Wird nun — wie in der Abbildung angedeutet — in beiden Fällen der Radius um 16 cm verlängert, so wird natürlich auch das um soviel nach außen projizierte Segment länger. Die Anschauung zeigt dabei aber zweierlei: Einerseits enthält der große Kreis (resp. dessen erweiterte Version) mehr solche verlängerte Segmente, was die Idee einer größeren Gesamtsumme aller dieser Verlängerungen stützt. Andererseits ist die Verlängerung pro Einheitssegment aber beim kleinen Kreis offensichtlich größer. Bereits durch eine leichte gedankliche Präzisierung der Anschauung lassen sich also zwei gegenläufige Tendenzen — durchaus noch auf anschaulicher Basis — herausstellen, die sich gegenseitig kompensieren könnten: Mit wachsender Größe des Ausgangskreises wächst einerseits die Zahl der Segment-Verlängerungsstücke, aber gleichzeitig sinkt deren Länge. Eine kleine Anwendungsübung des Strahlensatzes zeigt auch, daß sich diese beiden anschaulichen Tendenzen tatsächlich exakt kompensieren. Damit ist das zuvor errechnete Ergebnis nicht nur gegen, sondern auch mit der Anschauung erwiesen.

Wer sich um ein erweitertes Verständnis im skizzierten Sinne bemüht (das bedingt natürlich ein eigenes, sorgfältiges Durchdenken der angedeuteten oder äquivalenter Beziehungen), wird auch in diesem Fall *Einsicht* und *operatorische Beweglichkeit* erleben können, dies aber jetzt in einem um intuitive oder anschauliche Auffassungen erweiterten Bereich.

6.2 Grundlagentext: Dieter Lohmann, Dialektisches Lernen

Es erscheint (...) sinnvoll, von einem einfachen praktischen Beispiel auszugehen, einer Unterrichtseinheit von wenigen Stunden im Deutschunterricht einer 5. Klasse (Sexta) eines altsprachlichen Gymnasiums, einem Beispiel, das den Vorteil hat, nichts Exzeptionelles zu bieten (d. h., so oder ähnlich wie in dem hier geschilderten Fall werden viele Lehrer vorgehen), das aber gerade darum die spezifischen Merkmale des „dialektischen Lernens" für jeden verdeutlichen kann.

Bei dem Unterrichtsbeispiel handelte es sich um die synkritische Gegenüberstellung verschiedener literarischer Abenteuergestalten. Ausgangspunkt und eigentlicher Unterrichtsstoff war die Behandlung und die Erarbeitung der charakteristischen Merkmale der Robinsongestalt in dem Roman von *D. Defoe.* Zugrundegelegt wurde die knappe Auswahl des Robinson im Lesebuch I von *Ernst Bender* (Deutsches Lesebuch für Gymnasien, Verlag G. Braun, Karlsruhe, S. 83–88, dazu das zugehörige Lehrerhandbuch ‚Bausteine' I, S. 73 f.), eine Auswahl, die die Kulturleistung des auf sich selbst gestellten Menschen als wesentlichen Gesichtspunkt hervortreten läßt. Daneben konnte bei den meisten Schülern die Kenntnis des ganzen Romans aus den zahlreichen Bearbeitungen für Kinder und Jugendliche auf Grund privater Lektüre vorausgesetzt werden.

Zunächst wurde – allerdings nur im Ansatz! – der Versuch gemacht, das Charakteristische dieser Abenteuergestalt isoliert, d. h. nur anhand der vorher gelesenen Lesebuchauswahl, zu bestimmen. Dabei zeigte sich deutlich – was für dieses Alter auch ganz natürlich ist und was jeder Unterstufenlehrer bestätigen wird –, daß ein *unmittelbares* Erfassen des „Wesentlichen" aus einer solchen Lektüre, und sei sie noch so gezielt ausgewählt, ohne Hilfe des Lehrers bei zehnjährigen Kindern kaum zu erwarten ist. Auf die Frage, was denn nun bei Robinson besonders auffalle, erhält der Lehrer im allgemeinen eine Fülle von Antworten, in denen der Sextaner sein Wissen ausbreitet. In diesem Fall wurden in erster Linie zahlreiche (für das Kind eindrucksvolle) Details aus den übrigen (im Lesebuch gerade ausgeklammerten) Partien des Werkes nachgetragen. Die Frage nach dem „Wesentlichen" wurde also nicht verstanden, oder – was wohl richtiger ist – sie fand von diesem Ansatz her beim Schüler kein spontanes Interesse. Daß das „Unterrichtsziel" trotzdem auch so meist erreicht wird, verdankt man nicht in erster Linie der Spotaneität des Schülers, denn an diesem Punkt pflegt an unseren Schulen das sogenannte „entwickelnde Verfahren", das sattsam bekannte Frage-und-Antwort-Spiel zwischen Lehrer und Klasse, einzusetzen; die mehr oder weniger geschickte „Lehrerfrage" hat bei dieser interpretierenden „Vertiefung" ihre große Stunde, und am Ende hat die Klasse – an das Verfahren gewöhnt und sich ihm willig unterwerfend – das Ergebnis „herausgefunden". Dieser Weg wurde nicht beschritten. Statt dessen erhielt die Klasse einen *Kontrast-Stoff,* einen zweiten Themenkreis, mit der Aufforderung, Vergleiche anzustellen. Es bot sich die Gestalt des Odysseus an, die gleichzeitig im Lateinunterricht behandelt wurde. Allein das Stichwort „Odysseus" provozierte sogleich eine Fülle von spontan vorgetragenen Assoziationen und Anregungen:

Bei beiden Abenteuergestalten spielt das gefahrvolle Meer und der Schiffbruch eine wichtige Rolle, beide werden auf Inseln verschlagen, sie verlieren ihre Gefährten. Weitere Stichworte: Einsamkeit, Verlassenheit, Sehnsucht nach der Heimat, späte Rückkehr etc.

Zeile 1: Aus: Dieter Lohmann „Dialektisches Lernen", Stuttgart: Klett, 1973, S. 22–26

Gleichzeitig werden aber auch die *Unterschiede* hervorgehoben:

Bei Odysseus spielen (anders als bei Robinson) die gemeinsamen Abenteuer mit den Gefährten eine große Rolle, er ist nur kurze Zeit allein, er ist nicht – wie Robinson – ständig auf einer einzigen Insel . . . Odysseus ist ein König und Krieger – Robinson ein einfacher Matrose etc.

Diese vergleichende Zusammenschau wird an der Tafel *synoptisch,* d. h. in zwei parallelen Kolumnen entwickelt, wobei gleich differenziert wird zwischen sachlichen *Übereinstimmungen* und *spezifischen Unterschieden.* Der „springende Punkt" bei der Robinsongestalt wird bei diesem Vorgehen sehr rasch und unmittelbar erkannt: Robinson pflügt und sät, er erfindet Geräte, er gestaltet seine Umwelt – unvorstellbar ein ackerbauender oder Fellkleider nähender Odysseus! Die Warum-Frage stellt sich dabei von selbst, der Lehrer braucht kaum helfend einzugreifen:

Odysseus sitzt den ganzen Tag weinend am Strand, seine Sehnsucht nach Penelope würde es nicht zulassen, sich häuslich einzurichten . . . Kalypso sorgt ja für ihn . . . Ein König arbeitet nicht für seinen Lebensunterhalt, er erbeutet ihn höchstens, oder er wird eingeladen . . . – Es kommen aber auch Antworten wie: In den alten Sagen geht es um Kämpfe, Abenteuer oder Götter, aber nicht um das Überleben durch Landwirtschaft und Werkzeugerfindung. Den Schriftsteller Defoe hat aber wohl gerade *das* interessiert. Eigentlich ist Robinson gar kein richtiger ‚Abenteurer'. – Daran knüpfen sich weitere Fragen: Ist Odysseus einer? So wie Münchhausen oder die Männer des Wilden Westens? Odysseus ist eher wie Sindbad oder Aeneas . . . – Robinson aber erinnert an die Geschichte von *Rulaman* . . ., woran sich bei den Schülern die entscheidende Erkenntnis knüpft, daß die Robinsonade im Grunde auch – wie „Rulaman" – die Rückprojektion in die Urzeit der Menschheit ist und in geraffter Form die allmähliche Entstehung der menschlichen Kulturleistung behandelt.

Man sieht, der Kreis der Vergleichspunkte wird erweitert, neue Namen und Gestalten tauchen auf.

Die Gestalt des Münchhausen, dessen Lügengeschichten kurz zuvor im Unterricht behandelt wurden, gibt neue Anregungen. Es entsteht neben Robinson und Odysseus eine dritte synoptische Kolumne. Zunächst die „oberflächlichen" Übereinstimmungen und Unterschiede: Münchhausens Abenteuer sind in erster Linie Land-Abenteuer, bei ihm spielt die Einsamkeit keine Rolle. Wie der kluge Odysseus weiß er sich in jeder Situation zu helfen, wie dieser ist Münchhausen ein Krieger, ein adeliger Mann . . . Dann taucht ein neuer Aspekt auf, der die Klasse lange beschäftigt:

Münchhausen lügt, und zwar so deftig, daß es jeder merken muß. Auch Odysseus erlebt Abenteuer, die offenbar ins Reich des Märchens gehören. Münchhausen erzählt aber so, daß jeder die Lüge durchschaut, obwohl er gerade in übertriebener Weise einen Anspruch auf Glaubwürdigkeit erhebt, er will also nur das Publikum unterhalten . . . – Wie ist das bei Odysseus? – Und wie ist es bei Robinson? Bei diesem hört sich alles sehr wirklich an. Ein Schüler weiß auch: Es gibt tatsächlich eine Robinsoninsel, und es hat einen historischen Robinson gegeben. – Stimmt aber darum alles in der Erzählung Defoes?

Probleme werden sichtbar, die für eine literarische Betrachtung schon auf dieser Stufe Bedeutung gewinnen: die verschiedenen *Realitätsebenen,* die Entdeckung, daß in diesem Bereich die einfache Alternative Lüge – Wahrheit (eine Alternative,

---

Zeile 23: D. F. Weinland, Rulaman, Erzählung aus der Zeit der Höhlenmenschen und des Höhlenbären (R. Wunderlich Verlag Tübingen).

die Kinder spontan interessiert) nicht ausreicht. Noch etwas wird in diesem Zusammenhang entdeckt: Bei Odysseus ist die Erzählung nicht einheitlich. Da gibt es den schiffbrüchigen, den heimkehrenden Odysseus, der ganz wirklich anmutet und den man für „historisch" halten kann – und auf der anderen Seite die „Märchen", das „Seemannsgarn", den Zyklopen, Skylla und Charybdis. Und dann die wichtige Entdeckung: Diese unwirklichen Abenteuer erzählt *er selbst* (Ich-Erzählung), die übrigen (glaubhaften) Partien erzählt der Dichter. Fragen der Erzähl-*Perspektive* werden wichtig, Vermutungen über die Gründe werden laut („Das hat der Homer deshalb gemacht, damit er nicht selbst beim Lügen ertappt wird"), Probleme der Komposition und formale Aspekte erhalten Bedeutung: Der Wechsel in der Perspektive und die Umrahmungstechnik in der Odyssee. Aber die Entdeckerfreude läßt sich nicht bremsen. Obwohl hier vorerst nur die „Kenner" der römischen Sagenwelt mitmachen können, wird eine vierte synoptische Kolumne begonnen: Aeneas. Die Ähnlichkeit mit Odysseus ist schon lange aufgefallen, nicht nur die Irrfahrten mit den Gefährten erinnern an ihn, nicht nur die ähnlichen oder gleichen Abenteuer (Zyklop, Gang in die Unterwelt), auch verborgene Parallelen werden auf einmal sichtbar: hier wie dort der dem Helden zürnende Gott (Poseidon – Hera; die Gründe für den Haß des Gottes werden untersucht), die Gefahr, bei einer Frau festgehalten zu werden (Kalypso – Dido). Ebenso interessieren die Unterschiede: Odysseus will heim zu seiner Frau, Aeneas soll im unbekannten Land Rom gründen (Einwand: „Aber auch Aeneas findet in Italien eine Frau!"). Die Schüler erkennen: Diese Übereinstimmungen können nicht Zufall sein; zwischen Odysseus und Aeneas besteht ein anderes Verhältnis als zwischen Odysseus und Robinson oder gar Münchhausen. Die Frage der literarischen Nachahmung taucht auf. Historische Zusammenhänge werden wichtig („Wer war Homer, wer war Vergil? Wer lebte früher?"). Es werden bereits literarische Probleme im Ansatz sichtbar, die wir eher in wissenschaftlichen Untersuchungen als bei elfjährigen Kindern erwarten.

6.3 Integration strukturell verwandter Wissensbestände

Lohmann berichtet von einer über vier Lektionen laufenden Unterrichtseinheit, in welcher der nach seinem dialektischen (auch „synkritisch" genannten) Prinzip in Gang gebrachte Lernprozeß eine beträchtliche Eigendynamik gewann. Die Schüler wurden offensichtlich dafür sensibilisiert, angesichts der bereits einigermaßen bekannten Figur des Robinson ihr Wissen nach verwandten Figuren abzusuchen. Die Art der Verwandtschaft wurde dann jeweils in einem Vergleichsprozeß erhellt, der nicht nur die beteiligten literarischen Konstellationen wechselseitig deutlicher werden ließ, sondern auch manche übergreifende und integrierende Erkenntnis brachte. *Lohmann* (1973, 51) betont in seiner Analyse zum berichteten Unterricht neben der horizontalen eine vertikale Spannung:

„Die synkritische Betrachtung der beiden Gestalten Odysseus und Robinson führt sogleich zu einer vorerst globalen, dann aber immer exakteren Systematisierung des gesamten übergeordneten Stoffgebietes. Neue Kategorien werden für die Gruppierung und Zuordnung gewonnen: Hier haben wir die Gruppe der Seeabenteurer, dort die der Lügenerzähler, wir können differenzieren nach Erzählperspektiven oder nach der sozialen Stellung des Helden etc. Der Wunsch nach dem orientierenden Überblick erwächst aus dem Vergleich. (Welche anderen Seeabenteuer gibt es in der Literatur? Wo spielt das Motiv der einsamen Insel noch eine Rolle? etc.). Ein solcher Schritt zum übergeordneten System macht erst die Verbindung von Induktion und Deduktion möglich, Voraussetzung jedes fruchtbaren Denkens: Ist auf induktivem Wege eine bestimmte Ordnungskategorie gewonnen, wird sogleich deduktiv der Bereich ausgeweitet: Münchhausen, Sindbad, Aeneas etc."

Die Eigendynamik des Lernens und Verstehens, welche durch den Initialvergleich ausgelöst wurde, besticht in der Tat. Es ist, als riefe ein ins Wasser geworfener Stein nach allen Seiten sich ausbreitende Wellen hervor. Gibt es ein Ende dieser Bewegung? Wahrscheinlich verliert sie – wie im Analogiebeispiel der Wasserwellen – aufgrund innerer Widerstände nach einiger Zeit ihren Schwung und kommt zum Erliegen, bevor alles potentiell resonanzfähige Material erfaßt ist. (Daß die Herstellung von Konsistenz zwischen Gedächtnisinhalten kein automatisch ablaufender Prozeß ist, zeigen z. B. die von *McGuire* 1968 berichteten Forschungen.) So läßt sich wohl aus einer solchen in die Breite des kognitiven „Repertoires" wirkenden Integrationsbewegung auch kein genaues Kriterium des Verstehens gewinnen. Aber sicher liegt hier wieder ein brauchbares *subjektives Korrelat von Verstehen* vor: Das Gefühl, die Konzeption einer Sache mit bisherigen eigenen Wissensbeständen in Einklang gebracht, geahnte Verwandtschaften und Zusammengehörigkeiten geklärt zu haben, ist ein der Selbsterfahrung zugängliches Erlebnis-Indiz dafür, daß ein gegebener Sachverhalt „weitgehend" verstanden ist. Und *Lohmann* selbst argumentiert auch konsequent dafür, das „dialektische Prinzip" nicht nur als Prinzip der Unterrichtsgestaltung zu sehen, sondern auch als eines der Gestaltung eigenen Lernens (1973, 50–53).
Bei *Lohmann* (1973, 29) findet sich auch der Hinweis, daß ein in seinem Sinne dialektisch ablaufender Verstehensprozeß auch operatorische Beweglichkeit sensu *Piaget* (s. Kap. 5) einschließe:

„ ... der gedankliche Prozeß ist reversibel, d. h. das neu Erkannte wird sogleich seinerseits Ausgangspunkt für die Rück-Projektion auf die andere Seite, von der ursprünglich auszugehen war. Auf diese Weise wird nicht nur durch Synkrisis mit dem schon Bekannten das Neue erkannt und gelernt, sondern in einer Art ‚Rück-Koppelung' werden nun neue Aspekte bei dem (angeblich) längst Bekannten sichtbar."

Daß zusätzlich auch das gestaltpsychologische Verständniskriterium des *inneren Sehens einer Gesamtstruktur* (s. Kap. 4) in Parallelität mit dem hier betonten *Konsistenzkriterium* wirken kann, zeigt ein abschließendes Beispiel. Wer den mathematischen Begriff des größten gemeinsamen Teilers (ggT) zu lernen hat, wird dabei den Begriff des kleinsten gemeinsamen Vielfachen (kgV) mit Vorteil einbeziehen, und umgekehrt. Wird dies nicht im Unterricht geleistet, wird es – je nach bisheriger Lerngeschichte – zu einer Frage der oben beschriebenen Sensibilität für „irgendwie verwandte Konzepte", ob diese Integration unternommen wird. Abbildung 12 (S. 108) zeigt, wie die beiden Konzepte in einer Gesamtstruktur aufeinander bezogen werden können. *Verstehen impliziert sowohl Übersicht wie Beweglichkeit im Rahmen dieser Gesamtstruktur.* So stellen also im besten Falle das Bewußtsein einer gelungenen Zuordnung, die Übersicht über die erarbeiteten Zusammenhänge und die operatorische Beweglichkeit im Rahmen der betreffenden Struktur drei Komponenten (oder vielleicht lediglich Aspekte) eines erlebbaren Gefühls dar, „verstanden" zu haben.

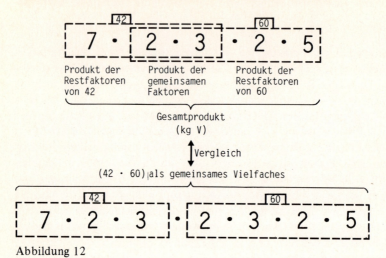

Abbildung 12

Teil III:
Lernziel: Verstehen

Kapitel 7: Probleme der Formulierung von Zielvorstellungen des Lernens

In den Kapiteln 1–6 wurde das Lernen und Verstehen – oder vielmehr das auf Verständnis ausgerichtete Lernen – unter psychologischen und pädagogischen Gesichtspunkten behandelt. Der zweite Teil war auch als direkter Beitrag zur Förderung dieser Fähigkeit angelegt. Damit gehört dieser Text zur wachsenden Literatur, die sich mit dem Thema „Lernen lernen" befaßt (vgl. *Geißler* 1981, 200). Allerdings erscheint sein Anspruch in dieser Richtung vergleichsweise bescheiden, denn es werden keine handfesten Verhaltensweisen und Techniken des Lernens angeboten und geübt, wie dies in der erwähnten Literatur mehrheitlich der Fall ist. Der Verfasser ist der Meinung, daß sich gerade für den entscheidenden Punkt des Verstehens auch kaum solche Techniken angeben lassen.

Weltner betont in seinem von einer Fülle interessanter praktischer Ratschläge gekennzeichneten Buch zum „Autonomen Lernen" immer wieder, daß die Feststellung des Lernstandes das zentrale Problem der (Selbst-)Lernregelung sei (1978, 86, 93, 142). Die von ihm vorgeschlagenen „Leitprogramme" enthalten dazu geeignete Testaufgaben, anhand welcher der Lernende jeweils sein Verständnis der behandelten Materie überprüfen kann. *Weltner* vertraut darauf, daß beim Umgang mit diesen Leitprogrammen eine verinnerlichte Gewohnheit und Fähigkeit solcher Selbstprüfung des Lernerfolges entstehen:

„Diese Mitbeteiligung des Lernenden im Sinne einer unterstützten Selbstkontrolle sensibilisiert seine Fähigkeit zur Selbstbeurteilung" (1978, 96).
„Es ist eine plausible Hypothese, daß die Aktivierung bestimmter Lerntätigkeiten implizite die entsprechenden Lernkompetenzen aufbaut" (1978, 133).

Dieses Vertrauen nährt sich aus einer verhaltenspsychologischen Grundeinstellung, welche das fragliche Prüfverhalten weitgehend unanalysiert läßt und das Problem auf eines der Übung, Gewöhnung und „Motivation" reduziert:

„Der Aufbau und die Veränderung des Lernverhaltens ist eine Verhaltensmodifikation. Vergleichsweise leicht ist es dabei, die Kenntnis des erwünschten und erfolgreichen Verhaltens zu vermitteln. Wesentlich schwieriger ist es, die Verhaltensdispositionen so zu verändern, daß in der aktuellen Situation das als richtig erkannte Verhalten auch gegen – meist innere – Widerstände aktiviert wird."

Was das „Verhalten" des Verständnisprüfens betrifft, erfährt man allerdings nichts Genaueres, als daß es sich eben aus der Gewohnheit des Lösens von Leitprogramm-Testaufgaben mitentwickeln soll. Wahrscheinlich tut es das tatsächlich in gewissem Ausmaß. Allerdings bleibt so unklar, was eigentlich dabei gelernt wird – ist es vielleicht eben nur ein „Gespür" für den inneren Zustand des Verstandenhabens? – daß es einer Leerformel gleichkommt, an diesem entscheidenden Punkt vom Erwerb einer Lerntechnik zu sprechen.
Das ist die Kritik eines Kognitivisten, welche hier *Weltner* stellvertretend für viele andere trifft. Wir machen keinen Hehl daraus – und die ganze bisherige Darstel-

lung ist davon bestimmt –, daß uns im Problembereich des Verstehens die verhaltenspsychologische Begrifflichkeit inadäquat und nicht weiterführend erscheint. Das betrifft sowohl die Selbstbeurteilung des Verstehens als auch das Verstehen selber. Damit ist auch ein Gegensatz zu den einflußreichen Formulierungen von *Benjamin S. Bloom* und seinen Mitarbeitern (1956/1972) zum „Lernziel Verstehen" impliziert. Die ungebrochene Popularität dieser Konzeption läßt es angezeigt erscheinen, die vorliegende Darstellung dazu in Beziehung zu setzen (vgl. Kap. 7.1 und 7.2). Ebenso drängen sich einige Abgrenzungen zu einem zweiten bekannten Versuch auf, das Lernziel „Verstehen" auf verhaltenspsychologischer Basis zu charakterisieren, nämlich zur „Typologie von Lernformen" nach *Robert M. Gagné* (vgl. Kap. 7.3).

7.1 Grundlagentext: Benjamin S. Bloom, Taxonomie von Lernzielen im kognitiven Bereich

Wissen

1.00 *Wissen* (Knowledge)
Wissen, so wie es hier definiert wird, umfaßt das Erinnern von Besonderheiten und Allgemeinheiten, das Erinnern von Methoden und Prozessen oder das Erinnern von Mustern, Strukturen oder Festlegungen. Für die Überprüfung beinhaltet die Situation des Erinnerns wenig mehr als das Bewußtmachen geeigneten Materials. Es mag sein, daß dabei einiges Neuordnen des Materials nötig ist, jedoch ist das der relativ geringere Teil der Aufgabe. Die Lernziele der Kategorie Wissen legen den psychologischen Prozessen des Erinnerns besonderes Gewicht bei. Der Prozeß des Beziehens ist auch insofern beteiligt, als eine Prüfungssituation das Ordnen und wieder Neuordnen eines Problems erfordert, so daß es die geeigneten Zeichen und Hinweise dafür liefert, welche Informationen und welches Wissen das Individuum besitzt. Wenn man sich etwa das Bewußtsein und das dahinter liegende Gedächtnis wie eine Kartei vorstellt, dann besteht die Schwierigkeit einer Wissensprüfung darin, in der Aufgabenstellung die geeigneten Zeichen, Hinweise und Schlüssel zu finden, die am wirkungsvollsten alles Wissen, das darüber in der Kartei gespeichert ist, zutage bringen.

1.10 *Wissen von konkreten Einzelheiten* (Knowledge of Specifics)
Das Wiedererinnern von Besonderheiten und isolierbaren Informationen. Das Schwergewicht liegt auf Symbolen mit konkreten Bedeutungen. Dieses Material, das auf einer sehr niedrigen Ebene von Abstraktion liegt, kann man sich als die Elemente vorstellen, aus denen komplexere und abstraktere Formen von Wissen aufgebaut sind.

1.11 *Terminologisches Wissen* (Knowledge of Terminology)
Wissen von Bedeutungen spezieller verbaler oder nicht verbaler Symbole – Dies schließt das Wissen der am meisten akzeptierten Symbolbedeutungen ein, das Wissen über eine Vielzahl von Symbolen, die für eine einzige gemeinsame Bedeutung benutzt werden, oder das Wissen von einer Bedeutung, die zu einem vorgegebenen Gebrauch eines Symbols am besten paßt.

Zeile 1/2: Aus: Benjamin S. Bloom (Hrsg.) „Taxonomie von Lernzielen im kognitiven Bereich", Weinheim und Basel: Beltz, 1972, S. 217–223

Beispiele
Technische Begriffe durch ihre Attribute, Eigenschaften und Beziehungen zu definieren.
Bekanntheit mit einer großen Anzahl von Wörtern in ihrer alltäglichen Bedeutung.

1.12 *Wissen einzelner Faktoren* (Knowledge of Specific Facts)
Wissen von Daten, Ereignissen, Personen, Orten usw. Dies kann auch sehr genaue und spezielle Informationen, wie z. B. das genaue Datum eines Ereignisses oder die exakte Größe einer Erscheinung einschließen. Auch ungefähre Angaben, wie z. B. die Zeitperiode, in der ein Ereignis geschah, oder die allgemeine Größenordnung eines Phänomens gehören zu dieser Kategorie.

Beispiele
Das Erinnern der wichtigsten Fakten über bestimmte Kulturen.
Der Besitz eines Minimalwissens über Organismen, die in einem Labor studiert wurden.

1.20 *Wissen der Wege und Mittel, mit konkreten Einzelheiten zu arbeiten* (Knowledge of Ways and Means of Dealing with Specifics)
Wissen über die Arten der Organisation des Studierens, Beurteilens und Kritisierens. Dies schließt die Forschungsmethoden mit ein, das Bilden von Sequenzen und die Kriterien des Urteils innerhalb eines Fachgebietes ebenso wie die Struktur, die die Teilbereiche in diesem Gebiet selbst bestimmt und intern organisiert. Dieses Wissen ist auf einer mittleren Ebene der Abstraktion einzustufen. Es verlangt nicht so sehr die Aktivität des Schülers, das Material zu benutzen, sondern mehr eine passive Haltung, darüber Bescheid zu wissen.

1.21 *Wissen von Konventionen* Knowledge of Conventions)
Wissen der wichtigsten Wege der Behandlung und Präsentation von Ideen und Erscheinungen. Für Zwecke der Kommunikation und der Übereinstimmung verwenden Fachleute Gebräuche, Stile, bestimmte Praktiken und Formen, die ihren Zwecken am besten angepaßt sind und/oder die den Erscheinungen, mit denen sie zu tun haben, am besten angepaßt erscheinen. Diese Formen und Übereinkünfte sind wahrscheinlich auf einer willkürlichen zufälligen Grundlage errichtet oder von jemandem bestimmt worden. Dennoch werden sie wegen der allgemeinen Übereinstimmung der damit beschäftigten Individuen beibehalten.

Beispiele
Vertrautheit mit Formen und Konventionen der Hauptarten schriftstellerischer Arbeit, z. B. von Gedichten, Dramen, wissenschaftlichen Berichten etc.
Dem Schüler die richtige Form und den richtigen Gebrauch von Schrift und Sprache bewußt machen.

1.22 *Wissen von Trends und zeitlichen Abfolgen* (Knowledge of Trends and Sequences)
Wissen von den Prozessen, Richtungen und Bewegungen der Erscheinungen im Ablauf der Zeit.

Beispiele
Das Verständnis von der Kontinuität und Entwicklung der amerikanischen Kultur, wie sie sich im amerikanischen Leben darstellen.
Wissen der Tendenzen, die der Entwicklung der öffentlichen Wohlfahrtsprogramme zugrunde liegen.

1.23 *Wissen von Klassifikationen und Kategorien* (Knowledge of Classifications and Categories)
Das Wissen von Klassen, Mengen, Abteilungen und Vereinbarungen, die für ein vorgegebenes Fachgebiet, einen Zweck, ein Argument oder ein Problem als grundlegend oder nützlich gelten.

Beispiele
Das Erkennen eines Bereiches, der von verschiedenen Arten von Problemen oder Materialien umschlossen ist.
Das Vertrautwerden mit einem bestimmten Bereich der Literatur.

1.24 *Wissen von Kriterien* (Knowledge of Criteria)
Wissen von Kriterien, durch die Tatbestände, Prinzipien, Meinungen und Betragen überprüft oder beurteilt werden.

Beispiele
Das Vertrautsein mit Urteilskriterien, die der Art eines Werkes und dem Zweck, zu dem es gelesen wird, angemessen sind.
Wissen von Kriterien für die Bewertung von Freizeitbeschäftigungen.

1.25 *Wissen von Methoden* (Knowledge of Methodology)
Wissen von Methoden des Forschens, der Techniken und Verfahren, die in einem besonderen Fachgebiet angewendet werden oder die benutzt werden, um besondere Probleme und Erscheinungen zu erforschen.
Die Betonung liegt hier mehr auf dem Wissen des Individuums über die Methode als auf seiner Fähigkeit, diese Methode zu benutzen.

Beispiele
Wissen von wissenschaftlichen Methoden zur Bewertung von Begriffen der Gesundheit.
Der Schüler soll die Methoden kennen, die geeignet sind, Probleme der Sozialwissenschaften in Angriff zu nehmen.

1.30 *Wissen von Verallgemeinerungen und Abstraktionen eines Fachgebietes* (Knowledge of the Universals and Abstractions in a Field)
Wissen der wichtigsten Schemata, Ideen und Muster, durch die Erscheinungen und Ideen organisiert sind. Es handelt sich um größere Strukturen, Theorien und Verallgemeinerungen, die ein Fachgebiet beherrschen oder die allgemein beim Studium von Erscheinungen oder beim Lösen von Problemen benutzt werden. Diese Strukturen finden sich auf der höchsten Ebene der Abstraktion und Komplexität.

1.31 *Wissen von Prinzipien und Verallgemeinerungen* (Knowledge of Principles and Generalizations)
Das Wissen besonderer Abstraktionen, die Beobachtungen von Erscheinungen zusammenfassen. Diese Abstraktionen sind beim Erklären, Beschreiben und Vorhersagen oder bei der Bestimmung der geeignetsten und wichtigsten geplanten Handlung oder Anordnung von Wert.

Beispiele
Wissen von wichtigen Prinzipien, durch die unsere Erfahrung mit biologischen Phänomenen zusammengefaßt wird.
Das Erinnern von wichtigen Verallgemeinerungen über bestimmte Kulturen.

1.32 *Wissen von Theorien und Strukturen* (Knowledge of Theories and Structures)
Wissen über die Gesamtheit von Prinzipien und Verallgemeinerungen, zusammen mit ihren gegenseitigen Beziehungen, die eine komplexe Erscheinung, ein Pro-

blem oder ein Fachgebiet klar, abgerundet und systematisch darstellen. Dies sind die abstraktesten Formulierungen und sie können dafür benutzt werden, die Beziehungen und die interne Organisation eines großen Bereichs von Fakten zu zeigen.

Beispiele
Erinnern der Haupttheorien über bestimmte Kulturen.
Wissen einer ziemlich vollständigen Formulierung der Theorie der Evolution.

Intellektuelle Fähigkeiten und Fertigkeiten

Fähigkeiten und Fertigkeiten beziehen sich auf organisierte Arten des Vorgehens und verallgemeinerte Techniken zum Behandeln von Materialien und Problemen. Die Materialien und Probleme mögen so beschaffen sein, daß wenig oder keine spezialisierte und technische Information nötig ist. Von dieser Art Information kann man annehmen, daß sie ein Teil des allgemeinen Wissensreichtums des Individuums ist. Andere Probleme können spezialisierte und technische Informationen auf einem ziemlich hohen Niveau erfordern, so daß besonderes Wissen und Fertigkeiten zur Behandlung der Probleme und des Materials nötig sind. Die Lernziele für Fähigkeiten und Fertigkeiten betonen den geistigen Prozeß des Organisierens und wieder Neuorganisierens von Material, um einen bestimmten Zweck zu erreichen. Das Material kann gegeben oder erinnert sein.

2.00 *Verstehen* (Comprehension)
Dies stellt die niedrigste Ebene des Begreifens dar. Es bezieht sich auf eine Art des Begreifens oder Wahrnehmens der Art, daß das Individuum darüber Bescheid weiß, worüber kommuniziert („gesprochen") wird, und daß es das Material oder die Idee, von der die Rede ist, benutzen kann, ohne es unbedingt mit anderem Material in Beziehung zu setzen oder seine umfassendste Bedeutung zu erkennen.

2.10 *Übersetzen* (Translation)
Das Verstehen, wie es sich durch die Sorgfalt und Genauigkeit darstellt, mit der die Nachricht frei wiedergegeben oder von einer Sprache oder Form von Nachricht in eine andere umgesetzt wird. Die Übersetzung wird nach ihrer Genauigkeit beurteilt, d. h., nach dem Ausmaß, mit dem das Material in der ursprünglichen Bedeutung der Nachricht erhalten ist, obwohl sich die Form der Nachricht verändert hat.

Beispiele
Die Fähigkeit, nicht wörtliche Aussagen zu verstehen (Metaphern, Symbole, Ironie, Übertreibung).
Fertigkeit im Übersetzen mathematisch-verbalen Materials in symbolische Aussagen und umgekehrt.

2.20 *Interpretieren* (Interpretation)
Das Erklären oder Zusammenfassen einer Nachricht. Während das Übersetzen ein objektives Stück-für-Stück Ersetzen einer Nachricht beinhaltet, umfaßt das Interpretieren ein Wiederordnen oder eine neue Ansicht des Materials.

Beispiele
Die Fähigkeit, den Gedanken eines Werkes als Ganzes auf jedem gewünschten Niveau der Allgemeinheit zu erfassen.
Die Fähigkeit, verschiedene Arten von sozialen Daten zu interpretieren.

2.30 *Extrapolieren* (Extrapolation)
Das Erweitern von Trends oder Tendenzen über die gegebenen Daten hinaus, um Implikationen, Konsequenzen, Folgeerscheinungen, Effekte usw. zu bestim-

men, die mit den Bedingungen übereinstimmen, die in der ursprünglichen Nachricht beschrieben sind.

Beispiele
Die Fähigkeit, aus einem Werk Schlüsse zu ziehen im Sinn von unmittelbaren Folgerungen aus den expliziten Aussagen.
Die Fertigkeit, den weiteren Verlauf von Trends vorherzusagen.

3.00 *Anwendung* (Application)
Der Gebrauch von Abstraktionen in besonderen und konkreten Situationen. Die Abstraktionen können in Form von allgemeinen Ideen, Regeln über Prozeduren oder verallgemeinerten Methoden vorliegen. Die Abstraktionen können ebenso technische Prinzipien, Ideen und Theorien sein, die im Gedächtnis behalten und angewendet werden müssen.

Beispiele
Die Anwendung von wissenschaftlichen Fachausdrücken und Begriffen, die in einer Veröffentlichung benutzt werden, auf Erscheinungen, die in einer anderen Veröffentlichung besprochen werden.
Die Fähigkeit, den wahrscheinlichen Effekt vorauszusagen, den die Veränderung eines Faktors auf eine biologische Situation, die vorher im Gleichgewicht war, ausüben würde.

4.00 *Analyse* (Analysis)
Das Zerlegen einer Nachricht in ihre grundlegenden Elemente oder Teile, so daß eine Hierarchie von Ideen klar und/oder die Beziehungen zwischen den ausgeführten Ideen deutlich gemacht werden. Solche Analysen zielen daraufhin, die Nachricht zu klären, anzudeuten, wie die Nachricht organisiert ist, und die Richtung, in der sie wirkt, aber ebenso ihre Grundlage und ihre Zusammensetzung zu zeigen.

4.10 *Analyse von Elementen* (Analysis of Elements)
Das Identifizieren von Elementen, die in einer Nachricht enthalten sind.

Beispiele
Die Fähigkeit, stillschweigende Annahmen zu erkennen.
Die Fertigkeit, Tatsachen von Hypothesen zu unterscheiden.

4.20 *Analyse von Beziehungen* (Analysis of Relationships)
Die Beziehungen zwischen Elementen und Teilen einer Nachricht.

Beispiele
Die Fähigkeit, die Folgerichtigkeit einer Hypothese mit einer gegebenen Information oder mit Annahmen zu überprüfen.
Die Fertigkeit, die Zusammenhänge zwischen den Ideen in einem Absatz zu begreifen.

4.30 *Analyse von ordnenden Prinzipien* (Analysis of Organizational Principles)
Die Organisation, die systematische Zusammensetzung und die Struktur, die die Nachricht zusammenhalten. Dies umfaßt sowohl die „explizite" als auch die „implizite" Struktur. Es schließt die Grundlagen, notwendigen Zusammensetzungen und die Mechanismen ein, die eine Nachricht zu einer Einheit machen.

Beispiele
Die Fähigkeit, Form und Gehalt in einem literarischen Werk oder Kunstwerk als ein Mittel für das Erfassen seiner Bedeutung zu erkennen.
Die Fähigkeit, die Techniken wahrzunehmen, die bei suggestivem Material, wie bei der Werbung, der Propaganda usw. benutzt werden.

5.00 *Synthese* (Synthesis)
Das Zusammenfügen von Elementen und Teilen zu einem Ganzen. Das schließt den Prozeß des Arbeitens mit Stücken, Teilen, Elementen usw. ein, ebenso ihr Ordnen und Zusammensetzen der Art, daß sie ein Muster oder eine Struktur bilden, die vorher nicht klar erkenntlich war.

5.10 *Herstellen einer einzigartigen Nachricht* (Production of a Unique Communication)
Das Entwickeln einer Nachricht, in der der Schreiber oder Sprecher anderen Ideen, Gefühle und/oder Erfahrungen mitzuteilen versucht.

Beispiele
Die Fähigkeit, so zu schreiben, daß eine ausgezeichnete Ordnung der Ideen und Aussagen benutzt wird.
Die Fähigkeit, eine persönliche Erfahrung eindringlich mitzuteilen.

5.20 *Entwerfen eines Plans für bestimmte Handlungen* (Production of a Plan, or Proposed Set of Operations)
Das Entwickeln eines Arbeitsplans oder das Entwerfen eines Operationsplans. Der Plan sollte die Erfordernisse der Aufgabe erfüllen, die dem Schüler entweder gegeben sind oder die er sich selbst entwickelt haben mag.

Beispiele
Die Fähigkeit, Wege für die Überprüfung von Hypothesen vorzuschlagen.
Die Fähigkeit, eine Unterrichtseinheit für eine besondere Lehrsituation zu planen.

5.30 *Ableiten einer Folge abstrakter Beziehungen* (Derivation of a Set of Abstract Relations)
Das Entwickeln einer Menge abstrakter Beziehungen, um entweder besondere Daten oder Erscheinungen zu klassifizieren oder zu klären, oder das Ableiten von Lehrsätzen und Beziehungen aus einer gegebenen Menge von Lehrsätzen oder symbolischen Repräsentationen.

Beispiele
Die Fähigkeit, geeignete Hypothesen zu formulieren, die sich auf eine Analyse der damit zusammenhängenden Faktoren stützt, und diese Hypothesen im Hinblick auf neue Faktoren und Betrachtungen zu modifizieren.
Die Fähigkeit, mathematische Entdeckungen und Verallgemeinerungen zu machen.

6.00 *Evaluation* (Evaluation)
Urteile über den Wert, der für einen bestimmten Zweck gegebenen Materialien und Methoden. Quantitative und qualitative Urteile, inwieweit Material und Methoden bestimmte Kriterien erfüllen. Die Benutzung einer Bewertungsnorm. Die Kriterien können vom Schüler selbst bestimmt oder ihm gegeben worden sein.

6.10 *Urteilen aufgrund innerer Evidenz* (Judgement in Terms of Internal Evidence)
Das Bewerten der Richtigkeit einer Nachricht nach solch klaren Kriterien, wie logischer Richtigkeit, Übereinstimmung usw.

Beispiele
Das Urteilen nach inneren Normen, die Fähigkeit, die allgemeine Wahrscheinlichkeit der Richtigkeit dargelegter Tatsachen zu erfassen, und zwar aus der Sorgfalt, mit der die exakte Formulierung der Aussagen, der Dokumentation, der Nachweise usw. vorgenommen wird.
Die Fähigkeit, logische Fehler in einer Begründung nachzuweisen.

6.20 *Urteilen aufgrund äußerer Kriterien* (Judgement in Terms of External Criteria)
Bewertung von Material, bezogen auf ausgewählte oder erinnerte Kriterien.
Beispiele
Der Vergleich von Haupttheorien, Verallgemeinerungen und Tatsachen bestimmter Kulturen.
Urteile nach externen Normen, die Fähigkeit, ein Werk mit den höchsten bekannten Standards in diesem Bereich zu vergleichen, besonders mit anderen Werken von anerkannter Auszeichnung.

7.2 Verstehen lernen, oder das Verstehen kennenlernen? (Zum Ansatz von Bloom)

In *Bloom's* Taxonomie der Lernziele erscheint *Verstehen* explizit als die erste *Kategorie* einer Reihe von immer komplexer werdenden *intellektuellen Fähigkeiten und Fertigkeiten.* Der Unterschied zum bloßen Wissen wird von *Bloom* (1972, 48–49) wie folgt charakterisiert:

„Obwohl Information oder Wissen ein wichtiges Ergebnis der Erziehung ist, wären wohl wenige Lehrer damit zufrieden, es als erstes oder einziges Ergebnis ihres Unterrichts zu betrachten. Was man braucht, ist ein Nachweis dafür, daß die Schüler etwas mit ihrem Wissen anfangen können, d. h., daß sie die Informationen auf neue Situationen und Probleme anwenden können. Man erwartet ebenso, daß die Schüler sich allgemeinere Techniken aneignen, um mit neuen Problemen und neuem Material zu arbeiten. Daher wird z. B. erwartet, daß, wenn der Schüler einem neuen Problem oder einer neuen Situation gegenübersteht, er eine geeignete Technik auswählt, um das Problem anzugehen und die notwendigen Informationen, sowohl Fakten als auch Prinzipien anwendet. Das wurde von einigen als ‚kritisches Denken', von *Dewey* und anderen als ‚reflektierendes Denken' und wiederum anderen als ‚Problemlösen' bezeichnet. In der Taxonomie haben wir dafür den Begriff ‚geistige Fähigkeiten und Fertigkeiten' benutzt.
Die allgemeinste operationale Definition dieser Fähigkeiten und Fertigkeiten besteht darin, daß das Individuum die geeigneten Informationen und Techniken in seiner vorangegangenen Erfahrung finden und auf neue Situationen und Probleme übertragen kann. Das erfordert eine Analyse oder das Verstehen der neuen Situation; es setzt eine Grundlage an Wissen oder Methoden voraus, die leicht benutzt werden können; und es verlangt eine gewisse Leichtigkeit im Wahrnehmen der angemessenen Beziehungen zwischen vorangegangenen Erfahrungen und der neuen Situation."

Der Hinweis auf *Dewey* läßt sich auch auf *Kerschensteiner* und dessen Begriff der geistigen Zucht übertragen (vgl. Kap. 3); ebenso erinnern die folgenden Sätze an *Holts* Plädoyer für eine Erziehung zur kritischen Beurteilung eigener Denkergebnisse, welches dieser Arbeit vorangestellt wurde (vgl. Kap. 1):

„ . . . allgemeine Beobachtungen scheinen anzudeuten, daß Individuen versuchen, wirkliches Problemlösen zu vermeiden. Wenn sie einem Problem gegenüberstehen, wenden sie normalerweise einen begrenzten Umfang von Techniken auf dieses Problem an und sind meist mit einer Teillösung zufrieden. Wenn diese Techniken keinen Erfolg bringen, bemerkt man schnell die Tendenz, entweder das Problem vollkommen neu zu strukturieren (d. h. ein neues Problem daraus zu machen) oder ihm zu entfliehen. Selten halten sich Individuen bei einem schwierigen Problem länger auf und versuchen in zunehmendem Maße verschiedene Wege, um es zu lösen. Dennoch müssen wir mehr als je zuvor den Schülern helfen, Problemlösungsmethoden zu entwickeln, die vollständigere und adäquatere Lösungen in einem großen Bereich von Problemsituationen ergeben. Es bleibt zu hoffen, daß die Analyse dieses Gebietes durch die Taxonomie die Erforschung neuer Lehrmethoden für das Problemlösen auf hoher Ebene erleichtern wird und bei der Evaluation dieser Methoden helfen kann" (*Bloom,* 1972, S. 52–53).

Es wird auch deutlich, daß *Bloom* (1972) den Schlüssel zu dieser intellektuellen Tugend nicht in der Stärkung entsprechender innerer Beurteilungskriterien sieht, sondern in der *Entwicklung verallgemeinerter intellektueller Fähigkeiten und Fertigkeiten* (*Bloom* 1972, 51), einer *verallgemeinerten Art von Operationen oder des Umgangs mit neuen Problemsituationen* (*Bloom* 1972, 49). Diese faßt er entsprechend der damals in den USA dominierenden Psychologierichtung als innere Verhaltensweisen auf (*Bloom* 1972, 26, 29, 32, 33, 52), die wie jedes Verhalten durch Übung und Verstärkung gelernt werden. In einer solchen Übertragung verhaltenspsychologischer Begrifflichkeit auf komplexe innere Vorgänge liegt eine Gefahr. Bedenkt man, daß die verschiedenen *Operationen* oder *Ebenen der Taxonomie* einfach durch mehr oder weniger intuitives Sortieren sprachlich formulierter Lernziele zustandekommen (*Bloom* 1972, 29), ergibt sich eine gefährliche Nähe solcher Konzepte zur längst überwunden geglaubten Vermögenspsychologie des 18. Jahrhunderts, wie die folgenden psychologiegeschichtlichen Ausführungen von *Pongratz* (1967, 65–66) zeigen:

„An Leibniz anschließend findet die deutsche Vermögenspsychologie im 18. Jahrhundert in Christian Wolff (1679–1754) einen Förderer von großer Autorität. Wolff nimmt wie Leibniz nur *eine* Grundkraft der Seele an, eben die *Vorstellungskraft,* und betrachtet sie als Grundpotenz für alle anderen Tätigkeiten. Über die Zahl der Vermögen im einzelnen will er die empirische Psychologie entscheiden lassen. Seine methodische Anweisung lautet: Wofür es einen besonderen Namen gibt, das soll als eigenes Vermögen gelten. Dieser Hinweis auf die Sprache als Quell der Seelenkunde ist zweifellos hoch zu veranschlagen. Die Besinnung auf die Aussage und Auslegung der Sprache ist in der Psychologie kaum zu entbehren, besonders nicht in der Analyse psychologischer Termini. Die Gefahr seiner Anweisung hat Wolff selbst schon gesehen, wenn er vor der „Unbeständigkeit im Reden" warnt. Seine Mahnung zur Vorsicht ist von seinen Schülern nicht immer beachtet worden. So kam es zu einer Aufsplitterung in viele Seelenvermögen, die sich gewiß nicht alle als angelegte Grundkräfte ausweisen ließen.
Kritischer als die Anhänger Wolffs steht der Leipziger Professor der Philosophie und Theologie Christian August Crusius (1715–1775), ein Hauptgegner der Wolffschen Schulphilosophie, der Vermögenspsychologie gegenüber. Er wendet sich gegen die These, den Vermögen liege nur *eine* Grundkraft zugrunde, und fordert die Annahme von mehreren Grundvermögen; denn niemals lasse sich aus dem Vorstellen das Begehren oder die Freude herleiten. Der Verstand, der Wille, der Trieb und die Gefühle des Vergnügens und Mißvergnügens gelten ihm als solche letzte, unableitbare Elementarkräfte. Von ihnen sollen sich die einzelnen Vermögen in notwendiger (kausaler) Folge deduzieren lassen. So wird zum Beispiel der Verstand in Grundvermögen erster (Bewußtsein, Empfinden, Gedenken

und Beurteilen) und zweiter Ordnung (Einbildung, Begriffs- und Schlußvermögen) eingeteilt und ihm nach seiner Denktätigkeit eine analytische (*judicium*) und eine synthetische Funktion (*ingenium*) zugeschrieben."

Leicht werden so bei unkritischer Rezeption aus den ursprünglich als *Schwierigkeitskategorien von Prüfungsaufgaben* entworfenen Taxonomieebenen *Blooms* psychologische Grundfunktionen — insbesondere durch naheliegende sprachliche Umstrukturierung der Art „Aufgaben der Taxonomieebene ‚Verstehen' lösen können". Diese Auffassung ist heute unter Lehrern und Didaktikern, die sich mit der Taxonomie befaßt haben, häufig anzutreffen. Es muß leider gesagt werden, daß dieses Mißverständnis bei *Bloom* selber angebahnt ist, so z. B. im obigen Zitat (vgl. S. 117), wo die Zuweisung von Lernzielen zu einzelnen Taxonomieebenen als *Lernziel-Operationalisierung* bezeichnet wird. (Dies führt übrigens zu einem doppelten Mißverständnis, da ja der Terminus *Operationalisierung* im Sinne von *Bridgman* 1927 und später *Mager* 1965 eigentlich für die Definition eines Könnens-Zustandes durch objektive Herstellungs- und/oder Meßoperationen reserviert ist.) Auch *Blooms* auf verhaltenspsychologische Parallelen gestützte Behauptung, die Taxonomieebenen bezeichneten *übertragbare Fähigkeiten und Fertigkeiten* (vgl. S. 117), mutet im erwähnten Sinne gefährlich an. Wenn zur Taxonomieebene 5.10 als Beispiel „die Fähigkeit, eine Ansprache aus dem Stegreif zu halten" angegeben wird (*Bloom* 1972, S. 181), so müßte danach z. B. jemand, der es zu einer gewissen Leichtigkeit gebracht hat, Probleme und Erkenntnisse der Atomphysik vorzutragen, auch automatisch besser als zuvor in der Lage sein, frei über Rinderzucht zu sprechen, und umgekehrt. Das ist absurd. Allenfalls wäre eine gewisse Übungsübertragung auf affektivem Gebiet (weniger Angst) und auf der Ebene einfacher Aufbauprinzipien sowie gewisser Arbeitsheuristiken (*Dörner* 1976) zu erwarten. Was aber eine eigentliche inhaltsunabhängige Fähigkeit des „Zusammenfügens von Elementen und Teilen zu einem Ganzen" (Taxonomieebene 5.00) anlangt, so erscheint die Annahme eines solchen allgemein trainierbaren Vermögens weder nach dem gesunden Menschenverstand noch nach dem derzeitigen Erkenntnisstand der Psychologie plausibel. (Vielleicht darf in diesem Zusammenhang auch an die Warnungen *Herbarts* und *Kerschensteiners* erinnert werden; vgl. Kap. 3.1). Eine Interpretation der Taxonomieebenen im Sinne entsprechender allgemeiner Fähigkeiten und Fertigkeiten lenkt zum einen davon ab, daß alles Denken eine originale Auseinandersetzung mit Inhalten und dabei auch von der Wechselwirkung mit bereits gelernten inhaltlichen Strukturen geprägt ist (vgl. Kap. 3.2, 4.3 und 6), und zum andern vom Gedanken, daß zu selbständigem Denken und Verstehen selbstreflexive Phasen gehören, in welchen die Güte der erreichten inhaltlichen Strukturierung beurteilt wird. In diesem Sinne wurde das Verstehen in dieser Arbeit sehr anders aufgefaßt als bei *Bloom*.

Während hier *Bloom* vorgehalten wird, die Struktur des Denkens zu stark vereinfacht zu haben, ließe sich umgekehrt ins Feld führen, *Blooms* Unterscheidung von fünf Ebenen der intellektuellen Fähigkeit differenziere das weitergehend, was in der vorliegenden Arbeit einfach global „Verstehen" heiße. Kann *Bloom* den Verstehensbegriff durch die Zuordnung zur ersten dieser fünf Ebenen sinnvoll präzisieren? Das ist zunächst einfach die Frage nach der tatsächlichen Unterscheidbarkeit der Taxonomieebenen. *Bloom* berichtet dazu − ohne genauere quantitative Angaben −, daß jeweils eine zufriedenstellende Übereinstimmung beobachtet werden konnte, wenn verschiedene Mitarbeiter unabhängig voneinander dieselben Lernziele in die Taxonomie einzuordnen hatten (vgl. *Möller* 1973, 226). Wir gestehen jedoch ein, daß wir damit immer größte Mühe hatten. Vielleicht ist hier ein Beispiel von *Messner* (1972, 246−247) erhellend, der das Problem der Unterscheidbarkeit in dankenswerter Weise verdeutlichte, indem er verschiedene Lernzielebenen bei ein und demselben Thema durchspielte:

„*Kenntnisse:* Der Schüler, der über Alexander den Großen unterrichtet ist, sollte die Bedeutung einer Reihe von Begriffen, Daten, Ereignissen, Personen, geographischen Bezeichnungen kennen: Thronfolge, Korinthischer Bund, griechische Kolonien, persische Königsstraße, Phalanx . . . Alexander, Darius, Demosthenes, Aristoteles, Nearchos, . . . Makedonien, Persien, Ägypten, Zweistromland, Baktrien, Indien, Persischer Golf . . . Gordion, Issus, Tyros, Gaugamela, Babylon, Susa, Ekbatana, Indus . . .

Hierher gehört aber auch das Wissen um verschiedene Prinzipien, Normen, Zusammenhänge: Der Schüler sollte z. B. auf Befragen sagen können, welche Entscheidungsgewalt ein makedonischer bzw. ein persischer König besaß; ob man ihm widersprechen durfte; welche Arten von Fortbewegungsmitteln, Metallen, Ackerfrüchten, Waffen, Schreibgeräten, Postverbindungen, Informationen über die Ausdehnung der Welt, ihrer Länder und Meere damals bekannt und verfügbar waren.

Verstehen: Der Schüler ist in der Lage, Informationen wiedergeben und explizieren zu können. Er kann z. B. erläutern, warum Alexander nach der Schlacht von Issus in Richtung Ägypten zog und nicht − was viel näherliegender schiene − den persischen König verfolgte, oder warum Alexanders Soldaten in Indien umkehren wollten.

Anwendung: Der Schüler ist imstande, von Alexander angewandte taktische und politische Prinzipien zur Kennzeichnung geschichtlicher Situationen und Vorgänge zu verwenden, die sich später ereignet haben (z. B. Hannibals Italienzug, Napoleons Rußlandfeldzug).

Analyse: Der Schüler kann erklären, welche Motive Alexander vermutlich bewogen haben, die Mörder des flüchtigen Darius hinrichten zu lassen; eine baktrische Fürstentochter zu heiraten; eine große Anzahl von Alexanderstädten anlegen zu lassen; das persische Hofzeremoniell einzuführen. . .

Synthese: Der Schüler kann begründete Hypothesen darüber aufstellen, was geschehen wäre, wenn Alexander schon am Granikos gefallen wäre; wenn Alexander länger gelebt hätte. (Wäre er nach Westen gezogen? Hätte er die Römer geschlagen? Was wäre in diesem Falle geschehen? Hätte Alexander sein Riesenreich Stück um Stück verloren?)

Bewertung: Der Schüler sollte beurteilen können, ob Alexander nach den verfügbaren Informationen seinen Kriegszug als Rachefeldzug, zur Befriedigung persönlichen Ehrgeizes, in Verfolgung einer kulturellen Mission betrieben hat bzw. ob sich ‚Brüche' in der Selbstinterpretation zeigen.

Die Beurteilung Alexanders: War er ein Despot, ein hemmungsloser Welteroberer, ein genialer Organisator − oder könnte vieles aus der Überlieferung nur Ausdruck einer Legende über die Person Alexanders sein? Sind die Veränderungen, die durch das Vordringen der Griechen bewirkt worden sind, positiv oder negativ zu beurteilen? Schließlich die Berichterstattung über Alexander selbst: Was wissen wir überhaupt über Alexander? Wie zuverlässig sind die Nachrichten (nüchterne Beschreibungen oder Hofgeschichtsschreibung?) Warum treten in den Quellen neben der Beschreibung militärischer Unternehmungen Fragen der Wirtschaft, Verwaltung, besonders aber das Schicksal der einzelnen Menschen, egal ob es sich um Eroberer oder Unterworfene handelt, so stark zurück?"

Inwiefern unterscheidet sich hinsichtlich der intellektuellen Schwierigkeit das „Erläutern, warum Alexander nach der Schlacht von Issus in Richtung Ägypten zog..." (Verstehen) – sofern es sich dabei nicht einfach um die Wiedergabe eines Wissens handelt – vom „Erklären, welche Motive Alexander vermutlich bewogen haben, die Mörder des flüchtigen Darius hinrichten zu lassen" (Analyse) oder auch vom „Beurteilen, ob Alexander nach den verfügbaren Informationen seinen Kriegszug als Rachefeldzug... betrieben hat" (Bewertung)? Handelt es sich nicht in allen drei Fällen um die Zuschreibung von Motiven aufgrund einer Konfrontation äußerer Daten mit inneren Deutungsmustern? (Ist es vielleicht doch symptomatisch, daß *Bloom* selber noch in der Einleitung zu seiner Taxonomie *Verstehen* und *Analyse* als vertauschbare Bezeichnungen braucht, vgl. unser Zitat auf S. 117?) Kann man denn schließlich „von Alexander angewandte taktische und politische Prinzipien zur Kennzeichnung späterer geschichtlicher Vorgänge verwenden", ohne die gedanklichen Beziehungen analysiert zu haben, welche diese Prinzipien ausmachen?

Solche Schwierigkeiten lassen den Verdacht aufkommen, daß hier das noch wenig analysierte psychologische Phänomen des Verstehens aufgrund einer vorwiegend sprachlichen Übung in fünf im Einzelfall kaum auseinander zu haltende Ebenen überdifferenziert wurde. Wir sehen keine Präzisierungsmöglichkeit darin, das Erfassen eines Werkgedankens „als Ganzes auf jedem gewünschten Niveau der Allgemeinheit" (Ebene 2.20) als Verstehen in einem engeren Sinne vom Begreifen der „Zusammenhänge zwischen den Ideen in einem Absatz" (Ebene 4.20) abheben zu wollen, wobei nach *Bloom* das erste ohne das zweite möglich sein soll.

Wäre demnach von diesem immerhin äußerst einflußreich gewesenen Versuch *Blooms* so wenig zu halten? Es sei zugegeben, daß im Zuge der obigen Kritik nun wohl in die andere Richtung übertrieben wurde. Unzweifelhaft gibt es die Dimension aufsteigender Komplexität intellektueller Leistungen, auch wenn ihr zur Zeit keine Skala überlagert werden kann, wie *Bloom* es anstrebte. Interessant erscheint hier *Blooms* Hinweis, daß mit der Komplexität auch die Bewußtheit der Denkvorgänge wachse (1972, 33), wird doch damit das *Problem der metakognitiven Überwachung* angeschnitten, welches in der vorliegenden Arbeit einen großen Raum einnahm. Vielleicht läßt sich in diesem Sinne sagen: das bleibende Verdienst des *Bloom'*schen Versuches besteht darin, Lehrer und Didaktiker für die Bedeutung eines möglichst bewußten Verstehens im Unterricht sensibilisiert zu haben. Während *Bloom* das Rahmenlernziel „Verstehen" durch die Förderung von Verstehensoperationen erreichbar wähnte (also das Erlernen des Verstehens propagierte), folgte die vorliegende Arbeit der Auffassung, daß das Verstehen nicht im Sinne einer Quasi-Technologie direkt erlernbar sei, daß hingegen ein wichtiger Beitrag darin läge, das bewußte Erleben des Verstandenhabens im Sinne des Kennenlernens subjektiver Prüfkriterien des Denkens und Lernens zu fördern.

7.3 Verstehen als ein „Kennen von Regeln"?
(Zum Ansatz von Robert M. Gagné)

Wie *Blooms* Versuch, das Denken und Verstehen von niedrigeren Lernstufen abzuheben, stammt auch derjenige *Gagnés* (1965: deutsch 1969) aus den 60er Jahren, also aus einer Zeit, in welcher die amerikanische Psychologie ihre große Öffnung für die komplexen Probleme der menschlichen Kognition und den entsprechenden Ausbau der modernen Denkpsychologie (vgl. Kap. 4.3) noch nicht vollzogen hatte. Auch *Gagné* stützt sich auf die in den 60er Jahren noch dominierende Tradition der Verhaltenspsychologie. Allerdings bezieht er sich viel präziser auf deren Befunde und Begriffe als *Bloom*. An keiner Stelle legen seine Formulierungen etwa nahe, „formale Verstehensfähigkeiten" als quasibehavioristische Lernziele aufzufassen, wie dies *Blooms* lockere Handhabung verhaltenspsychologischer Begriffe fataler weise tut (vgl. Kap. 7.2). *Gagné* selber betont auch warnend die Vorläufigkeit und Einfachheit seiner Unterscheidungen (1969, 50, 51). Mit Blick auf die Lernpsychologie gelangt er zur folgenden *Hierarchie von acht Lernformen oder Lerntypen* (1969, 51/52):

Typ 1: Signallernen – Das Individuum lernt eine allgemeine, diffuse Reaktion auf ein Signal. Es handelt sich um die klassische bedingte Reaktion nach *Pawlow* (1927).

Typ 2: Reiz-Reaktionslernen – Der Lernende erwirbt eine präzise Reaktion auf einen genau unterschiedenen Reiz. Gelernt wird eine Verknüpfung (connection, *Thorndike* 1898) oder ein *„discriminated operant"* (*Skinner* 1938), gelegentlich auch instrumentale Reaktion genannt (*Kimble* 1961).

Typ 3: Kettenbildung – Gelernt wird eine Kette von zwei oder mehr Reiz-Reaktions-Verbindungen. Die Bedingungen dieses Lernens sind von *Skinner* (1938) und anderen Autoren, in ausgezeichneter Weise von *Gilbert* (1962), beschrieben worden.

Typ 4: Sprachliche Assoziation – Sprachliche Assoziation ist identisch mit dem Lernen von sprachlichen Ketten. Im Grunde gleichen die Bedingungen denen für das Lernen anderer (motorischer) Ketten. Die Verfügung des Menschen über Sprache macht daraus jedoch eine spezielle Lernart, weil aus dem früher erworbenen sprachlichen Repertoire des Individuums bestehende innerliche Verknüpfungen verwendet werden können (vgl. *Underwood* 1964).

Typ 5: Multiple Diskrimination – Das Individuum lernt *n* unterschiedliche Bestimmungsreaktionen auf ebenso viele unterschiedliche Reize, die sich in mehr oder weniger großem Maße in ihrer physischen Erscheinung ähneln. Obwohl das Lernen der einzelnen Reiz-Reaktions-Verbindungen dem einfachen Typ 2 zugehört, tendieren diese Verbindungen zu gegenseitiger Interferenz im Behalten (vgl. *Postman* 1961).

Typ 6: Begriffslernen – Der Lernende erwirbt die Fähigkeit, auf eine Klasse von Reizen, die sich in ihrer äußeren Erscheinung stark voneinander unterscheiden können, mit *einer* Reaktion zu antworten. Er ist zu einer Reaktion fähig, die eine ganze Klasse von Objekten oder Ereignissen bestimmt (vgl. *Kendler* 1964).

Typ 7: Regellernen – In der einfachsten Ausdrucksweise ist eine Regel eine Kette von zwei oder mehr Begriffen. Sie hat die Aufgabe, Verhalten nach der in sprachlichen Vorschriften von der Form „Wenn A, dann B" festgelegten Art zu kontrollieren, wobei A und B als Begriffe gelten. Sie muß jedoch sorgfältig von der rein verbalen Sequenz „Wenn A, dann B" unterschieden werden, die als Typus 4 gelernt werden kann.

Typ 8: Problemlösen – Problemlösen ist eine Art des Lernens, die innere Vorgänge, normalerweise Denken genannt, erforderlich macht. Zwei oder mehr zuvor erworbene Regeln werden auf irgendeine Weise miteinander kombiniert und ergeben eine neue Leistungsmöglichkeit, deren Abhängigkeit von einer Regel „höherer Ordnung" gezeigt werden kann.

Wo in dieser Hierarchie ereignet sich „Verstehen"? Interessanterweise zeigt sich *Gagné* in den diesbezüglichen Formulierungen schwankend. Lesen wir im obigen Zitat, daß erst die achte Stufe mit Denken zu tun habe, so finden wir an anderer Stelle die beiden Lerntypen 7 und 8 als „wirklich repräsentativ für die intellektuellen Fähigkeiten des Menschen" zusammengefaßt (1969, 117). Bei genauerem Zusehen zeigt sich, daß hier offenbar eine Unterscheidung wichtig wird, welche die Kategorie des „Regellernens" gleich wieder zu sprengen droht, die Unterscheidung nämlich von Regeln niedriger und von solchen höherer Ordnung (1969, 117):

„*Regeln* sind Ketten von Begriffen und machen das aus, was im allgemeinen *Wissen* genannt wird. Sie stellen die Beziehungen zwischen Begriffen in all der Vielfalt dar, die diese Beziehungen annehmen können. Sie reichen von der einfachsten Art „empirischer" Regeln, wie „die Sonne geht im Westen unter", bis zur Feststellung theoretischer Beziehungen von der Form $K = m \cdot b$ oder $E = mc^2$. Darüber hinaus gilt, daß eine neue „Formel" (neu für den einzelnen) aus der „Einsicht" in die Lösung geschaffen wird, wenn man sein vorhandenes Wissen einsetzt, um ein praktisches oder theoretisches Problem zu lösen. Diese Art von Regel „höherer Ordnung" ist gewöhnlich das Ergebnis erfolgreicher *Problemlösung,* und sie wird dann ihrerseits Teil des individuellen Repertoires von Leistungsfähigkeiten. Solche Regeln scheinen sehr gut behalten zu werden; es ist, wie wenn die dafür aufgewandte intellektuelle Anstrengung ihnen eine hohe Resistenz gegenüber Vergessen verleiht."

Der 8. Lerntyp scheint also eine Sonderstellung einzunehmen, indem dessen Ergebnisse wiederum Regeln sind – allerdings eben Regeln, die aus der Kombination einfacherer Regeln hervorgegangen sind, und dies „gewöhnlich in einem Akt der Einsicht"! Pikanterweise greift also der Verhaltenspsychologe *Gagné* zur Charakterisierung des verstehenden Lernens auf den vagen, aus der alten Gestaltpsychologie stammenden Begriff der Einsicht (vgl. Kap. 4.2) zurück. Allerdings bleibt dieser Rückgriff völlig äußerlich. Er dient eigentlich nur einer Operationalisierung des verstehenden Lernens, indem als äußere Herstellungsoperationen für die (meisten) höchsten Lernergebnisse die Vorgabe eines geschickten, zielführenden Problems sowie entsprechende Hilfen (z.B. das Aktualisieren der vorausgesetzten Teilregeln; 1969, 134) spezifiziert werden. Die Forderung nach Einsicht bleibt bei *Gagné* also eine dramaturgische Anweisung an den Lehrer, wie nach der Sicherstellung der inneren Voraussetzungen (d.h. der zu kombinierenden Teilregeln, Lerntyp 7) beim Schüler zu verfahren sei. Wir setzen zwei kritische Anmerkungen dazu. Erstens wird durch eine solche Darstellung trotz vereinzelter Relativierungen *Gagnés* (z.B. 1969, 135) das Lernen aus Erklärungen und Lehrtexten zu Unrecht generell als minderwertig qualifiziert. Zweitens ist diese Charakterisierung des Verstehens auch für die dadurch erfaßten Fälle unergiebig, weil sie in keiner Weise auf eine tatsächliche Beschreibung des Denkens eintritt, weder auf der prozessualen, noch – wie in der vorliegenden Arbeit – auf der metakognitiven Ebene. Dies und die zuvor genannten Punkte seien an einem weiteren Zitat verdeutlicht (*Gagné* 1969, 49–51):

„Nehmen wir an, daß ein Student der Physik beim Lesen seines Lehrbuches auf diese Stelle stößt:
Leistung ist definiert als Arbeit dividiert durch die Zeit, innerhalb der die Arbeit geleistet wurde. Das heißt:

$$\text{Leistung} = \frac{\text{Arbeit}}{t}$$

Angenommen, ein Körper wirkt auf einen anderen mit der Kraft P und der Geschwindigkeit v. Kannst du zeigen, daß die gegenüber einem Körper erbrachte Leistung das Produkt der auf ihn wirkenden Kraft und seiner Geschwindigkeit ist?
Die Lösung eines solchen Problems erfordert Denken, das etwa in folgender Weise vor sich gehen kann: Zunächst formuliert der Student den Tatbestand, daß er einen Ausdruck sucht, der Leistung zu Kraft (P) und Geschwindigkeit (v) in Beziehung setzt. Dann erinnert er sich, daß Arbeit mit Kraft und der durchlaufenen Entfernung in Zusammenhang steht, also

$$\text{Leistung} = \frac{\text{Arbeit}}{t} = \frac{P \cdot s}{t}$$

und daraufhin kann er formulieren:

$$\text{Leistung} = Pv$$

und erkennen, daß dies die gesuchte Formel ist. In diesen Schritten ist natürlich die Verwendung von früher gelernten Regeln, die sich auf die Substitution von äquivalenten Größen in Gleichungen beziehen, eingeschlossen. Wenn diese Schritte vollzogen sind, kann man vernünftigerweise annehmen, daß der Student etwas Neues gelernt hat. Er hat nicht einfach gelernt: Leistung = Pv, weil er das rasch als eine verbale Abfolge (Typ 4) hätte aufnehmen können. Vielmehr hat er gelernt, wie man in konkreten Termini die Beziehungen zwischen Leistung, Kraft und Geschwindigkeit aufdeckt, ausgehend von der Definition der Leistung als Arbeit pro Zeiteinheit. Anders ausgedrückt, er hat gelernt, wie man diese Definition *gebraucht* und wie man sie in kluger Weise auf Situationen verallgemeinert, in denen eine Kraft auf einen Körper mit bekannter Geschwindigkeit einwirkt. Dieser Akt des Problemlösens hat also ein sehr wesentliches Lernergebnis erbracht. Die Änderung in der Leistungsfähigkeit des Individuums ist ebenso klar und eindeutig wie in jeder anderen Art des Lernens.
Eine Reihe von Bedingungen können als offenbar wesentlich für diesen Lernakt identifiziert werden:
1. Der Lernende muß fähig sein, die wesentlichen Züge der die Lösung darstellenden Reaktion zu bestimmen, *bevor* er sie erreicht. (Einige Autoren, die über Problemlösen geschrieben haben, sprechen davon, daß der Lernende ein *Ziel* haben muß.) Diese besondere Bedingung scheint wegen der hier involvierten langwierigen Ketten und wegen des schrittweisen Charakters des Problemlösungs-Vorgangs bedeutungsvoll zu sein. Im vorliegenden Beispiel weiß der Student, daß er eine Gleichung braucht, die Leistung, Kraft und Geschwindigkeit miteinander verknüpft. Vermutlich ist es die Funktion dieser Zielbestimmung, dem Denken Gerichtetheit zu geben. Indem der Lernende seine aufeinanderfolgenden Reaktionen an dieser einfachen Kette kontrolliert, Schritt für Schritt, ist er in der Lage, die „Spur zu halten" und auch zu „wissen, wann man aufhören muß".

2. Regeln, die früher gelernt wurden und für die Problemlösung relevant sind, werden erinnert. Im vorliegenden Beispiel erinnert der Lernende im einzelnen die Regeln (1) Arbeit = Kraft x Weg und (2) Geschwindigkeit = Weg : Zeit ebenso wie mathematische Regeln (ab)/c = a(b/c), und: wenn a = b und b = c, dann a = c. (Aller Wahrscheinlichkeit nach dürften diese mathematischen Regeln für den durchschnittlichen Studenten der Physik leicht erinnerbar sein, weil sie bereits häufig gebraucht wurden.)

3. Die erinnerten Regeln werden kombiniert, so daß eine neue Regel entsteht und erlernt wird. Hier muß eingeräumt werden, daß über die Natur dieses „kombinatorischen" Akts wenig bekannt ist; er kann heute noch in keiner Weise vollständig beschrieben werden. Einfach die Sequenz der „logischen Schritte", denen das Denken folgt, aufzuschreiben, stellt keine Antwort auf diese Frage dar. Diese Schritte sind die intermediären Reaktionen des Lernenden, das heißt, es sind *Ergebnisse* seines Denkens. Sie liefern aber wenig Hinweise auf die Natur dieses kombinatorischen Prozesses selbst.

4. Die einzelnen Schritte im Problemlösungsvorgang können zahlreich sein, und deshalb kann der gesamte Akt einige Zeit beanspruchen. Dennoch ist es augenscheinlich, daß die Lösung „plötzlich", in einer „blitzartigen" Einsicht, erreicht wird. Mit Wiederholung hat das wenig zu tun, noch ist Wiederholung — wie im Falle des multiplen Diskriminationslernens — ein sehr bedeutsamer Faktor für das Vermeiden von Interferenz oder Vergessen. Eine Regel „höherer Ordnung", die sich aus einem Denkvollzug ergibt, erscheint gegenüber Vergessen bemerkenswert resistent."

Die Bedingungen 1 und 2 sollen in einem als passiv gedachten Lerner einen zum Ziel führenden Assoziationsablauf auslösen und determinieren. Wie wenig dem Lerner dabei zugetraut wird, erhellt etwa daraus, daß man froh ist, ihm mit Bedingung 1 auch gleich ein automatisches Stopsignal einprogrammieren zu können, welches anzeigt, „wann man aufhören muß". Dieser Lerner taumelt nun über die mechanischen Umschreibungen von „Arbeit" als „Kraft mal Weg" und von „Geschwindigkeit" als „Weg pro Zeiteinheit" auf den gesuchten Zusammenhang zu. So wie diese „Kombination erinnerter Regeln" von *Gagné* dargestellt wird, ist sie in doppelter Hinsicht unverstanden: Zum einen bleibt der psychologische Prozeß der Problemlösung weitgehend im Dunkeln, wie *Gagné* im dritten Bedingungspunkt korrekterweise zugibt. Zum andern aber könnte kein Lernender auf diese assoziativ-passive Weise etwas erlangen, was auch nur entfernt als ein Verständnis der fraglichen Zusammenhänge bezeichnet werden dürfte. Formeln sind ohne operatorische Beweglichkeit, welche die Variabeln als solche durchzudenken und verschiedene Konstellationen von gegebenen und gesuchten Größen durchzuspielen erlaubt, reine visuelle oder auditive Ketten und auch nur als solche im Gedächtnis gespeichert (vgl. Kap. 5). Ohne eine irgendwie geartete Bewußtheit oder innere Repräsentation der Ausgangspunkte und Alternativen des beschrittenen Lösungsweges ist ferner auch das, was „Einsicht" im Erlebnissinne meint, nicht denkbar (vgl. Kap. 4). Wir meinen also, daß *Gagnés* Lernhierarchie dem Verstehen nirgends gerecht wird, ja dieses Problem eigentlich gar nicht angeht und daher den Blick auf ein entsprechendes Lernziel eher verstellt als öffnet. Es ist wohl bezeichnend, daß das, wogegen *Gagné* sich seinerseits in den folgenden Worten (1969, 171) wendet, ziemlich gut dem Programm der vorliegenden Arbeit entspricht (vgl. insbesondere Kap. 3):

„Vom frühesten Alter an ist es jedoch wichtig zu erkennen, daß Leistungsmotivation den *Wunsch* bedeutet, *zu einem bestimmten Tun fähig zu sein.* Der Mensch drückt seine Ziele in Handlungen aus. Die Handlung selbst kann mehr oder weniger sozial nutzbringend sein; die Lehrer von jugendlichen Schülern hegen manchmal den Verdacht, daß ihre Schüler keine andere Leistung im Kopf haben, als ein bestimmtes Thema in eine Stunde Unsinn umfunktionieren zu können, während sie selbst auf Handlungen von größerer sozialer Bedeutung hoffen. Aber selbst, wenn nur „über etwas reden zu können" das Ziel ist, handelt es sich doch schon um eine Form von Handlung. Dagegen bezeichnen Wünsche, einen Gegenstand „zu begreifen", ihn „wirklich zu verstehen" oder ihn „zu würdigen", Leistungen von einer Art, die der Schüler normalerweise nicht mit seinen persönlichen Absichten nicht in Beziehung bringen kann. Was mit einem „Wunsch zu verstehen" gemeint ist, kann nur ein sehr versierter, reifer Mensch nachvollziehen."

7.4 Wider einen übertriebenen Anspruch des Verstehens

Es mag erstaunen, am Ende einer Arbeit, die dem Leser (und dem Autor selbst) das Verstehen näher bringen wollte, eine Warnung vor zwanghaftem Verstehenwollen zu finden. Tatsächlich sollte aber der hier in den Vordergrund gerückte Anspruch auf Verstehen sowohl aus pragmatischen als auch aus pädagogischen und philosophischen Gründen relativiert werden.

Zunächst einmal liegt es auf der Hand, daß ein Verstehen im hier besprochenen Sinne nicht bei jeder Lernmaterie tunlich oder überhaupt möglich ist. Um ein banales Beispiel zu geben: Zwar wäre es heute vielleicht möglich, sich ein Verständnis der beim Kochen bewirkten chemischen Veränderungen in ihrem Bezug zu Nährwert und Verdaulichkeit der verschiedensten Nahrungsmittel zu verschaffen, aber die Menschheit kocht seit je, ohne diese Vorgänge zu durchschauen, und wird damit in ihrem überwiegenden Teil auch weiterhin gut fahren. Ähnlich verhält es sich mit unseren ständig komplizierter werdenden technischen Hilfsmitteln, deren Benützung meistens nur noch bei Spezialisten mit einem Verständnis der dabei in Bewegung gesetzten Mechanik oder Elektronik verbunden sein kann. Das Lernen von Wörtern und Regeln einer Fremdsprache läßt meist weder von der Sache noch vom Zeitaufwand her ein Verständnis von Zusammenhängen zu. Nüchtern betrachtet haben wir tatsächlich einen großen Teil unseres Wissens und Könnens schlicht auf dem Niveau von Kochrezepten zu lernen. Natürlich liegt genau hier auch eine berechtigte Anwendungsabsicht von Lernzieltaxonomien und Lerntypen-Konzepten.

Es sollten jedoch nicht nur die Lehrer für verschiedene Grade des Verstehens respektive der Komplexität und bewußten Überwachung der Informationsverarbeitung sensibilisiert werden, sondern auch die Schüler selber. Das pädagogische Ziel der möglichen Selbständigkeit auch im Lernen verlangt, daß der Schüler selber das „kognitive Anspruchsniveau" seines Lernens den Möglichkeiten und Notwendigkeiten der Lernsituation anpassen kann. Es soll dabei dem Lernenden unbenommen sein, in gewissen Fällen auf ein tieferes Verständnis zu verzichten, wo er dieses prinzipiell erreichbar weiß — wenn und weil eben der Verzicht ein bewußter ist. Der Anspruch auf Verstehen sollte also unter pädagogi-

schem Gesichtspunkt dem Ermessen des Lernenden untergeordnet sein. (Allerdings wird damit doch wieder ein Verstehen postuliert – nämlich das Verstehen der Lernsituation. Dieses Problem wurde in der vorliegenden Arbeit weitgehend ausgeklammert, bildet jedoch einen Gegenstand der neueren metakognitiven Forschung; siehe z. B. *Fischer – Mandl* 1981.) In diesem Sinne wäre die bei *Kerschensteiner* (vgl. Kap. 3.1) angestrebte „Gewohnheit" des Verstehenwollens auch psychologisch nicht als konditioniertes Verhalten zu fassen, sondern als eine Vertrautheit mit den Auslöse- und Zielkriterien von Verstehensbemühungen im Rahmen eines handlungstheoretischen Modells (siehe z. B. *Prenzel* 1981).
Dem Anspruch des Verstehens im Sinne dieser Arbeit sollten aber nicht nur gleichsam nach unten Grenzen gesetzt werden. Der Anspruch kann sich umgekehrt auch als zu einfach erweisen. Einem abschließenden begrifflichen Verstehenwollen, wie es *Kerschensteiner* (1963, 144) im folgenden Zitat zum Maß allen Denkens und Lernens macht, ist wohl in vielen Gebieten gerade wegen deren Komplexität grundsätzliche Skepsis entgegenzubringen.

„Aus dem Bewußtsein der Erreichbarkeit eines sicheren, völlig einwandfreien Ergebnisses wächst aber das höchst wertvolle Gefühl der Verantwortlichkeit für die Genauigkeit der Feststellung. Wenn ich weiß, daß ein und nur ein Ergebnis richtig sein kann, dann bin ich selbst verantwortlich, daß dieses Ergebnis eintritt."

Das letzte Wort gebührt hier *Niethammer* (1984, 306), der zu diesem Anspruch – in feiner Differenzierung der philosophischen Grundhaltungen *Kerschensteiners* und des von jenem so häufig zitierten *Dewey* – anmerkt:

„Gibt es in den auf der Sprache aufbauenden Disziplinen wirklich nur *ein ‚richtiges Ergebnis'*? Der bekannte Streit zwischen *Staiger* und *Heidegger* über das richtige Verständnis eines einzigen Wortes (‚scheint') in einem Mörike-Gedicht und erst recht die Geschichte der Theologie, Philosophie, Kunst, Historiographie und nicht zuletzt der Pädagogik sind schlagende Gegenbeweise. Die Philosophie der Demokratie, wie sie von *Dewey* entworfen worden ist, lehrt uns, daß alle institutionalisierten Formen demokratischen Denkens auf dem Grundsatz aufbauen, der besagt, daß jedermann in Gefahr steht, in der von ihm gewählten Verhaltensform *einen* ‚Aspekt' absolut zu setzen, oder sich in irgend eine Sache oder einen Plan (zu) verrennen."

Literaturverzeichnis

Aebli, H.: Denken: Das Ordnen des Tuns. Bd. I u. II, Stuttgart: Klett-Cotta, 1980, 1981
Aebli, H.: Die geistige Entwicklung als Funktion von Anlage, Reifung, Umwelt- und Erziehungsbedingungen. In: H. Roth (Hrsg.): Begabung und Lernen, Stuttgart: Klett, 1968
Aebli, H.: Grundformen des Lehrens, Stuttgart: Klett-Cotta, 1981^{12}
Aebli, H.: Psychologische Didaktik, Stuttgart: Klett, 1963 (französisches Original 1951)
Aebli, H.: Zwölf Grundformen des Lehrens. Stuttgart: Klett-Cotta, 1983
Aeschbacher, U. – Flammer, A. – Lischer, E. – Tauber, M.: Erwartungsgesteuertes Lesen. Bildungsforschung und Bildungspraxis 1981 (3), S. 289–300
Aeschbacher, U.: Zweite kognitive Revolution in der Motivationspsychologie? In: L. Montada – K. Reusser – G. Steiner (Hrsg.): Kognition und Handeln, Stuttgart: Klett-Cotta, 1983
Ausubel, D.P.: The Psychology of Meaningful Verbal Learning, New York: Grune & Stratton, 1963
Ballstaedt, S. – Mandl, H. – Schnotz, W. – Tergan, S.-O.: Texte verstehen, Texte gestelten, München: Urban & Schwarzenberg, 1981
Bandura, A.: Social Learning Theory, Englewood Cliffs, N.J.: Prentice Hall, 1977
Beck, E. – Borner, A. – Aebli, H.: Die Funktion der kognitiven Selbsterfahrung von Lehrern für das Verstehen von Problemlöseprozessen bei Schülern. Universität. Publikation in Unterrichtswissenschaft vorgesehen
Berlyne, D.E.: Conflict, arousal, curiosity, New York: Mc. Graw-Hill, 1960 (deutsch: Konflikt, Erregung, Neugier, Stuttgart: Klett, 1974)
Bloom, B.S. (Hrsg.): Taxonomy of Educational Objectives. Handbook I: Cognitive Domain, New York: David McKay Com., 1956 (deutsch: Taxonomie von Lernzielen im kognitiven Bereich, Weinheim: Beltz, 1972)
Bower, G.H. – Hilgard, E.R.: Theories of Learning, Englewood Cliffs: Prentice Hall, 1981 (deutsch: Theorien des Lernens, Bd. I u. II, Stuttgart: Klett-Cotta, 1983, 1984)
Bridgman, P.W.: The logic of modern physics, New York, 1927
Bruner, J.S. – Goodnow, Jacqueline J. – Austin, G.A.: A Study of Thinking, New York: Wiley, 1956
Bühler, K.: Funktionslust und Spiel (1927). In: H. Scheuerl (Hrsg.): Theorien des Spiels, Weinheim: Beltz, 1975
Cattell, R.B.: Theorie der fluiden und kristallisierten Intelligenz: Ein kritisches Experiment. In: Skowronek, H. (Hrsg.): Umwelt und Begabung, Stuttgart: Klett, 1973
Chambers, J.C.: The effects of intrinsic and extrinsic motivational Contextes on problems solving and the process of Learning, Doctoral dissertation, 1976
Charniak, E.: Ms. Malaprop. A Language Comprehension Program. Working Paper Nr. 31, Fondazione Dalle Molle, 1976
Condry, J. – Chambers, J.: Intrinsic Motivation and Learning. In: M.R. Lepper – D. Greene (eds.): The hidden costs of reward, New York: Wiley, 1978
Cromer, W.: The difference model: A new explanation for some reading difficulties. Journal of Educational Psychology, 1970, 61, 471–483
Csikszentmihalyi, M.: Beyond boredom and anxiety, San Francisco: Jossey-Bass, 1975 (deutsch: Das flow-Erlebnis, Stuttgart: Klett-Cotta, 1985)
De Charmes, R.: Motivation in der Klasse, München: Moderne Verlags GmbH, 1979
Deci, E.L.: Intrinsic Motivation, New York: Plenum Press, 1975
Dewey, J.: Wie wir denken, Zürich: Morgarten-Verlag Conzett & Huber, 1951
Dörner, D.: Problemlösen als Informationsverarbeitung, Stuttgart: Kohlhammer, 1976
Dörner, D. (Hrsg.): Lohhausen: Vom Umgang mit Unbestimmtheit und Komplexität, Bern: Huber, 1983

Dollase, R.: Entwicklung und Erziehung, Stuttgart: Klett, 1985
Duncker, K.: Zur Psychologie des produktiven Denkens, Berlin: Springer, 1966 (1935)
Eckblad, G.: Scheme theory, London: Academic Press, 1981
Ewert, O.: Entwicklungspsychologie des Jugendalters, Stuttgart: Kohlhammer, 1983
Fischer, P.M. — Mandl, H.: Selbstdiagnostische und selbstregulative Aspekte der Verarbeitung von Studientexten: Eine kritische Übersicht über Ansätze zur Förderung und Beeinflussung von Lernstrategien. In: Mandl, H. (Hrsg.): Zur Psychologie der Textverarbeitung, München: Urban & Schwarzenberg, 1981
Flavell, J.H.: Annahmen zum Begriff Metakognition sowie zur Entwicklung von Metakognition. In: Weinert, F.E. — Kluwe, R.H. (Hrsg.): Metakognition, Motivation und Lernen, Stuttgart: Kohlhammer, 1984
Gage, N.L. — Berliner, D.C.: Pädagogische Psychologie, Bd. I, München: Urban & Schwarzenberg, 1979
Gagné, R.M.: Die Bedingungen des menschlichen Lernens, Hannover: Schroedel, 1969 (amerikanisches Original 1965)
Garbarino, J.: The impact of anticipated rewards on cross-age tutoring; Journal of Personality and Social Psychology, 1975, 32, 421–428
Geißler, E.E.: Allgemeine Didaktik. Grundlegung eines erziehenden Unterrichts, Stuttgart: Klett, 1981
Gentner, Dedre: Evidence for the Psychological Reality of Semantic Components: The Verbs of Possession. In: D.A. Norman — D.E. Rumelhart: Explorations in Cognition (deutsch: Strukturen des Wissens, Stuttgart: Klett, 1978)
Gibson, E.J. — Levin, H.: Die Psychologie des Lesens, Stuttgart: Klett, 1980
Ginsburg, H.: Children's arithmetic. The Learning process, New York: Von Nostrand Co., 1977
Gough, P.B.: One second of reading. In: Cavanagn — I.G. Mattingly (eds.): Language by ear and by eye, Cambridge, Mass., 1972
Grimes, J.E.: The thread of discourse, The Hague/Paris, 1975
Groeben, N. — Scheele, B.: Argumente für eine Psychologie des reflexiven Subjekts Paradigmawechsel vom behavioralen zum epistemologischen Menschenbild, Darmstadt: Steinkopff, 1977
Guss, K.: Psychologie als Erziehungswissenschaft, Stuttgart: Klett, 1975
Harlow, H.F.: Learning and Satiation of respouse in intrinsically motivated complex puzzle performance by monkeys, Journal of Comparative Physiological Psychology, 1950, 43, 289–294
Harten-Flitner, E.: Leistungsmotivation und soziales Verhalten, Weinheim: Beltz, 1978
Heckhausen, H.: Leistungsmotivation. In: H. Thomae (Hrsg.): Handbuch der Psychologie, Bd. 2, Göttingen: Hogrefe, 1965
Heckhausen, H.: Motivationsanalysen, Berlin/Heidelberg: Springer 1974
Heckhausen, H.: Achievement motivation and its constructs. A cognitive model. Motivation and Emotion, 1977, 283–329
Heller, A.: Theorie der Gefühle, Hamburg: VSA-Verlag, 1980
Hörmann, H.: Meinen und Verstehen, Frankfurt: Suhrkamp, 1976
Hörmann, H.: Über einige Aspekte des Begriffs „Verstehen". In: L. Montada — K. Reusser — G. Steiner (Hrsg.): Kognition und Handeln, Stuttgart: Klett-Cotta, 1983
Holt, J.: Chancen für unsere Schulversager, Freiburg: Lambertus, 1969 (Original: How children fail (New York, 1964)
Hoppe, F.: Erfolg und Mißerfolg, Psychologische Forschung, 1931, 14, 1–62
Hull, C.L.: Principles of Behavior, New York: Appleton-Century-Crofts, 1943
Irle, M.: Lehrbuch der Sozialpsychologie, Göttingen: Hogrefe, 1975
Joerger, K.: Lernprozesse bei Schülern, Stuttgart: Klett, 1975
Joerger, K.: Lernanreize, Königstein: Scriptor, 1980
Katona, G.: Organizing and Memorizing, New York: Columbia University Press, 1949
Kelly, G.A.: The psychology of personal constructs, New York: Norton, 1955
Kerschensteiner, G.: Theorie der Bildung, Leipzig: Teubner, 1931^3
Kerschensteiner, G.: Wesen und Wert des naturwissenschaftlichen Unterrichts, München: Oldenbourg, 1963^6
Kintsch, W.: The Representation of Meaning in Memory, New Jersey: Lawrence Erlbaum Ass., 1974

Klafki, W.: Das pädagogische Problem des Elementaren und die Theorie der kategorialen Bildung, Weinheim: Beltz, 1957
Klafki, W.: Aspekte kritisch-konstruktiver Erziehungswissenschaft, Weinheim: Beltz, 1976
Klafki, W.: Neue Studien zur Bildungstheorie und Didaktik, Weinheim: Beltz, 1985
Köhler, W.: Die Aufgabe der Gestaltpsychologie, Berlin: De Gruyter, 1971
Kluge, F.: Etymologisches Wörterbuch der deutschen Sprache, Berlin: Walter de Gruyter, 1967[20]
Kluwe, R.H. – Schiebler, K.: Entwicklung exekutiver Prozesse und kognitive Leistungen. In: Weinert, F.E. – Kluwe, R.H.: Metakognition, Motivation und Lernen, Stuttgart: Kohlhammer, 1984
Koffka, K.: Principles of Gestalt Psychology, London: Routledge & Kagan Paul, 1950
Krapf, B.: Unterrichtsstrukturen und intellektuelle Anforderungen im Gymnasium, Universität Zürich, 1982
Krieger, R.: Determinanten der Wißbegier, Bern/Stuttgart: Huber, 1976
Krohne, H.W.: Angst und Angstverarbeitung, Stuttgart: Kohlhammer, 1975
Krohne, H.W.: Angst bei Schülern und Studenten, Hamburg: Hoffmann & Campe, 1977
Kuster, H.: Der Witz: Versuch einer Strukturanalyse, Unveröff. Diplomarbeit, Bern, 1980
LaBerge, D. – Samuels, S.J.: Toward a theory of automatic information processing in reading, Cognitive Psychology, 1974, 6, 293–323
Lehmann, J. – Lehrke, M. – Lind, G.: Grundlagen einer Technologie intrinsisch motivierten Lernens, Kiel: Institut für die Pädagogik der Naturwissenschaften, 1973
Lehtinen, E. – Baer, M.: Zum subjektiven Sinn unadäquater Leistungsprozesse. Publikation vorgesehen in Schweizerische Zeitschrift für Psychologie und ihre Anwendungen.
Levitt, E.E.: Die Psychologie der Angst, Stuttgart: Kohlhammer, 1971
Lindsay, P.H. – Norman, D.A.: Human Information Processing, New York: Academic Press, 1977 (deutsch: Einführung in die Psychologie, Berlin: Springer, 1981)
Lohmann, D.: Dialektisches Lernen, Die Rolle des Vergleichs im Lernprozeß, Stuttgart: Klett, 1973
Maehr, M.L. – Stallings, W.M.: Freedom from external evaluation, Child Development, 1972, 43, 177–185
Mager, R.F.: Lernziele und programmierter Unterricht, Basel: Beltz, 1965
Mandler, G.: Mind and Emotion, New York: Wiley, 1975 (deutsch: Denken und Fühlen, Paderborn: Jungfermann, 1979)
Mandler, J.M. – Mandler, G.: Thinking: From Association to Gestalt, New York: Wiley, 1964
Mandler, J.M. – Johnson, N.S.: Remembrance of things parsed: Story structure an recall, Cognitive Psychology, 1977, 9, 111–151
Markman, Ellen, M.: Realizing that you don't understand: Elementary school children's awareness of inconsistencies, Child Development, 1979, 50, 643–655
McClelland, D. – Atkinson, J.W. – Clark, R.A.: The achievement motive, New York: Appleton-Century-Crofts, 1953
McGuire, W.J.: Theory of the structure of human thought. In: R.P. Abelson et al. (eds.): Theories of cognitive consistency: A sourcebook, Chicago: Rand McNally, 1968
Meili, R.: Gestaltpsychologie. Piagets Entwicklungstheorie und Intelligenzstruktur. In: G. Steiner (Hrsg.): Piaget und die Folgen. Die Psychologie des 20. Jh. Bd. VII, Zürich: Kindler, 1978
Messner, H.: Wissen und Anwenden, Stuttgart: Klett, 1978
Messner, R.: Funktionen der Taxonomie für die Planung von Unterricht (Nachwort). In: Bloom, B.S. (Hrsg.): Taxonomie von Lernzielen im kognitiven Bereich, Weinheim: Beltz, 1972
Metzger, W.: Psychologie, Darmstadt: Steinkopff, 1975[5]
Meyer, B.J.F.: The organization of prose and its effects on memory, Amsterdam, 1975
Miller, G.A. – Galanter, E. – Pribram, K.H.: Plans and the structure of behavior, New York: Holt, Rinehart & Winston, 1960 (deutsch: Strategien des Handelns, Stuttgart: Klett, 1973)
Mischel, T.: Piaget: Cognitive conflict and the motivation of thought. In: T. Mischel (ed.): Cognitive development and epistemology, New York: Academic Press, 1971
Möller, Ch.: Technik der Lernplanung, Weinheim: Beltz, 1973[4]
Neisser, U.: Cognitive Psychology, New York: Appleton-Century-Crofts, 1967 (deutsch: Kognitive Psychologie, Stuttgart: Klett, 1974)

Niethammer, A.: Recht und Grenzen von Kerschensteiners Berufung auf Dewey, Pädagogische Rundschau, 1984, 38, S. 295–311
Norman, D.A. – Rumelhart, E.E. (eds.): Explorations in Cognition, San Francisco: Freeman & Co., 1975 (deutsch: Strukturen des Wissens, Stuttgart: Klett, 1978
Oerter, R.: Psychologie des Denkens, Donauwörth: L. Auer, 1971
Offe, S.: Psychische und gesellschaftliche Bedingungen der Leistungsmotivation, Darmstadt: 1977
Piaget, J.: Psychologie der Intelligenz, Zürich: Rascher, 1947
Piaget, J. – Inhelder, B.: Von der Logik des Kindes zur Logik des Heranwachsenden, Olten: Walter-Verlag, 1977
Piaget, J.: Das Erwachen der Intelligenz, Stuttgart: Klett, 1959
Piaget, J.: Apprentissage et connaissance. In: P. Gréco – J. Piaget (eds.): Apprentissage et connaissance. Etudes d'épistémologie génétique, 7. Paris: PUF, 1959
Pongratz, L.J.: Problemgeschichte der Psychologie, Bern: Francke, 1967
Prenzel, M.: Wie weit ist das „erweiterte Motivationsmodell" Heckhausens? In: H. Kasten – W. Einsiedler (Hrsg.): Aspekte einer pädagogisch-psychologischen Interessentheorie, Gelbe Reihe, Nr. 1. München, 1981
Rumelhart, D.E.: Toward an interactive model of reading. In: S. Dornic (ed.): Attention and performance VI, Hillsdale, 1977
Rumpf, H.: Scheinklarheiten, Braunschweig: Westermann, 1971
Rumpf, H.: Erkenntnisse lassen sich nicht weitergeben wie Informationen. Über Wahrheitsfähigkeit und die Aneignung von existentiell bedeutsamem Wissen, Frankfurter Hefte, FH extra 5, 1983, 162–174
Schank, R.C. – Abelson, R.P.: Scripts, Plans, Goals and Understanding, Hillsdale, 1977
Scheuerl, H. (Hrsg.): Theorien des Spiels, Weinheim: Beltz, 1975
Schiefele, H.: Lernmotivation und Motivlernen, München: Ehrenwirth, 1978
Schiefele, H. – Krapp, A. (Hrsg.): Handlexikon zur Pädagogischen Psychologie, München: Ehrenwirth 1981
Schmalt, H.-D.: Methoden der Leistungsmessung: In: H.-D. Schmalt – W.-U. Meyer (Hrsg.): Leistungsmotivation und Verhalten, Stuttgart: Klett, 1976
Seiler, Th.B.: Die Reversibilität in der Entwicklung des Denkens, Stuttgart: Klett, 1968
Seiler, Th.B. (Hrsg.): Kognitive Strukturiertheit, Stuttgart: Kohlhammer, 1973
Skowronek, H.: Psychologische Grundlagen einer Didaktik der Denkerziehung, Berlin: Schroedel, 1968
Spies, W.E.: Wissenschaftspropädeutik: Warnung und Widerruf, Schulpraxis 2–4, 1982, 9–13
Spranger, E.: Lebensformen – Geisteswissenschaftliche Psychologie und Ethik der Persönleichkeit, Halle: Niemeyer, 1922^3
Spranger, E.: Psychologie des Jugendalters, Heidelberg: Quelle & Meyer, 1966^{28}
Steindorf, G.: Lernen und Wissen, Bad Heilbrunn: Klinkhardt, 1985
Steiner, G.: Visuelle Vorstellungen beim Lösen von elementaren Problemen, Stuttgart: Klett-Cotta, 1980
Stoll, F.: Vers une théorie de la lecture, Neuchâtel: IRDP, 1978
Székely, L.: Denkverlauf, Einsamkeit und Angst, Bern: Huber, 1976
Thorndyke, P.W.: Cognitive structures in comprehension and memory of narrative discourse, Cognitive Psychology 1977, 9, 77–110
Tolman, E.C.: Purposive Behavior in Animals and Man, New York: Century & Co., 1932
Ulich, D.: Das Gefühl, München: Urban & Schwarzenberg, 1982
Van Dijk, T.A.: Semantic macro-structures and knowledge frames in discourse comprehension. In: M.A. Just – P.A. Carpenter (eds.): Cognitve processes in comprehension, New York, 1977
Wagenschein, M.: Verstehen lehren, Weinheim: Beltz, 1968
Wagenschein, M.: Naturphänomene sehen und verstehen – genetische Lehrgänge, Stuttgart: Klett, 1980
Wagenschein, M.: Ursprüngliches Verstehen und exaktes Denken, Stuttgart: Klett, 1970
Walter, H.: Angst bei Schülern, München: Goldmann, 1977
Weidenmann, B.: Lehrerangst, München: Ehrenwirth, 1978

Weiner, B.: Theories of Motivation, Chicago: Rand McNally, 1972 (deutsch: Theorien der Motivation, Stuttgart: Klett, 1976)
Weinert, F.E. – Kluwe, R.H.: Metakognition, Motivation und Lernen, Stuttgart: Kohlhammer, 1984
Weltner, K.: Autonomes Lernen. Theorie und Praxis der Unterstützung selbstgeregelten Lernens in Hochschule und Schule, Stuttgart: Klett-Cotta, 1978
Wertheimer, M.: Produktives Denken, Frankfurt: Kramer, 1964^2

Rainer Dollase
Entwicklung und Erziehung
Angewandte Entwicklungspsychologie für Pädagogen
248 Seiten, kart., Klettbuch 928053

In sechs Kapiteln behandelt der Autor die Themen:
- Begriffe, Geschichte, Theorien und Systematik der Entwicklungspsychologie
- Entwicklungsfaktoren und ihr Zusammenwirken als Ursachen der menschlichen Entwicklung
- Konstanz und Wandel von Eigenschaften und Fähigkeiten im Lebenslauf
- Aktive und retroaktive Sozialisation
- Entwicklung als Voraussetzung und Ziel von Lernprozessen
- Optimale menschliche Entwicklung.

Seine Textauswahl markiert „Grenzsteine": über Aussagen zum modernen Menschenbild der Entwicklungspsychologie werden ihre zentralen Fragen und ihre Praxisrelevanz erschlossen.

Klaus Westphalen
Lehrplan – Richtlinien – Curriculum
144 Seiten, kart., Klettbuch 928052

Die Thematik Lehrplan – Richtlinien – Curriculum ist als ein Problem der Praxis und der Theorie für den Pädagogen von besonderem Reiz. Ihre Spannweite erstreckt sich vom Schulalltag, der mehr oder weniger nach dem Lehrplan ausgerichtet ist, bis hin zur Schultheorie, die die Legitimation des Curriculum zur Rechtfertigung der Schule benötigt. Sie erstreckt sich von der Didaktik, die ja im Lehrplan global entworfen wird, bis hin zur Bildungspolitik, die mittels Richtlinien betrieben wird. Lehrpläne stellen gewissermaßen den objektiven Anspruch der Gesellschaft gegenüber den subjektiven Strebungen des Individuums dar. Das Curriculum ist der harte Kern der Schule, um den weder Lehrer noch Schüler herumkommen; es ist der Ordnungsrahmen, innerhalb dessen Lehren und Lernen geschehen.

Werner Zimmermann/Jörg Hoffmann
Die gymnasiale Oberstufe
Grundzüge – Reformkonzepte – Problemfelder
280 Seiten, kart., Klettbuch 928051

Die Reform der gymnasialen Oberstufe, von der Kultusministerkonferenz 1972 beschlossen, ist die einzige Neuerung aus der Zeit der Bildungsreform, die tradierte schulische Strukturen tiefgreifend verändert und eine große Breitenwirkung erzielt hat. Die öffentliche Auseinandersetzung darum hinterläßt bis in unsere Tage hinein einen disparaten, verwirrenden Eindruck.
Die Autoren versuchen
- die Genese des Reformkonzepts aufzuweisen,
- die Problemfelder systematisch zu analysieren,
- Perspektiven für die weitere Entwicklung aufzuzeigen.

Werner Spies/Klaus Westphalen

Die Gestalt unserer Schule
Verfassung, Zustand und Wandel einer gesellschaftlichen Institution

191 Seiten, kart., Klettbuch 928055

Wer die öffentliche Meinung registriert, muß den Eindruck gewinnen, daß unsere Schulen sich in einer permanenten Legitimationskrise befinden. Deren Verfassung, Zustand und Wandel sind seit Jahrzehnten Gegenstand heftiger politischer, gesellschaftlicher und wissenschaftlicher Auseinandersetzungen.
In sieben Kapiteln werden folgende Themen behandelt und mit Grundlagentexten belegt:
– Funktion und Krise der Institution (Hegel, Adl-Amini)
– Normierung und Verwaltung (Schulrechtskommission)
– Schulklasse, Stammgruppe, Kurs (Parsons, Gordon, Petersen)
– Das gegliederte Schulwesen (Westphalen, Flitner, Weinstock, Schorb)
– Die integrierte Schule (Deutscher Bildungsrat, Mastmann-Flößner-Teschner, Raschert, Bund-Länder-Kommission für Bildungsplanung und Forschungsförderung)
– Schulleben und Schulklima (Pestalozzi, Gurlitt, Fend)
– Die andere Schule (Illich, Rumpf, Winkel)

Jürgen Grzesik

Begriffe lernen und lehren
Psychologische Grundlage: Operative Lerntheorie
Unterrichtsmethoden: Typische Phasen
Unterrichtspraxis: Kommentierte Unterrichtsprotokolle

309 Seiten, kart., Klettbuch 928056

Der Autor legt für jede typische Phase des Begriffslernens im Unterricht dar, welche Ziele, Gegenstände und Themen für sie kennzeichnend sind, welche Unterrichtsmittel eingesetzt werden können, welche Schüleroperationen erforderlich sind, welche Voraussetzungen beim Lehrer und beim Schüler gegeben sein müssen, welche Schüleremotionen ausgelöst werden können und welche Formen der Interaktion möglich sind.
Kommentierte Unterrichtsprotokolle aus den Fächern Deutsch, Englisch, Geschichte, Erdkunde, Mathematik und Physik sind diesem Band nicht nur hinzugefügt worden, sondern sie sind wesentlicher Bestandteil der ganzen Konzeption: Sie bilden eine kleine Auswahl aus den der Theorie zugrundeliegenden Unterrichtsstunden, an ihnen bewährt sich die psychologische und didaktische Theorie, und sie vermitteln Impulse für die Fortsetzung der theoretischen und besonders der praktischen Reflexion über neue effektive Methoden des Begriffslernens.